T0284605

LOS
PADROTES
DE
TLAXCALA

JUAN ALBERTO VÁZQUEZ

LOS PADROTES DE TLAXCALA

Esclavitud sexual en Nueva York

AGUILAR

El papel utilizado para la impresión de este libro ha sido fabricado a partir de madera procedente de bosques y plantaciones gestionadas con los más altos estándares ambientales, garantizando una explotación de los recursos sostenible con el medio ambiente y beneficiosa para las personas.

Los padrotes de Tlaxcala
Esclavitud sexual en Nueva York

Primera edición: mayo, 2023

D. R. © 2023, Juan Alberto Vázquez

D. R. © 2023, derechos de edición mundiales en lengua castellana:
Penguin Random House Grupo Editorial, S. A. de C. V.
Blvd. Miguel de Cervantes Saavedra núm. 301, 1er piso,
colonia Granada, alcaldía Miguel Hidalgo, C. P. 11520,
Ciudad de México

penguinlibros.com

Penguin Random House Grupo Editorial apoya la protección del *copyright*.
El *copyright* estimula la creatividad, defiende la diversidad en el ámbito de las ideas y el conocimiento, promueve la libre expresión y favorece una cultura viva. Gracias por comprar una edición autorizada de este libro y por respetar las leyes del Derecho de Autor y *copyright*. Al hacerlo está respaldando a los autores y permitiendo que PRHGE continúe publicando libros para todos los lectores.

Queda prohibido bajo las sanciones establecidas por las leyes escanear, reproducir total o parcialmente esta obra por cualquier medio o procedimiento así como la distribución de ejemplares mediante alquiler o préstamo público sin previa autorización. Si necesita fotocopiar o escanear algún fragmento de esta obra diríjase a CemPro (Centro Mexicano de Protección y Fomento de los Derechos de Autor, https://cempro.com.mx).

ISBN: 978-607-382-975-5

Impreso en México – *Printed in Mexico*

Índice

Trata: el fuego que encandila y abrasa

Una novela de inocultable trama juvenil para adultos es *Antichrista*, de la prolífica Amélie Nothomb, que nos cuenta las cuitas de una chica belga entrampada entre la primera adolescencia y la disputa de afectos con sus compañeros de clase y sus padres. Desplazada de los apapachos familiares por una intrusa, Christa, a quien rebautiza con el nombre que da título al libro, la protagonista relata un episodio en pleno Día de Reyes:

> Nunca una Epifanía llevó tan mal su nombre. Mis progenitores y yo constituíamos la procesión de tres cretinos llegados para designar a la que pretendía ser su redentora. Me pasmaba constatar hasta qué punto los valores se habían invertido. Como el papel de Jesús estaba interpretado por Antichrista, yo tenía que ser a la fuerza Baltasar, el rey negro, ya que me llamaba Blanche.

Este remate de escena ha remitido a otro, de otra novela de otro tiempo, que acaso sea improbable que conociera Nothomb, pero está hermanada con la suya. Lea usted a Jorge Ibargüengoitia en *Las muertas*:

> Se sabe que la única inhibición de Blanca se la producían los dientes manchados, los cuales iban a dar origen a su único lujo. Ahorró durante

años y cuando tuvo lo suficiente fue con un dentista famoso de Pedrones que le puso cuatro dientes de oro en vez de los incisivos superiores. Esta innovación ha de haber modificado la apariencia de Blanca, pero no la desfiguró. Según el Libertino, que la conoció con los dientes manchados, sin dientes —en los días entre que le quitaron unos y le pusieron los otros—, y con dientes de oro, no sabe decir cómo le gustaba más. El brillo dorado no hizo más que resaltar su belleza exótica: Blanca era negra.

Blanca, no Blanche, es un personaje de un reportaje novelado sobre la banda de tratantes conocida en la vida real como Las Poquianchis. Una nota roja mexicana ha dado paso a una amplia investigación de este célebre narrador guanajuatense, que devendrá literatura con humor negro, en la que la trama se desgrana sobre un escenario de prostitución, de trata de mujeres y más tarde acabará, por la dificultad de las circunstancias de la propia dinámica de los protagonistas, en uno de esclavitud sexual. Un libro, ojo con el dato, fechado en 1977.

Asaltaron al autor de estas líneas esos pensamientos una vez que llegó al escritorio la primera versión de *Los padrotes de Tlaxcala: Esclavitud sexual en Nueva York*, título con el que Juan Alberto Vázquez está de vuelta en el orbe editorial con un tema que —veremos— no pierde actualidad, sea por la imparable migración hacia Estados Unidos, sea por la impunidad con la que históricamente han trabajado las bandas dedicadas al tráfico y la explotación de seres humanos, con sus peores rostros reflejados en la trata y la esclavitud sexual.

Juan Alberto ha acometido una empresa con múltiples aristas y forjada a fuerza de sombras típicas de variados cuadros costumbristas mexicanos: padrotes, paisanitas, esclavas, prostitutas, lenones, madamas, cinturitas, chulos, pachucos, putas, escorts y chafiretes. Ellos protagonizan estas historias que pasan de la aventura a la desgracia, de la emoción a la sorpresa, del amor a la esclavitud, de la inocencia a la crueldad.

Pero no se queda con los testimonios impresos en los registros de largas diligencias que asoman como una punta del iceberg sobre el combate a la trata trasnacional en sesiones propias de la serie televisiva *La ley y el orden: Unidad de Víctimas Especiales*. Porque reportero siempre, el oficio manda, el autor busca a los sentenciados ya presos para que cuenten su versión, conversa con defensores de mujeres y se mete a la profusa documentación en la materia. Desde múltiples ONG hasta la misma ONU.

Inconforme, Juan Alberto rastrea las obras documentales y periodísticas del caso. Reseñará, entonces, la obra de Peter Landesman, las piezas de la BBC, los reportajes del *New York Times*, los especiales de *El País* y el *Daily News*. Se subirá a una camioneta para platicar largo con Rosi Orozco, polémica activista en favor de las víctimas de trata. Y se meterá a los barrios de prostitución colombiana en Queens, no de trata, donde nos contará que hay hablantes de 138 lenguas. De ahí se derivarán tres categorías con matices que el autor intenta trazar: prostitución voluntaria, trata y esclavitud sexual.

Las víctimas a las que se les da voz en este libro tienen 14, 15 años. Un novio, una promesa de amor, un juramento de mejor vida con la bendición de la futura suegra. Sueños que empiezan en Tenancingo y que acaban para estas pequeñas en un cuartucho de Nueva York, en la parte trasera de autos exclusivos para el abuso de las menores, en habitaciones de hotel donde cubrirán turnos maratónicos, explotadas por sus esposos-dueños, que no pocas veces son unos chicos apenas dos o tres años mayores que ellas, ya convertidos en monstruos por sus propios padres, veteranos de esa "industria".

Un ojo excepcional para hallar fisuras, fallas, deslices y contradicciones ha desarrollado Juan Alberto a lo largo de su carrera. Es una de las fortalezas que exhibe su trayectoria en los medios o en una simple charla de café. En esta investigación no podía ser de otra manera. Encuentra una inconsistencia en los alegatos de una víctima y los abogados de los acusados no supieron verla. Advierte cómo una de estas bestias ha envuelto al jurado y a la propia fiscalía, que le dispensa el pago de una fianza cuando el relato deja ver un derroche de recursos para armar la defensa. Nada escapa al escrutinio del autor.

¿Quién va a detener esa tragedia humana? Apenas en los primeros días de 2023 se conoce que pobladores de algún municipio de Tlaxcala han detenido a dos "fuereños" y los han querido linchar con el conveniente cargo de que andan robándose niños. Y como ha pasado históricamente en esa zona, basta con recordar el caso de Canoa, en Puebla. Fuenteovejuna es la ley. Nadie entra a esa región so pena de poner en riesgo la integridad. Por este reportaje sabemos que a partir de este siglo comenzó a ponerse atención al fenómeno de la trata como crimen organizado, desde ambos lados de la frontera, con la ruta Tlaxcala-Nueva York.

Ya detectada la cadena de inmundicia, con sentencias en ambos países y un mapa de su engranaje a lo largo de dos décadas, con acuerdos internacionales para su combate, y bilaterales con Estados Unidos, acaso haya lugar a la esperanza para miles de jovencitas que, a falta de educación o abusadas en su propia casa, revolotean inevitablemente alrededor de este fuego que las atrae, las encandila y las abrasa, como a Blanca, aquella protagonista de Ibargüengoitia, que era negra.

ALFREDO CAMPOS VILLEDA
Enero de 2023

1. Ya me voy sin saber a dónde
Cuando una víctima huye

—ME VOY A ESCAPAR, ¿VIENES CONMIGO? —LE PREGUNTÓ DELIA.[1]

—Tengo miedo de que Rosalio me golpee, así que me quedo. Y te voy a dar dos minutos para que corras antes de hablarles y avisarles que huiste —le respondió Fabiola.

Delia guardó en una maleta algo de ropa; tres pares de tenis nuevos que Francisco, su captor y explotador, había comprado con el dinero que ella ganaba; una laptop, un teléfono, una cámara y algunas fotos. También cargó con cuadernos que contenían nombres de los conductores que las trasladaban a las citas, y salió del departamento donde vivían en Queens, el más latino entre los cinco barrios de la ciudad de Nueva York.

Un taxi la llevó a una casa en la que ella recordaba haber visto un letrero que ofrecía renta de habitaciones. Al preguntar, una mujer le dijo que la última disponible había sido ocupada, así que una agobiada Delia le reveló que no tenía a dónde ir y necesitaba dormir. Tenía el dinero que no le había entregado a su padrote, de lo ganado el día an-

---

[1] Todos los nombres de las víctimas que aparecen en estos relatos son ficticios por exigencia de los encargados de la procuración de justicia. Por el contrario, los nombres de los explotadores al ser públicos, son los verdaderos.

terior, así que podía pagar. La mujer se apiadó y la instaló en un lugar muy pequeño, casi un armario.

Por primera vez en soledad y una libertad llena de incertidumbre y dolor, Delia comenzó a llorar. Sin saber qué hacer con su vida, su única certeza era que ya no deseaba trabajar como prostituta a las órdenes de quien, supuestamente, era su pareja. Al escucharla llorar, la mujer la interrogó y le arrancó trozos de un sobrecogedor relato. Luego le recomendó ir a la policía y, pensando que ella también se metería en problemas, la mandó con un amigo de Ecuador que igualmente alquilaba habitaciones. Delia se trasladó hacia allá y, después de hacer el convenio, dejó sus cosas y salió a buscar comida.

Conforme transcurría la noche, su desesperación se profundizaba. Al pasar por un parque decidió meterse a caminar y ver si acaso entre los matorrales surgía alguna solución. Sin familia o conocidos en Estados Unidos, la incertidumbre era un amasijo de dolor físico, mental y espiritual que golpeaba sus entrañas. Una punzada en la pierna le recordó que hacía pocos días un cliente racista y arrogante la había empujado de un segundo piso por las escaleras. Después se acordó de cuando otro igualmente iracundo la aventó a un armario donde ella perdió el conocimiento por unos segundos (o minutos) por golpearse la cabeza. En una ocasión la golpearon tanto que alguien marcó al 911 para que viniera la policía. Y, a pesar de que se sentía muy lastimada, esa vez le marcó a Francisco, quien le dijo que no se dejara arrestar y huyera de ahí, así que obedeció. ¿Por qué tipos agresivos solicitaban su servicio si ni siquiera el sexo lograba apaciguarlos? El peor de todos, quien finalmente inoculó en ella la idea de escapar, fue el que amenazó con matarla.

—¿Puede explicarle al jurado qué sucedió en ese caso? —le preguntó la fiscal que interrogó a Delia en una de las audiencias en contra de los miembros de la organización Meléndez Rojas, también conocida como Los Chechas.

—En abril de 2014 llegué a atender a un cliente en White Plains —un suburbio cercano a la ciudad de Nueva York—. Cuando previamente le quise cobrar la tarifa, el señor me dijo que no tenía dinero y que me pagaría con una joya de oro. Sabía que no podría volver con ninguna joya porque Rosalio me había dicho que nunca aceptara joyas de los clientes, ya que a menudo pagan con eso y te dicen que es oro, pero luego resulta que no lo es. Le dije al cliente que no podía aceptarlo, y él respondió que de cualquier modo quería tener sexo. Le dije que no y él sacó un cuchillo, me amenazó y me dijo que si no lo hacía me iba a matar porque ser prostituta no era una vida muy digna. "Te voy a dar una lección para que dejes de trabajar en esto", me decía, y además quería tener sexo sin protección, sin condón. Me seguí negando y, para asustarlo, le aclaré que tenía sida —confió Delia a los miembros del jurado.[2]

El objetivo de la mentira era contener al agresor, pero a éste no le importó y de cualquier modo la penetró. Después, en un descuido, Delia pudo llamar al conductor que la llevó a la cita, pero aquél simplemente la ignoró, aclarando que entre sus obligaciones no estaba la de ser, además, guardaespaldas de la joven. Ella aclaró en su testimonio que, pese a escucharla decir al cliente: "Déjame ir, ya no quiero estar aquí", el chofer no respondió. Mientras, el otro seguía con amenazas: "Si te vuelvo a ver, te mato", dichas al tiempo que le picaba las costillas con la punta del cuchillo.

Al salir de la aterradora experiencia, le habló a su explotador, Francisco Meléndez Pérez, *la Mojarra*, y le sugirió que ya había tenido suficiente. Pero el señor le advirtió que tenía que seguir trabajando sin importar lo que había pasado. Y aunque en ese momento le colgó, la Mojarra le marcó minutos después, y cuando Delia conjeturó que llegarían urgentes palabras de consuelo, en lugar de eso, el tratante le informó que la abuela de Los Chechas acababa de fallecer en México, por lo que él tendría que viajar y ella debía seguir trabajando. "Sentí que Francisco ya no me amaba ni me quería a su lado; me sentí desprotegida", lamentó. Entonces la decisión de escapar al día siguiente acampó en la cabeza de Delia, sin importar las amenazas de su explotador de que obligaría a su hermana de 12 años a trabajar también en la prostitución.

---

[2] Testimonio de la víctima Delia en el juicio en contra de miembros de la organización de los Meléndez Rojas, Corte del Distrito Este de Nueva York, marzo de 2020.

Por eso, luego de escapar, ahí en la oscuridad del parque, todas esas imágenes se acumulaban y la hacían dudar sobre la decisión que acababa de tomar, así que comenzó a caminar en círculos, angustiada, sollozando. Un sujeto la miró y se acercó a preguntarle si estaba bien. Ella respondió que no y le pidió ayuda, ya que su novio la había golpeado. "Quiero denunciarlo", clamó al tipo del parque, que accedió a acompañarla a una estación policiaca en Queens.

Llegó allí llorando y pidiendo ayuda de alguien que hablara español. Minutos después le trajeron a un agente hispano a quien le confesó que tenía 17 años y que la habían traído a Nueva York desde los 14 para obligarla a prostituirse.

Después llegaron más agentes a preguntarle si tenía pertenencias y la llevaron al departamento del ecuatoriano a recogerlas para instalarla luego en un hotel donde la policía albergaba a víctimas de trata y otros delitos. Ahí los agentes planearon que Delia le marcara a la Mojarra para citarlo en un hospital, a donde ella fingiría haber llegado.

Sin embargo, tras escucharla decir que se encontraba enferma en un nosocomio y que volvería con él si se lo pedía, Francisco decidió que no iría "porque no estaba cerca de ahí", y además le aclaró que ya no la quería de regreso.

La policía de Nueva York tuvo que replantearse cómo detener al proxeneta.

* * *

Con 174 kilómetros cuadrados y una población de 2 millones 287 mil habitantes —según el más reciente censo de 2019—, si el barrio de Queens en Nueva York fuera una ciudad independiente, sería la quinta más poblada de Estados Unidos después de Nueva York, Los Ángeles, Chicago y Houston.

El 47% de quienes viven en ese barrio nacieron fuera de Estados Unidos y la mitad de ese porcentaje lo hizo en algún país de Latinoamérica, causa principal de que "Reinas" sea el barrio con mayor diversidad lingüística de la Tierra y uno de los condados con mayor riqueza étnica dentro de Estados Unidos. Según la Alianza de Idiomas en Peligro de Extinción y la Oficina del Contralor del Estado de Nueva York, en el barrio se hablan la friolera de 138 lenguas, y aunque uno de cada dos habla inglés, la cuarta parte de la población lo hace en español dividiéndose el 25% restante los otros 136 idiomas. La Encuesta sobre la Comunidad Estadounidense de 2019, realizada por la Oficina del Censo de Estados Unidos, concluyó que los mexicanos y puertorriqueños son, después de los norteamericanos, los grupos étnicos más grandes en Queens, con 4.5% cada uno.[3] Pero, si descontamos que Puerto Rico (supuestamente) pertenece a los Estados Unidos, resulta que la mexicana debería ser considerada la segunda comunidad más numerosa.

Dado que Corona es el vecindario donde vive el mayor número de mexicanos en Queens, es natural que en la línea 7 del metro —de color morado y que va del centro de Manhattan a la parte este de Queens— la mitad de quienes viajan en ella sean paisanos. Arribar a una de las cinco estaciones del metro elevado que parten Corona a través de Roosevelt Avenue, con su variedad de ambulantes, sonidos y colores, es como hacerlo a una ciudad mexicana. Desde antes de las siete de la mañana aparecen en las esquinas carritos de supermercado llevados por mujeres que cargan los tradicionales botes de tamales y atole para romper el ayuno de quienes parten a trabajar. En otra parte, puestos de jugo de naranja, de frutas y verduras o de joyería de fantasía y relojes se mueven bajo las notas de *El amor acaba* del finado José José que despide la pequeña bocina de algún mercader. Desde el metro que corre por un segundo piso exterior se comprueba asimismo la vigencia de la peor tradición grafitera mexicana, en la que se plasman figuras sin sentido, rayones e indescifrables códigos en los sitios más inverosímiles que obligan a preguntarse: "¿Cómo se subieron hasta allá?". Teniendo como sus máximos rascacielos las cúpulas de algunas iglesias, Coro-

---

[3] Encuesta sobre la Comunidad Estadounidense, Oficina del Censo de Estados Unidos. Disponible en https://www.census.gov/content/dam/Census/programs-surveys/acs/about/Spanish_ACS_Information_Guide.pdf.

na en Queens es una de las zonas menos americanas de Nueva York, y, en lugar de las tradicionales franquicias como McDonald's y Starbucks, destacan negocios con títulos hispanos: Tecolotes Sport Bar, La Pequeña Colombia, Taco Veloz, Peluquería Puebla, Ecua-Mex Variedades, donde uno encuentra playeras y gorras de los Pumas, las Águilas del América y las Chivas del Guadalajara. También desde muy temprano recorren las calles grupos de tres o cuatro personajes hinchados por el alcohol en su diario viacrucis para mendigar las monedas que los lleven hacia la siguiente botella de *spirit*, como se conoce allá a los licores. Igual de madrugadoras, decenas de mujeres con apariencia oriental y vestimentas provocativas se paran en las puertas de pequeños edificios e invitan con la cabeza y una sonrisa a los transeúntes. Quienes aceptan suben de prisa las escaleras de esos locales donde se dan sesiones de sexo disfrazadas de masajes. Sobre la Roosevelt y calles cercanas proliferan iglesias que han dejado de lado la usual arquitectura religiosa para instalar en la fachada de cualquier local el letrero de su misión: Iglesia pentecostal de Jesús C., Iglesia evangélica Cristo es la luz, Iglesia bautista Canaán Convención del Sur, Iglesia misionera de Jesús Cristo, Iglesia de Dios séptimo día hispana de Nueva York e Iglesia bautista de la fe son sólo algunas.

Ahí mismo en la Roosevelt, que inicia en el Brooklyn-Queens Expressway y culmina en el bulevar del norte, a espaldas del Citi Field donde juegan los Mets de Nueva York, deambulan ya por las tardes los tarjeteros que reparten los teléfonos de contacto para promocionar el negocio de las familias mexicanas que se dedican al proxenetismo. Sobre la figura de una mujer en bikini, las tarjetas traen impreso el número telefónico de los choferes-socios que trasladan a las mujeres a las direcciones de quienes solicitan un "servicio".

"Entrenada" por Francisco Meléndez Pérez, *la Mojarra*; por Rosalio Meléndez Rojas, *el Guacho*; por la hermana del primero llamada Guadalupe, e incluso por Fabiola, quien también le dio "consejos", el 28 de octubre de 2010, a la edad de 14 años, tres días después de haber ingresado a los Estados Unidos, Delia cumplió su primer día como prostituta. Uno al que le decían *Pinocho* fue el chofer que la acompañó ese día a su "debut" en una casa de Staten Island, el quinto barrio neo-yorquino. El conductor de la nariz grande fue de los que se atrevieron a trasladarla, ya que al inicio otros se negaban, pues la miraban muy jo-ven y consideraban que les iba a traer problemas. Pinocho sabía cómo promoverla: "Traigo carne fresca", les decía a sus clientes por teléfo-no, y entonces los pedidos comenzaban a caer. Delia recuerda mucho esa primera vez, pues su cliente, en los 15 minutos que amparaba su pago, buscó ensayar varias posiciones sexuales, y lo hizo con tanto em-peño que el condón que usaron se rompió. Nerviosa y muy asustada, Delia llamó y le contó a Francisco el incidente, pero fue Rosalio quien le dio instrucciones: "Ve al baño y con un poco de agua mete tus dedos en la vagina y trata de lavarte". Según él, de ese modo evitaría embara-zase. Le aseguró que cuando llegara le tendrían algo listo para ayudar-la, y lo que hicieron fue prepararle un té que usó como ducha vaginal y le pusieron un gel de aloe vera. "Estaba congelado y me quemó. Sen-tí horrible y olía fatal", recuerda ella. Luego de ese "remedio", por la noche tuvo que regresar a trabajar. Delia considera que las 20 perso-nas que atendió en su primera jornada puede ser una cifra inexacta, aunque muy aproximada.

En los siguientes días su situación se "normalizó" con el control que ejercía la Mojarra, quien le insistía que debían pagar los 11 mil pe-sos que "les había cobrado el pollero que los cruzó a los Estados Uni-dos" y los llevó hasta Nueva York. Delia trabajaba doble turno, de las nueve de la mañana a las siete de la noche, y luego de las siete y me-dia a las tres de la mañana. Lo hacía de lunes a domingo, promediando 30 clientes por turno. Comía, se bañaba y se maquillaba en el espacio de 30 minutos a una hora que le quedaba entre ambas jornadas, y dor-mía lo que podía en los autos mientras se trasladaba de un lugar a otro. Confesó que ganaba en promedio mil dólares diarios, y que la mitad se la quedaban los choferes. El abogado defensor de Francisco descubrió que, según las notas de Delia, no trabajaba todo el mes, sino "sólo" 23 días en promedio, lo cual significa que con un mes de trabajo habría sido capaz de reunir suficiente utilidad para pagarle al pollero si la cifra proporcionada por sus captores hubiera sido cierta.

El 24 de septiembre de 2022, dos semanas después de que los Meléndez Rojas habían sido sentenciados, la activista Lori Cohen, quien fungió como consultora legal de Delia en buena parte del proceso, ingresó una moción a la corte solicitando que se recalculara la restitución de 642 mil dólares que la jueza les ordenó pagar a los traficantes. Alegando que el tribunal subestimó la cantidad de meses que Delia fue objeto de trata, Cohen sugirió que se excluyeron "los gastos médicos de la indemnización y se malinterpretó el estándar aplicable". En una carta que la propia víctima entregó a los investigadores aclaró que fue objeto de trata aproximadamente 42 meses: desde octubre de 2010 hasta que escapó en abril de 2014. Al detallar el cálculo, Delia estimó conservadoramente tres periodos para reflejar las ganancias brutas: entre octubre de 2010 y noviembre de 2011, suman 395 mil dólares; de diciembre de 2011 a mayo de 2012, 91 mil 500 dólares; y entre junio de 2012 y abril de 2014, un millón 176 mil 500 dólares; esto da un total de un millón 663 mil dólares.

El tribunal aceptó como razonables las cuentas hechas por Delia del número de hombres a los que se le exigió brindar servicios sexuales y la tarifa promedio que sus traficantes le exigieron cobrar por acto sexual durante los 42 meses en que fue traficada. Sin embargo, reclamó la abogada, "el monto ordenado [inicialmente] sólo representó los últimos 23 meses sin incluir los primeros 19 meses de su victimización".[4]

Aunque la mayoría de los clientes que "contrataban" a Delia eran de Queens, Brooklyn, Long Island y Staten Island en Nueva York, también fue trasladada a los estados de Delaware, Connecticut, Nueva Jersey y Pensilvania, sobre todo a su capital Filadelfia, a dos horas en auto de la ciudad de Nueva York. En este último caso, Delia debía esperar a que "Gerardo" enviara el auto que la llevaría hacia allá. El conductor la hospedaría en su casa, donde dejaría su maleta, y desde ahí la repartiría a quienes habían manifestado interés. "Era como pedir comida

---

[4] Carta de moción para reconsiderar la orden de restitución. Documento 318 ingresado a la Corte del Distrito Este de Nueva York el 25 de febrero de 2022. Copia en poder del autor.

para llevar a domicilio", gruñó Delia al jurado de 12 ciudadanos (cinco de ellos, mujeres) que la escuchaban muy serios durante el juicio a los Meléndez Rojas. En el pequeño estado de Delaware, la labor era distinta: el "lugar de trabajo" era un tráiler viejo y muy pequeño, lleno además de agujeros por donde se colaba el frío y que era vigilado y administrado por dos sujetos, uno de ellos conocido como Cristian.

A los siete meses de haber llegado a los Estados Unidos para trabajar en la prostitución, obligada por quien se suponía que era su pareja, Delia cumplió 15 años. A falta de un festejo como se estila en su país, donde a las quinceañeras las visten de princesas y las ponen a ensayar un baile con chambelanes, por la mañana ella tuvo que atender a desconocidos que, por 15 minutos de sexo, le pagaban tarifas que iban de los 35 a los 50 dólares, según dictara el chofer. Por la tarde de ese día de trabajo, Francisco le compro un vestido que la hacía verse como una niña, medias de malla, zapatos elegantes y algunas flores. Para su "fiesta" su padrote le dio a beber alcohol y también le llevó un pastel. "No fue nada agradable, pero así pasé el día", se lamenta.[5]

En diciembre de 2011, Francisco y su tío Rosalio viajaron a México y les encargaron a Delia y a Fabiola "el negocio". Les dejaron la libreta con los números para que ellas llamaran a los choferes, de preferencia al Pinocho, cuya esposa además les vendía los condones o "chocolates" (como los nombraban entre ellos para "despistar"). A la semana debían cambiar de chofer, y podía ser Alex, el ecuatoriano que vivía en la calle 111, aunque para el área de Queens también solicitaban a Armando. Había uno más llamado Alejandro o el otro al que apodaban *el Rifles*. El área de Long Island la tenían en exclusiva Jairo o Mateo, según se lee en esa lista, y *el Barbas*, de prominente bigote, era quien la transportaba al viejo y gélido tráiler en Delaware.

"Yo creo que los choferes están coludidos en el caso", dijo durante el juicio uno de los fiscales junto a la silla de la jueza a la que se acercaron a charlar también los defensores. Todos estuvieron de acuerdo

---

[5] Testimonio de la víctima Delia en el juicio en contra de miembros de la organización Meléndez Rojas, Corte del Distrito Este de Nueva York, marzo de 2020.

con que esos que las llevaban eran parte medular de la empresa, pues tenían los contactos con los clientes, armaban las agendas, movían a las mujeres a los encuentros, las esperaban afuera y las llevaban a la siguiente cita. Sin embargo, y pese a que al final se llevaban la mitad de las ganancias por su labor, no se ha sabido que los incluyeran en alguna acusación.

Aprovechando la ausencia de sus explotadores, ese primer semestre de 2012, Delia dejó de trabajar dos turnos para evitar la noche donde invariablemente le tocaba atender borrachos. De cualquier modo, siguió destinando a México el dinero que ganaba para los beneficiarios, ya fuera Francisco o sus padres y abuelos, a quienes igualmente les caían depósitos vía Western Union u otras empresas donde no pedían identificación y en las que Delia podía anotar un nombre falso.

En el juicio a los miembros del clan Meléndez Rojas llevado a cabo durante la primera quincena del marzo de 2020 en la Corte Federal del Distrito Este de Nueva York, tanto los fiscales como Michael Gold, defensor de Francisco y de sus tíos Rosalio Meléndez y Abel, le preguntaron a Delia por qué no aprovechó para huir cuando sus captores se encontraban a miles de kilómetros de distancia. Ella se defendió recordando que Francisco había ido a visitar a su familia, presuntamente para decirles que "todo iba muy bien", pero la presencia de la hermana de ella en esa visita fue aprovechada por el proxeneta para amenazar con reclutar a la menor si Delia se negaba a trabajar. "No quería que mi hermana viniera a vivir lo que yo. No quería que nadie la lastimara como a mí", murmuró.

A los cinco meses, y ya que hubo pasado el carnaval de febrero en Tenancingo, a donde acuden todos los proxenetas en el exilio, Rosalio y Francisco regresaron a Estados Unidos justo a tiempo para los 16 años de Delia, pero esta vez no hubo festejo, alcohol ni pastel. En lugar de eso, ella advirtió a un Francisco en plan bipolar que un día con violencia le ordenaba regresar a trabajar doble turno y al otro la llenaba de mimos o huecos "te amo" para luego abusar de ella sexual y psicológicamente con sexo anal o caprichosos insultos. En junio de 2011 Francisco cumplió 18 años de edad y ocho meses de explotar a Delia.

Siendo un hombre joven llevado a las prácticas de un adulto criminal, en su candidez parecía de pronto flaquear en el control que tenía hacia ella. En esos momentos aparecía Rosalio, el tío que tenía 30 años y mucha más experiencia: "Si algún día decides escapar, por 50 mil pesos yo puedo contratar a un sicario que mate a toda tu familia, sin importar si hay niños o abuelos", la amenazaba el Guacho cuando ella rogaba por su liberación.

Luego de ese verano de 2011, la Mojarra impuso la rutina de golpearla arbitrariamente. "En el verano de 2013, ya no quería estar con Francisco y le pedí ayuda a un cliente", dijo ella en el juicio. "Pero en lugar de hablar a la policía, aquella persona les marcó, ya no supe si a Francisco o a Rosalio, así que cuando volví de trabajar Francisco me golpeó tan fuerte que al día siguiente no pude abrir la boca porque me dejó muy lastimada". A causa de esa paliza, su mandíbula quedó con daño permanente que ha requerido constantes visitas al médico, lo cual motivó que su abogada Lori Cohen reclamara los "gastos médicos no incluidos" citados en la moción de febrero de 2022. Durante el juicio, Delia dijo en la sala de la jueza Allyne R. Ross: "Había ocasiones en que tiraba de mis pies mientras estaba sentada en la cama para que yo golpeara el suelo", ya que, presumiblemente, de ese modo se adelantaba la llegada de su periodo. "¿Qué quieres decir con eso, Delia?", atajó la fiscal. Entonces la testigo aclaró que, debido a la ingesta constante de píldoras anticonceptivas, en ocasiones cumplía meses sin experimentar su menstruación, así que Francisco azotaba su cadera contra el piso esperando que el ciclo menstrual apareciera. "Fue muy doloroso, me ardía la cintura y aunque buscaba detenerlo nunca lo logré", agregó, contrariada. Por eso, entre sus contactos telefónicos, se encontraba don Max, un "médico de huesos" al que acudió más de una vez cuando su cuerpo era un tormento, ya fuera por las ocasiones que los clientes la golpeaban o cuando la Mojarra la azotaba. "Había veces que tenía mucho dolor en mis caderas", se quejó una triste Delia.

Debido a lo desgarrador de su historia, el caso de Delia se volvió a tal grado emblemático entre las víctimas de abuso sexual que incluso el senador republicano de Carolina del Sur, Lindsey Graham, la invitó al

Congreso de Estados Unidos a dar su testimonio. Pero, aunque la víctima mexicana aceptó en el interrogatorio del abogado Michael Gold que, efectivamente, la habían invitado a contar su historia ante el Comité Judicial del Senado de Estados Unidos, ella finalmente les manifestó que "no podía hacerlo".

Al verla declarar, y sin ser un experto, es obvio que Delia sufre de estrés postraumático, y haber abandonado de manera apresurada la sala donde se celebraban las audiencias mientras el abogado defensor la interrogaba fue una muestra de ello.

—¿Qué te sucedió? —le preguntó la jueza Ross cuando ella volvió.

—Lo siento, no podía respirar, necesitaba tomar aire fresco, a veces cuando bebo agua eso me sucede, por eso escapé —respondió la testigo a la cual se le notaban de lejos los estragos de la lesión en su mandíbula.

A las sesiones en la Cámara de Representantes, ante el Subcomité Judicial sobre Crimen, Terrorismo, Seguridad Nacional e Investigaciones, en la audiencia sobre la Ley de Derechos de los Sobrevivientes de Agresión Sexual en el Senado estadounidense, sí acudió la actriz Evan Rachel Wood, víctima del cantante de rock Marilyn Manson, acusado de abuso sexual por cinco mujeres en febrero de 2021. Aunque ese proyecto de ley se aprobó en 2016 bajo la administración del presidente Barack Obama, las activistas buscaban que la legislación federal se implementara a nivel estatal para que de ese modo se ampliara la protección para las sobrevivientes de agresión sexual en las 50 cámaras de cada entidad de Estados Unidos. "Comenzaron poco a poco, pero [los abusos] se intensificaron con el tiempo, incluyendo amenazas contra mi vida y ataques psicológicos. El hombre que decía que me amaba me violó creyendo que estaba inconsciente", dijo el último día de febrero de 2018 Evan Rachel Wood a los congresistas.[6]

---

[6] Testimonio de Evan Rachel Wood y otras víctimas de violencia sexual en el Congreso de Estados Unidos. "'Creí que iba a morir': Evan Rachel Wood relata sus abusos sexuales frente al Congreso", *El País*, 1 de marzo de 2018. Disponible en https://smoda.elpais.com/moda/actualidad/crei-que-iba-a-morir-evan-rachel-wood-relata-sus-abusos-sexuales-frente-al-congreso/.

Resulta extraña la invitación a Delia ofrecida por el senador Graham, quien, por un lado, en diciembre de 2016 firmó (con otros) un proyecto de ley para otorgar a las víctimas de acoso sexual más poder en el lugar de trabajo e invalidar de ese modo los procedimientos de arbitraje forzoso de las empresas en casos de denuncias de acoso sexual. Pero, por otro, nueve meses después, desestimó las preocupaciones de los congresistas demócratas sobre una denuncia de agresión sexual al candidato a juez Brett Kavanaugh, propuesto por Donald Trump para ocupar un asiento en la Suprema Corte de Justicia de Estados Unidos. El senador republicano dijo que el señalamiento sobre Kavanaugh era una "cacería de brujas", y acusó a quien lo denunció, la Dra. Blasey Ford, de ser "una mentirosa que había inventado su historia". Por ese intento de deslegitimar a una presunta víctima, Lindsey Graham se ganó el desprecio de las feministas norteamericanas.

El día que declaró la actriz Evan Rachel Wood, testificaron además Amanda Nguyen y Lauren Libby, de la organización sin fines de lucro Rise, que defiende los derechos de las sobrevivientes de agresión sexual, y Rebecca O'Connor, vicepresidenta de la Red Nacional contra la Violación, el Abuso y el Incesto (RAINN). Empero, ninguno de los casos relatados (la misma Nguyen, quien tras sufrir un ataque sexual fundó Rise, una de las oenegés más exitosas de la nación) se acercaba ni un poco al viacrucis relatado por Delia el 5 de marzo de 2020 en la sala 8C sur de la Corte de Brooklyn, donde despacha la jueza Ross.

"Nací y crecí en Tecamachalco, Puebla. Estudié hasta sexto grado de primaria y a los 12 dejé la escuela. Rosalba, a quien conocí porque trabajamos en una heladería, era pareja de José Osvaldo, y ella me presentó a Francisco en abril de 2010 cuando aún tenía 13 años.

"La primera vez que estuvimos juntos fue en un parque donde solía esperar el transporte. Él me pidió el número de mi teléfono, y como no tenía él me dio el suyo en una hoja de papel. Días después Rosalba me prestó su teléfono para marcarle, y en esa charla Francisco me preguntó si me gustaría ir a conocer a su familia y dije que sí.

"Cuando íbamos hacia allá en un auto que conducía José Osvaldo, le confesé que tenía 14 años, ya que la vez anterior le había dicho que tenía 16, pero él en ambas ocasiones me dijo que estaba bien. Fue muy amable conmigo, me decía que estaba linda, que era una chica agradable, y me preguntó si quería ser su novia.

"Cuando llegamos a su casa ya era tarde, así que ya no pude regresar y, como tampoco tenía teléfono, no pude avisar a mi familia. No sabía dónde estaba y él me preguntó si quería quedarme, así que acepté. Cuando llegamos José Osvaldo y Rosalba se fueron, ya que vivían en otra casa, y nosotros fuimos directo a la habitación de Francisco, y desde entonces me obligó a tener sexo anal, pese a que le dije que no, pues resultaba muy doloroso para mí. Esa vez hasta sangré y todavía recuerdo haber visto las sábanas manchadas.

"A la mañana siguiente nos levantamos y me presentó a su mamá, a la que llamaban Ma Ana. Ella me preguntó mi nombre y edad, y luego me dijo que tenía que lavar los baños, cosa que no me gustó, pero sentí que no tenía otra opción. En ese momento, sentí que Francisco me amaba y me hizo sentir que su familia también me quería. Pensé que era una buena oportunidad volver a intentar dejar mi casa, ya que cuando era niña, mi padre y mi tío abusaron sexualmente de mí, así que como en esas primeras horas Francisco me estaba tratando bien, elegí quedarme con él. Al día siguiente Ma Ana me envió a trabajar al campo, pese a que no me gusta nada hacer eso, además de que debía limpiar y cuidar a unos niños como de un año.

"Francisco era mi primer novio y comencé a vivir con él. La familia me hizo sentir como que se preocupaba por mí. A veces José Osvaldo y Rosalba venían a la casa de Francisco, y una de esas veces ella estaba sangrando mucho y entonces escuché una conversación entre José Osvaldo, Francisco y otros miembros de la familia que decía que Rosalba era la 'sin perro'. Lo cual significaba que José Osvaldo la había llevado a que le quitaran los perritos, es decir, a que le practicaran un aborto, pero nunca pensé que más adelante me fuera a suceder a mí.

"A los pocos días, Francisco me prestó un teléfono para que me comunicara a mi casa, pero mi madre me dijo: 'Yo no tengo hijas', y como me dolió mucho y lloraba, Francisco se burlaba de eso. Días después volví a llamar y les dije que iría a verlos, así que una mañana fuimos Francisco, su mamá, José Osvaldo y Rosalba. De camino a la casa de mis padres, se detuvieron y compraron una canasta con comida, fruta y bebidas alcohólicas. Compraron una para mi mamá y otra para la familia de Rosalba".

—¿Por qué Francisco trajo esta canasta de comida y alcohol a su familia? —preguntó intrigado el fiscal que la interrogaba.

—Porque en México la tradición es que, cuando te llevas a tu novia contigo, tu familia va a hablar con los padres de ella, a decirles que estás a salvo, y por eso les llevaron una canasta con cosas que mis padres aceptaron.

A partir de ese día y con la aceptación de sus padres, Delia se volvió oficialmente esclava de Francisco Meléndez. "Él fue la persona que me involucró y quien prometió a mis padres que me cuidaría, me amaría y mantendría a salvo la mayor parte del tiempo", dijo al jurado señalando en la corte a su explotador.

"Vine a Estados Unidos porque él me dijo que si veníamos aquí podríamos ganar dinero y tener una familia, un futuro, hijos y una casa. Pero, en lugar de eso, de octubre de 2010 a abril de 2014 fui prostituta hasta que me rescataron a los 17 años.

"En julio de 2010 fue cuando Francisco, Guadalupe, Rosalba y yo intentamos por primera vez cruzar la frontera ilegalmente. Viajamos en avión a Hermosillo y cuando estábamos cruzando de manera ilegal agentes de la patrulla fronteriza nos detuvieron y arrestaron. Nos pusieron en fila y pidieron nuestra información. Recuerdo haber dado mi primer nombre, pero Guadalupe me dijo que tenía que dar un apellido y edad falsos. Así que, aunque nos deportaron, luego intentamos cruzar de nueva cuenta. Guadalupe hizo una llamada telefónica y alguien le envió más dinero para intentar cruzar otra vez, pero sucedió lo mismo. Nos arrestaron, aunque esta vez tuvimos que volver a Tenancingo. Sin embargo, en octubre de 2010, en un tercer intento, Guadalupe, Francisco y yo logramos cruzar.

"Primero llegamos a Arizona donde nos esperaba un conductor que nos llevó a Nueva York, y ahí llamó a uno de los hermanos Meléndez para decirle que ya estábamos aquí, pero que quería más dinero para poder liberarnos. Más tarde llegaron en un taxi Miguel Meléndez y Rosalio, quien nos hospedó en la casa donde vivía con Fabiola, la que tiene una cicatriz en la cara. El primer día Francisco y Rosalio se fueron y nos dejaron encerradas. Nos dieron estos iPhones y nos dijeron que memorizáramos números de teléfono, y como no había nada de comida en la casa lo llamé y le dije que teníamos hambre. Entonces nos enviaron comida china que recibimos por una ventana.

"Recuerdo haberle preguntado a Francisco por el tipo de trabajo que íbamos a hacer. Dijo: 'No lo sé aún', y repitió lo mismo durante un par de días, pero al tercero vino y me dijo: 'Ya tengo un trabajo donde puedes ganar en un día lo que ganas en una semana en otro'. Ahí fue cuando me dijo que debía acostarme con hombres, pero en ese instante no entendí lo que significaba. Cuando me quedó más claro, pues me enojé porque eso no era algo que yo quisiera hacer. Él no insistió esa noche, pero luego volvió y me dijo: 'Es que ni siquiera hablas inglés. Si sales, la policía te va a arrestar'. Ésa fue la primera vez que me dijo que si me negaba iban a mandar a matar a mi familia. Fue difícil para mí escuchar que alguien podía hacer eso, pero recordé que Francisco sabía dónde vivían ellos, y también su familia lo sabía porque su tío José Osvaldo y Ma Ana habían estado allí. No quería que mi familia fuera lastimada y tuve que ceder al no tener otra opción.

"Una vez que acepté, Fabiola y Rosalio me enseñaron cómo convertirme en prostituta. Ella me enseñó cómo poner un condón y usar el lubricante. Me dijo que tenía que llevar conmigo 20 condones y además me explicó cómo abrirlos todos para meterlos en uno solo y de ahí irlos tomando. Los debía poner en mi pecho para que en caso de que la policía me detuviera yo pudiera esconderlos, pues nunca iban a revisar el pecho de una niña de 14 años. Me explicó Fabiola que la tarifa de 35 dólares sólo cubría 15 minutos, y también me enseñó cómo hacer sexo oral, cosa que no me gustó y me hizo sentir mal. Para conseguir a los clientes estaban los conductores y yo debía limitarme a decirles que estaba lista para trabajar".

En su testimonio, Delia deslizó una contradicción que los defensores dejaron escapar en su contrainterrogatorio. Los fiscales le preguntaron si antes de Francisco había tenido relaciones, a lo que ella respondió que no, aunque en algún momento dijo haber sido abusada sexualmente por su padre y tío. También el defensor Gold trató de sembrar alguna duda en los jurados, tal y como su labor de abogado pagado por el gobierno ordena, y buscó acusar a Delia de mitómana mostrando fotos donde se ve sonriente al lado de Francisco y mucho mejor que viviendo con sus familiares que abusaban de ella. Le plantearon que se veía muy joven, al grado de que algunos choferes no querían llevarla a trabajar para no meterse en problemas.

—¿Cómo pensaba que trayendo a su hermana aún más joven eso les iba a funcionar a los padrotes? —le preguntó el defensor.

De las fotos que le mostraron se mira cómo celebran un cumpleaños con pastel en la cara, en una playa, una plaza o en un baile.

—No te ves muy triste en todas estas fotos —la acosó el abogado.

—Lo estaba y puede que a veces sonriera, pero no era feliz —le aclaró ella.

—Pero si te violó la primera noche que estuvieron juntos, ¿por qué no se lo dijiste a su madre: "Su hijo me acaba de violar" —contratacó el defensor.

—En ese momento yo no sabía que forzar a alguien a tener sexo anal significaba una violación —respondió Delia, molesta—. Tampoco lo sabía cuando mi padre y mi tío me violaron.

—Pero cuando tu padre y tío te violaron escapaste de ellos, y cuando Francisco te violó te fuiste con él a los Estados Unidos, ¿no es así? —la cuestionó Gold.

—Estaba enamorada de Francisco —dijo ella sin amedrentarse.

—¿Ves esta foto que llevas algo en la mano derecha?

—Sí.

—¿Sabes qué es eso?

—No, no recuerdo qué es.

—¿No es una botella de champán?

—No lo sé.

—¿Estabas feliz en esta foto?

—No lo sé.

El fiscal pidió una moción a la jueza para reunirse ambas partes en privado con el magistrado. Luego discutieron.

—Su señoría, parece que esta testigo está cansada y ya no responde las preguntas —acusó la fiscal asistente Erin Argo.

—Está cagada —dijo la juez secundando a Argo y concediendo que la testigo se marchara para dar por terminada la jornada.

Así terminó Delia de contar su historia luego de que una jueza en Brooklyn la vio ya muy angustiada y calificó como "está cagada".

2. Un loable pero exiguo empeño judicial

COMO LA TERCERA ACTIVIDAD ILEGAL MÁS LUCRATIVA EN TODO EL MUNDO, sólo detrás del narcotráfico y de la falsificación en general, las ganancias derivadas del tráfico humano (la trata de personas con fines de explotación sexual es uno de sus pilares) se saben cuantiosas aunque difíciles de tasar. O al menos eso arrojan los datos que brindan distintas organizaciones y que al ser tan diversos obligan siempre a tomarlos en cuenta como "aproximados".

Por ejemplo, la Oficina de las Naciones Unidas contra la Droga y el Delito (UNODC) suele manejar la ambiciosa cifra de 2 billones de dólares de ganancias anuales que las organizaciones criminales obtienen de actividades como el narcotráfico, la falsificación y el tráfico humano, los primeros de una decena de ocupaciones ilícitas. El Foro Económico Mundial, o Foro de Davos, por su parte, contradice a la ONU y concluye que en realidad dicha cifra rebasa cuando mucho el billón de dólares, según el material en que suele apoyarse, que es el mismo que reporta la organización Global Financial Integrity (ésta publica, aunque no siempre actualiza, sus descubrimientos; el informe más reciente contiene cifras de 2015). La Organización Internacional del Trabajo (OIT), centrada más en las ganancias del tráfico humano, aventura la cifra de 150 mil millones al año para la trata en general; de éstos, 99 mil millones derivan de la explotación sexual comercial, el cual parece un número más preciso.

Tampoco en el número de víctimas hay consenso, pues, mientras la ONU en 2005 habló de 700 mil víctimas de tráfico humano en general (en ese entonces 77% iba dirigido a la explotación sexual), en la OIT alertaron de que al menos 40 millones de personas cayeron en las redes de los traficantes, sexuales o no, tan sólo en 2016. Aunque estas organizaciones miden fenómenos distintos, y a los reportes los separan dos décadas, las diferencias en el número de explotados son tan claras que siembran la confusión.

Ciertos indicadores comienzan a empatar, sin importar quién los mida, cuando se detallan los porcentajes de las víctimas enviadas al mercado de la explotación sexual, que, según estimó la misma OIT, es de 43%, seguido de 32% que destinaron a trabajos forzados, y el 25% restante que fue una mezcla de ambas actividades, de acuerdo con su reporte más reciente de 2019. Las cifras casi coinciden con las de The Human Trafficking Legal Center, en donde aseveran que 50% de las víctimas detectadas fueron para explotación sexual y 38% para trabajos forzosos, mientras que 10% de los traficados fueron sometidos a alguna otra actividad, y casi 1% a la mendicidad.

Del total de personas que fueron explotadas laboralmente, las mujeres y niñas representan 56% de las empujadas al trabajo forzoso, mientras que a hombres y niños pertenece el 44% restante. De nueva cuenta, hay una notable disparidad entre lo reportado por la ONU, cuyas investigaciones apuntan a que las mujeres representan 77% del tráfico para explotación sexual contra 23% de hombres, en contraste con la prestigiosa Fundación Scelles (con sede en París y cuyo objetivo es "conocer, comprender y combatir la explotación sexual", para lo cual desde 1994 realiza estudios periódicos sobre el tema), la cual asienta que mujeres y niñas representan 98% de las víctimas de trata para la explotación sexual comercial forzada, mientras que a hombres y niños sólo les corresponde el 2% restante.[1]

---

[1] Fundación Scelles, *5.° Informe global sobre explotación sexual: Nuevos retos nuevas preguntas*, 2019. Disponible en https://www.fondationscelles.org/en/global-report-5.

Más sobre el tema se encuentra en el *Reporte global sobre trata de personas* de 2020 que publicó la UNODC, que contempla además el factor covid-19 y cómo potenció la recesión económica en casi todo el mundo, lo cual agravó la crisis de los sectores de por sí vulnerables a esta forma de criminalidad. Se refuerza aquí el dato —muy conocido pero no por eso menos indignante— de que las mujeres son el grupo más vulnerable, y que en 2018 de cada 10 víctimas a nivel mundial cinco eran mujeres adultas, y dos, niñas, si recurrimos a los datos de la ONU.

Las cifras de por sí injustas al hablar exclusivamente de explotación laboral (64% de las víctimas son mujeres: 45% adultas y 19% niñas, contra 20% que son hombres adultos y 15% niños) devienen trágicas al trasladarse a la explotación sexual, donde 72% de niñas y 77% de mujeres traficadas van al mercado sexual, contra 17% de hombres y 23% de niños. En su primer reporte sobre tráfico de personas de 2004, la ONU registró que 74% eran mujeres, cifra que, como vimos, bajó a 45% en estudios más recientes. La pésima noticia es que ese bajón de mujeres adultas fue compensado por el rubro "niñas", que pasaron de 10% a 19%, y por niños, que de 3% ahora rondan 15% del total de traficados sexualmente.[2]

Previo a que explotara la pandemia del coronavirus, los traficantes ya se enfocaban en someter a personas marginadas o con circunstancias complejas. Un ejemplo son los migrantes indocumentados o quienes necesitan desesperadamente un empleo, y es que en esas situaciones suelen aceptar las condiciones planteadas por sus explotadores. La misma ONU ha detectado ocho grandes factores que dan pie al tráfico humano, entre los que destacan la necesidad económica (51%), una familia disfuncional (20%) y la relación sentimental que una víctima entable con alguien que al inicio embozó su condición de traficante (13%). Estas tres grandes causas encajan a la perfección, por cierto, en la estructura operativa de las familias tlaxcaltecas dedicadas a la trata.

---

[2] UNODC, *Reporte global sobre trata de personas*, 2020. Disponible en https://www.unodc.org/unodc/data-and-analysis/glotip.html.

La Organización de las Naciones Unidas también destaca que en los países de bajos ingresos, los niños —la mitad de las víctimas detectadas— son explotados en trabajos forzados como el doméstico, la construcción, pesca y agricultura, entre otros. En los países de ingresos más altos, los niños explotados son enviados directamente al mercado del sexo, aunque también al de la delincuencia forzada e incluso a la mendicidad.

Asimismo, en el *Reporte global sobre tráfico de personas* que año con año publica la ONU, los investigadores dividen el planeta en ocho subregiones para explicar dónde se practican las tres formas de tráfico humano: la que tiene como fin la explotación sexual, la del trabajo forzoso y la que catalogan como "otras formas de explotación". En cinco de esas subregiones es en donde predomina el tráfico sexual. La primera comprende el este de Asia y el Pacífico, que incluye países como Filipinas, una parte del sur de China, Tailandia, Vietnam, Singapur e Indonesia. Después se encuentra la región centro y sureste de Europa, con mafias traficando miles de ciudadanos desde Rumania, Bulgaria, Ucrania, Serbia, entre otros. Y por último destacan las tres regiones en que se divide el continente americano: sur, centro y norte; aquí, además del tráfico en sí, se observa el fenómeno conocido como "turismo sexual", practicado al menos en México, Colombia y Argentina. La región que parece más atractiva a ojos de los traficantes debido al amplio mercado es Estados Unidos: además de pagar en dólares, mantiene una alta demanda, y entre 15 y 20% de los ciudadanos han recurrido al menos una vez a los servicios sexuales, según un estudio publicado en 2008 por el Instituto Nacional de Justicia.[3]

Según estadísticas de la Línea Directa Nacional contra la Trata de Personas (NHTH), que presume uno de los conjuntos de datos más extensos sobre este tema en los Estados Unidos, en 2019 (el más actual del que tienen referencias) hubo 11 mil 500 casos de tráfico humano repor-

---

[3] Heather J. Clawson *et al.*, "Enjuiciamiento de casos de trata de personas: Lecciones aprendidas y prácticas prometedoras", Instituto Nacional de Justicia de Estados Unidos, junio de 2008. Disponible en https://www.ojp.gov/ncjrs/virtual-library/abstracts/prosecuting-human-trafficking-cases-lessons-learned-and-promising.

tados, de los cuales poco más de 8 mil (71%) fueron con fines de explotación sexual. Las tendencias marcan una mayoría de mujeres (81%; extranjeras: 56%) que, sobre todo, fueron explotadas en California (el estado líder en reportes de trata), Texas, Florida y Nueva York.

Los reportes que llegan a la NHTH han crecido de manera dramática en el más reciente lustro, y si en 2015 ya se registraban 5 mil 714, para el año siguiente la cifra escaló a los 7 mil 748, trepando a los 8 mil 773 en 2017 y 10 mil 915 en 2018, para topar la cifra récord de los 11 mil 500 de 2019. La escalada puede deberse a un preocupante y real aumento de los casos de trata, pero también a que la población y las víctimas tienen ahora un mejor conocimiento de los protocolos de denuncia.

Se puede decir que, pese a ser ilegal en casi todo el país, en Estados Unidos la prostitución (en sus tres formas: callejera, de burdel y de escorts) se practica en los 52 estados, y se estima que en este país ejercen la prostitución un millón de personas de los 40 a 42 millones que en todo el mundo se dedican esta actividad, según la Fundación Scelles.

Nevada siempre ha sido tratada como una excepción debido a que la legislación local es permisiva en algunos condados rurales. Por ejemplo, en este estado la "prostitución legal" se ejerce en burdeles, cuya regulación está estipulada en los Estatutos Revisados, la cual, sin embargo, aún señala como "actividad ilegal" la prostitución callejera y el proxenetismo, que implica explotar y vivir de las ganancias de otra persona. Asociaciones en defensa del trabajo sexual de otras regiones de la Unión Americana como Nueva York han pretendido seguir el ejemplo de Nevada sin haberlo conseguido.

Como muchas leyes, la de regular la prostitución no es atribución del gobierno federal, sino de los estados que pueden permitir, prohibir o regular el sexo comercial bajo la Décima Enmienda de la Constitución. Lo que sí es materia del Congreso de Estados Unidos es implementar leyes o modificar otras, como lo hicieron con la vieja Ley Mann que data de 1910, y cuya reforma de 1986 amplió su aplicación a la sanción del "transporte interestatal de personas con fines de explotación sexual", presente casi en la mayoría de las acusaciones contra traficantes. Cabe aclarar que las organizaciones en defensa del trabajo de la prostitución no amparan a los padrotes, sino que buscan regular el oficio para que se deje de considerar como un delito, aunque en muchos casos sea uno menor que se limita a la alteración del orden público.

En Nueva York, ejercer la prostitución está prohibido, así que desde 2010 la senadora estatal demócrata Julia Salazar y otros tres legisladores patrocinaron un proyecto de ley que buscaba despenalizar el trabajo sexual y legalizar la venta consensuada de sexo, así como también anular las condenas anteriores de personas involucradas en actividades que ya no se consideraran "criminales". Decrim NY, una coalición que impulsa dicho proyecto, señaló "que los intentos legales de reprimir el trabajo sexual históricamente han fracasado y que un sistema de justicia penal sobrecargado no debería usarse para enjuiciar a los adultos que consienten los encuentros".[4] En Nueva York, la prostitución se trata como un delito menor punible con hasta tres meses de cárcel y una multa de hasta 500 dólares, y aquellos que se declaren culpables de solicitar una prostituta pueden enfrentar la prisión y una multa.

Aunque la ley se halla estancada en comisiones, y ni siquiera ha llegado a discutirse, eso no impidió que en marzo de 2021 un juez de Brooklyn desestimara 857 casos de personas acusadas de ejercer la prostitución. Lo anterior luego de que el fiscal de distrito Eric González presentó una moción para desestimar órdenes judiciales basadas en el "delito" de prostitución de los últimos 50 años, y de paso borrar esa mancha del historial delictivo de más de 25 mil personas, sobre todo trabajadoras sexuales.

Como ni éste ni ningún otro proyecto de ley buscan proteger a los traficantes, los muy desiguales aparatos de justicia de Estados Unidos y México se han concentrado cada vez más en perseguir y enjuiciar a los

---

[4] Erik Ortiz, "New York State Lawmakers Introduce Bill to Decriminalize Sex Work", *NBC News*, 10 de junio de 2019. Disponible en https://www.nbcnews.com/news/us-news/new-york-state-lawmakers-introduce-bill-decriminalize-sex-work-n1015891.

proxenetas. Por lo pronto se sabe de manera unánime que los criminales fijan a sus objetivos en los sectores más vulnerables y discriminados, como menores de edad, mujeres, indígenas, minorías, castas en desventaja social, migrantes, refugiados y víctimas de violencia sexual, casi todos ellos maniatados en los cinturones de pobreza donde son fáciles de detectar y cazar.

El esfuerzo de la ONU para que los países miembros modifiquen su legislación vivió un parteaguas tras darse a conocer en 2009 la Iniciativa Bilateral México-Estados Unidos para el Control de la Trata de Personas, signada por los Departamentos de Justicia y Seguridad Nacional estadounidense y la Procuraduría (hoy Fiscalía) General de la República mexicana. Lento pero al parecer constante, el tema dio un paso más el 14 de junio de 2012, cuando el Congreso mexicano aprobó la Ley General para Prevenir, Sancionar y Erradicar los Delitos en Materia de Trata de Personas y para la Protección y Asistencia a las Víctimas de Estos Delitos, donde se equipararon las penas y multas de los delitos de trata sexual con otros como la violación, y se obligó, además, a las entidades federativas a promulgar leyes al respecto entre las que era mandato tener un fiscal especializado en trata. Para 2020, 30 de los 32 estados de la República mexicana habían acatado las nuevas reglas legislativas y, aunque siendo la lentitud la norma, finalmente se comenzó a procesar a traficantes, a instalar refugios y a empoderar a las víctimas.

Podríamos decir que todo ese trabajo se ha visto reflejado al menos en las propias cifras de la Organización de las Naciones Unidas, la cual, en su estudio de 2006, como ya vimos, registraba que 77% de las víctimas del tráfico humano eran explotadas en el mercado sexual. Pero, luego del Protocolo para Prevenir, Reprimir y Sancionar la Trata de Personas, Especialmente de Mujeres y Niños que la ONU lanzó en 2003, en 2018 aquel 77% había disminuido a 50%, en referencia a cifras de todo el mundo.

En su *Diagnóstico sobre la situación de trata de personas en México* publicado en 2014, la Oficina de las Naciones Unidas contra la Droga y el Delito (UNODC), no obstante, reconocía que la entonces recién aprobada (2012) Ley para Prevenir, Sancionar y Erradicar los Delitos en Materia de Trata de Personas en México había tenido un limitado impacto y reflejaba la "escasez de estadísticas" sobre la trata en México, donde apenas se habían registrado "629 averiguaciones previas por ese delito" entre 2009 y 2011, un tercio de ellas (32%) iniciadas desde el gobierno federal. En el caso de las averiguaciones previas elaboradas en los estados, nueve de ellos (Aguascalientes, Tlaxcala, Chihuahua, Chiapas, Puebla, Oaxaca, Veracruz, Hidalgo y la Ciudad de México) acumulaban 81% del total. En las carpetas iniciadas por el gobierno central también sobresalen Chiapas, Veracruz y Tlaxcala, y al finalizar el primer decenio del siglo, la tendencia marcaba que en los estados de México donde había más averiguaciones previas por trata de personas, coincidentemente, era en aquellos en que se registraba relativamente poca incidencia delictiva general o del crimen organizado. En su análisis, la ONU sospechaba que en las entidades donde operaban dichas bandas delincuenciales posiblemente "las autoridades estatales encaran contextos altamente violentos" y su limitada capacidad les impide "brindar suficiente atención al delito de trata".[5]

Así que desde 2014 ya se tenían identificadas las causas del bajo nivel de averiguaciones previas iniciadas, de los detenidos o de las víctimas atendidas. Por un lado, se adujo que la ley que tipificaba el delito tenía pocos meses de haber sido aprobada en el Congreso mexicano y lentamente los estados la iban incluyendo en sus respectivos códigos penales. Pero, además, se descubrió que las víctimas no gozaban de condiciones seguras para denunciar, ya fuera por el temor a ser revictimizadas por las autoridades o porque los tratantes las tenían amenazadas, lo que las llevaba a la autocensura. A esto habría que sumar la nula capacitación de los agentes del ministerio público, que tendían a reclasificar el delito y acusaban al tratante, cuando así sucedía, de lenocinio o corrupción de menores, cargos por los cuales podían obtener su libertad tras el pago de una fianza.

Sin embargo, parece que tampoco era tiempo el que necesitaban los procuradores o fiscales en México para decidirse a investigar y per-

---

[5] UNODC, *Diagnóstico sobre la situación de trata de personas en México*, 2014.

seguir delincuentes en las desconocidas y turbias aguas de la trata. En el periodo del 1 de agosto de 2017 al 31 de julio de 2021, ya con datos de las 32 procuradurías y fiscalías generales estatales, así como de la Fiscalía General de la República (y sus agencias, la Fiscalía Especial para los Delitos de Violencia contra las Mujeres y Trata de Personas —Fevimtra— y la Fiscalía Especializada en Materia de Delincuencia Organizada —FEMDO—), apenas se reportaron 177 actas circunstanciadas por investigaciones iniciadas o concluidas por los delitos en materia de trata de personas, según el extenso informe anual ofrecido por la Comisión Nacional de los Derechos Humanos.[6]

Y si al revisar este documento encontramos que 76% del total de esas actas corresponden a la Fiscalía General del Estado de Baja California (única que reportó movimientos en los cuatro años medidos), suponemos que la falta de voluntad política y judicial sigue dominando ante la urgencia por ofrecer justicia a las víctimas. El 24% de las averiguaciones previas restante se reportó en los estados de Baja California Sur, Hidalgo y Nayarit, mientras que las procuradurías y fiscalías de Aguascalientes, Durango, Michoacán, Morelos, Oaxaca, Sonora y Zacatecas reportaron "sin información". Otras 20 señalaron que no iniciaron actas circunstanciadas por ninguno de los delitos previstos en la Ley General: éstas son las de Campeche, Chiapas, Chihuahua, Ciudad de México, Coahuila, Colima, Guanajuato, Guerrero, Jalisco, Estado de México, Nuevo León, Puebla, Querétaro, Quintana Roo, San Luis Potosí, Tabasco, Tamaulipas, Yucatán y la FGR. Otros dos estados, Sinaloa y Veracruz, reportaron el rubro como "no aplica", y Tlaxcala, donde en al menos 30 de sus 60 municipios hay familias enteras metidas en el negocio del proxenetismo, pertenece también al grupo de estados que no iniciaron ningún procedimiento.

A diferencia de la procuración de justicia en México, los intentos comandados por la ONU sí se han visto reflejados en las legislacio-

---

[6] CNDH, *Diagnóstico sobre la situación de la trata de personas en México: Procuración e impartición de justicia*, 2021. Disponible en https://www.cndh.org.mx/sites/default/files/documentos/2021-12/DIAGNOSTICO_TDP_2021.pdf.

nes y sistemas de justicia de algunos estados de la Unión Americana, los cuales han creado dictámenes que refieren al "modelo Tlaxcala". Así ocurre en la Corte del Distrito Sur de Nueva York, Texas, Virginia, California, Georgia, Nueva Jersey, Florida y Tennessee, donde parecen más preocupados por detener esta injusta tradición que en los mismos lugares donde se origina.

En este sentido, destaca el empeño de la Fiscalía del Distrito Este de Nueva York, donde hay al menos ocho distintas acusaciones que involucran a traficantes de San Miguel, Tenancingo, Tlaxcala. Aunque —como veremos— dichas acusaciones iniciaron en 2004 con la sentencia a miembros de la familia Carreto, fue durante el segundo periodo que presidió dicha corte la fiscal general Loretta Lynch (de 2010 a 2015) que se inició con la tradición de perseguir padrotes tenancinguenses que operaban en Nueva York. Propuesta por el presidente Barack Obama para esa encomienda en el distrito este neoyorquino (el mandatario también la nombró fiscal general de la nación para el periodo de abril de 2015 a enero de 2017), Lynch destaca por ser la fiscal de traficantes sexuales más agresiva y exitosa de Estados Unidos. En ese segundo lustro al frente de la fiscalía se procesó a más de 50 traficantes de todo el mundo y se rescató a alrededor de 120 víctimas, 17 de ellas menores de edad. "El tráfico sexual de niñas y mujeres jóvenes es la esclavitud moderna y haremos todo lo que esté a nuestro alcance para erradicarlo", dijo luego de publicar una sentencia sobre un grupo de tlaxcaltecas.[7] Tras su partida, tanto Robert Kapers como Richard Donahue, o el actual fiscal general del distrito este, Breon Peace, han continuado con la misión de perseguir y procesar la trata de personas sexual que viene de México.

Si bien el Departamento de Justicia de Estados Unidos y sus fiscalías han jugado un rol destacado en ir puliendo los dictámenes y procesos en las cortes, le debemos a una de sus más refinadas armas, el

---

[7] Michael Daly, "New Attorney General Loretta Lynch Is Sex Traffickers' Worst Nightmare", *The Daily Beast*, 24 de abril de 2015. Consultado en https://www. thedailybeast.com/new-attorney-general-loretta-lynch-is-sex-traffickers-worst-nightmare?ref=scroll.

Servicio de Inmigración y Control de Aduanas (ICE, por sus siglas en inglés) la implementación del trabajo de campo, donde "identifican, interrumpen y desmantelan de manera proactiva las organizaciones transfronterizas de trata de personas y minimizan el riesgo que representan para la seguridad nacional y la seguridad pública", según plantea su hoja de objetivos. Para dicha encomienda cuentan con dos bastiones: la Oficina de Investigaciones de Seguridad Nacional (HSI) y la Oficina de Detención y Deportación (ERO), cuyos esfuerzos se alinean en "identificar y estabilizar a las víctimas, y disuadir, investigar y colaborar en el enjuiciamiento de los traficantes". En su diagnóstico de trata, los agentes del ICE comprenden que los traficantes y víctimas muchas veces comparten el mismo origen nacional, étnico o cultural, lo que le permite al proxeneta explotar mejor las vulnerabilidades de sus víctimas, las cuales rara vez se identifican como tales. Esto suele hacer más difícil para los agentes identificar cuando un inmigrante está cometiendo un delito, dado que las víctimas se niegan a denunciar a sus propias parejas.

El ICE se halla, además, en coordinación con el Centro para Contrarrestar la Trata de Personas (CCHT) del Departamento de Seguridad Nacional (DHS) y con el FBI para promover operaciones contra la trata, proteger a las víctimas y mejorar los esfuerzos de prevención. El CCHT es el primer centro en su tipo que coordina esfuerzos interinstitucionales para combatir la trata y decomisar bienes que son producto del trabajo forzoso. Entre otras oficinas que suman 16 distintas, el CCHT cuenta con la División de Programas de Custodia (CPD) y el Programa Nacional de Operaciones de Fugitivos (NFOP), ambas asignadas a la ERO. A nivel preventivo, el ICE lleva a cabo cada enero "eventos de concientización sobre la trata de personas", y durante todo el año transmite sus conocimientos a profesionales médicos, a empleados de industrias clave y al público en general para ayudarlos a identificar los casos de trata. También, el HSI participa en grupos de trabajo sobre la trata de personas en todo el país, donde capacita a empleados del orden público federales, tribales, estatales y locales, además de apoyar a organizaciones de servicios sociales para ayudar a estabilizar a las víctimas. El HSI tiene asimismo una silla en las reuniones de los equipos federales de coordinación contra la trata de personas, donde participan el Departamento de Justicia (DOJ), el Departamento de Trabajo (DOL) y el Buró Federal de Investigaciones (FBI) para coordinar y planificar las investigaciones y procesos federales contra los traficantes de personas.

Por cierto, las organizaciones de la sociedad civil (de las que hay decenas en Estados Unidos) que brindan servicios para ayudar a estabilizar a las víctimas son proveedoras del gobierno federal y ofrecen "ayuda integral y culturalmente apropiada para las víctimas", la cual comprende refugio, alimentación, ropa, atención médica y de salud mental, capacitación y colocación laboral, asesoría legal, intérpretes y más, dependiendo de las necesidades de aquellos a quienes rescatan.

A pesar de lo que se antoja como una evidente disparidad en la procuración de justicia entre ambos países, sería mezquino no reconocer el trabajo y los avances que ha cumplido México con relación a la lucha contra la trata, pues, además de la ley aprobada en 2012, avanza —de manera atropellada quizás— una escuela donde se enseña a los fiscales a levantar actas, a iniciar averiguaciones previas o carpetas de investigación y a perseguir y procesar en general estos casos. Siguiendo con lo reportado por la CNDH, ahora existe un presupuesto y personal asignado en las fiscalías especializadas (aunque sigue habiendo regiones donde impera la inmovilidad y falta el presupuesto), amén de que se han abierto, tanto por obra del gobierno como de oenegés, albergues, casas de medio camino y refugios especializados para atender y empoderar a las víctimas.

De igual forma, hay que mencionar el protocolo para la investigación de los delitos y la atención a las perjudicadas que, de nueva cuenta, muchos gobiernos se niegan a acatar por negligencia, ignorancia o corrupción, pero que se encuentra listo para quien desee ponerlo en marcha. Presuntamente, se halla en funciones, asimismo, una Comisión Intersecretarial para Prevenir, Sancionar y Erradicar los Delitos en Materia de Trata de Personas y para la Protección y Asistencia a las Víctimas de estos Delitos del gobierno federal. Debe destacarse el proceder de la Unidad de Inteligencia Financiera (UIF) de la Secretaría de Hacienda y Crédito Público que, coadyuvando a las agencias de seguridad en "la prevención y combate a los delitos de operaciones con recursos de procedencia ilícita", se vio muy activa durante la gestión del fiscal Santiago Nieto (diciembre de 2018 a noviembre de 2021), periodo en que registró un crecimiento en la persecución de las operaciones y las cuentas bancarias relacionadas con los padrotes. Sobresale un caso de 2019, cuando se detuvo a una red de personas que contactaba a mujeres en Sudamérica, quienes eran llevadas a México presuntamente para trabajar en el modelaje y a las que terminaban enganchando en la trata. Entre el 1 de agosto de 2017 y el 31 de julio de 2021, la UIF procesó mil 083 reportes de lavado de dinero vinculados a la trata de personas, de los cuales 482 eran por explotación sexual, y así procedió a congelar cientos de cuentas bancarias relacionadas a estos casos. Nieto Castillo es sólo uno de muchos funcionarios que en México se han comprometido con el tema. Ya conoceremos sus nombres más adelante en esta investigación.

Muchos de los objetivos a nivel global contra la trata aparecen en la Agenda 2030 para el Desarrollo Sostenible planteada en septiembre de 2015 por la Organización de las Naciones Unidas a los 193 Estados miembros. La búsqueda de la paz, la erradicación de la pobreza y la generación de desarrollo aparecen entre 17 objetivos adoptados y las 169 metas trazadas entre esa utopía conocida como "desarrollo sostenible", formada por los pilares de la economía, el desarrollo social y el ambiental. Entre los objetivos de la Agenda 2030 vinculados a la trata de personas se encuentra el 5.2, que busca "Eliminar todas las formas de violencia contra todas las mujeres y las niñas en los ámbitos público y privado, incluidas la trata y la explotación sexual y otros tipos de explotación"; el 5.3, cuya intención es "Eliminar todas las prácticas nocivas, como el matrimonio infantil, precoz y forzado y la mutilación genital femenina"; así como el 8.7, que tiene la misión de "Adoptar medidas inmediatas y eficaces para erradicar el trabajo forzoso, poner fin a las formas contemporáneas de esclavitud y trata de personas y asegurar la prohibición y eliminación de las peores formas de trabajo infantil, incluidos el reclutamiento y la utilización de niños soldados". Asimismo, con el año 2025 como fecha límite, "Poner fin al trabajo infantil en todas sus formas".

Por último, el 16.2 plantea "Poner fin al maltrato, la explotación, la trata y todas las formas de violencia y tortura contra los niños".

Por su parte, la Comisión Nacional de los Derechos Humanos en julio de 2021 recordó que, debido a la forma en que las víctimas son captadas, trasladadas, entregadas, acogidas y explotadas, a veces ni siquiera son reconocidas como tales y, por lo tanto, no son identificadas ni atendidas, lo cual genera impunidad y carencia de sanciones para quienes cometen los delitos. Dicha queja parece creada para acusar al modelo Tlaxcala directamente, en el que los tratantes secuestran a las mujeres, las hacen sus esposas y las explotan. "Como firmante de la Agenda 2030 para el Desarrollo Sostenible de la ONU, a México le restan sólo nueve años para cumplir con este compromiso adquirido, particularmente con los objetivos vinculados con la trata de personas, que buscan proteger a sectores específicos como niñas, niños y mujeres, combatiendo ciertas modalidades de este delito, como la explotación sexual, el trabajo forzoso, la esclavitud, entre otros", señala el documento.[8]

Pocos días después de ser nombrada fiscal general de Estados Unidos, tras anunciar una nueva fase para la iniciativa del equipo de coordinación contra la trata, Loretta Lynch declaró que "los traficantes de personas se aprovechan de algunos de los miembros más vulnerables de nuestra sociedad para explotarlos" y que esa esclavitud moderna no debería tener cabida "en una nación que ha superado el flagelo de la esclavitud". Aseguró que el Departamento de Justicia está comprometido, y ella, personalmente decidida "a procesar a los traficantes de personas, a brindar apoyo a los sobrevivientes de la trata y a defender los derechos y la dignidad que se merecen".[9] Tras la llegada de Donald Trump a la Casa Blanca, Lynch regresó a su despacho privado, y en

---

[8] CNDH, *Diagnóstico sobre la situación de la trata de personas en México: Procuración e impartición de justicia*, 2021. Disponible en https://www.cndh.org.mx/sites/default/files/documentos/2021-12/DIAGNOSTICO_TDP_2021.pdf.

[9] Discurso de Loretta Lynch ante el equipo de coordinación frente a la trata, Washington D. C., mayo de 2016. Disponible en https://www.justice.gov/opa/speech/attorney-general-loretta-e-lynch-delivers-remarks-press-conference-announcing-next-steps.

febrero de 2022 fue contratada por la National Football League (NFL) para que los representara en una demanda por racismo presentada por el *coach* afroamericano Brian Flores, por lo que, de momento, se encuentra en una pausa a su empeño por luchar contra la trata.

¿Vamos bien o seguimos mal?

Por lo pronto, en su informe anual del año 2021, dado a conocer en marzo de 2022, el ICE registra un aumento de 9% en su volumen de arrestos en general, que de 23 mil 932 en 2020 trepó a 25 mil 993 en 2021. Detalla la agencia que uno de los rubros con mayor crecimiento fue el de la Operación para el Arresto y Remoción de Delincuentes Sexuales (SOAR, por sus siglas en inglés), "que resultó en la detención de 495 delincuentes sexuales no ciudadanos (en comparación con 194 durante 2020) llegados de 54 países diferentes: 80% de los cuales habían victimizado a niños".[10]

Lo único claro es que la trata de personas con fines de explotación sexual es un lucrativo negocio ilegal en el que las viejas prácticas sociales en contubernio con el crimen organizado y la impunidad política parecen llevar una clara delantera que a la justicia le llevará muchos años emparejar.

---

[10] *Informe anual del Servicio de Inmigración y Control de Aduanas de Estados Unidos*, 11 de marzo de 2021. Disponible en https://www.ice.gov/doclib/eoy/iceAnnualReportFY2021.pdf.

3. Los hermanos Flores Carreto: medio siglo en prisión

COMO UNA VENGANZA QUE EL DESTINO LE TENÍA PREPARADA A ESTA FAMILIA, al iniciar el siglo XXI Israel Flores Carreto fue secuestrado en Tlaxcala debido a que su familia vivía cierta bonanza económica producto de las ganancias derivadas de la explotación sexual de mujeres que, en Estados Unidos, ejecutaban sus hermanos Gerardo y Josué.

Por si eso no bastara, a la madre del trío de hermanos, Consuelo Carreto Valencia, se le apilaron las tragedias en un corto periodo de tiempo a partir de que su esposo enfermó y murió en el lapso de un mes en 1999, previo al secuestro de Israel, quien, por cierto, fue asesinado sin importar que la familia hubiese pagado el rescate. El crimen conmovió de tal forma al clan que un hermano de la señora Consuelo sufrió un ataque al corazón y, al enterarse de la trágica muerte de su sobrino, también murió.

Empero, el kármico monstruo apenas despertaba, pues, debido a una acusación presentada en la Corte Federal del Distrito Este de Nueva York en noviembre de 2004, los dos hijos vivos, además de dos sobrinos y la misma señora Consuelo, serían indiciados, detenidos, en algunos casos extraditados a los Estados Unidos y, finalmente, sentenciados. "Consuelo Carreto Valencia ha tenido una vida extremadamente difícil y trágica", alegó en octubre de 2009 su abogado John Wallenstein en el memorándum previo a la sentencia donde el litigante pidió al juez "mostrar misericordia y ser indulgente en la imposición de la pena".[1]

Finalmente, la señora Carreto Valencia, que en 2022 contaba con 73 años, fue condenada a 10 años de cárcel, de los cuales sólo cumplió ocho, ya que fue liberada en agosto de 2014 y deportada a México. Pero entre 199 y 2004 la fatalidad comenzó a presentarles facturas a los Carreto y, mientras la justicia cancelaba su próspera empresa de tráfico de mujeres, su caso en particular se volvió muy relevante para las agencias de seguridad de ambas naciones. La difusión de estos acontecimientos coincidió con el lanzamiento, en el año 2000, del Protocolo para Prevenir, Reprimir y Sancionar la Trata de Personas de la ONU, por lo que el caso Carreto en particular despertó el interés del gobierno estadounidense. En el Departamento de Justicia quedaron tan satisfechos con la manera como se trabajó el proceso que, al final de 2006, la fiscalía asignada al caso "USA vs. Carreto-Valencia" recibió un premio por parte del director de la Oficina Ejecutiva de Fiscales de Estados Unidos.

Todos esos antecedentes sólo afilaron aún más la espada justiciera que ya se cernía sobre las cabezas de tres mexicanos presentes la mañana del jueves 27 de abril de 2006 en la Corte Federal de Brooklyn, donde escucharían una sentencia que de algún modo resultó inesperada. Y es que a los agravios cometidos por los tratantes mexicanos se sumaron otros hechos que dieron forma a una condena que puede calificarse como inclemente y quizás hasta bastante rigurosa. Por un lado, el empuje de la decidida fiscal Monica E. Ryan era alimentado, según uno de los abogados defensores, por la "encomienda desde el gobierno federal de hacer de este caso uno ejemplar". Luego apareció en escena el juez Frederick Block en la misma línea inflexible, y quien, además de comenzar el día con evidente malhumor, no se movió ni un milímetro de las rígidas pautas de sentencia que ya traía en sus apuntes. Por último, la mezcla de desesperación y rebeldía mostrada por los acusados

---

[1] Memorándum de sentencia para la acusada Consuelo Carreto Valencia, del abogado John Wallenstein, ingresado a la Corte Federal del Distrito Este de Nueva York el 14 de octubre de 2009.

en el día más decisivo de su existencia, junto a unos defensores confundidos e impotentes frente a la barrera impuesta por una autoridad al bloquear un último intento de los acusados de ingresar una moción que permitiera posponer la jornada, sólo pudo tener el desenlace ya anunciado: 50 años para dos de los acusados y 35 para un tercero.

La de la organización Carreto fue la primera acusación del siglo palomeada por un jurado en la Corte Federal del Distrito Este de Nueva York y fue ingresada a pocas semanas de que acabara el 2004. Consta de 35 páginas y contiene 27 cargos contra seis acusados: Josué Flores Carreto, Gerardo Flores Carreto, Daniel Pérez Alonso, Eliú Carreto Fernández, Consuelo Carreto Valencia y María de los Ángeles Velázquez Reyes, quien era cuñada de los hermanos Flores Carreto y participaba en la empresa desde la casa de la señora Consuelo, vigilando a las víctimas que permanecían ahí aisladas e incomunicadas. A pesar de que María de los Ángeles fue detenida en Tenancingo en febrero de 2004, en el mismo operativo donde fue apresada Consuelo Carreto, no fue extraditada, por lo que, para el gobierno estadounidense, siguió siendo una fugitiva.

El dictamen del caso señala:

> En o alrededor de enero de 1991 y noviembre de 2004, fechas aproximadas e inclusivas, dentro del Distrito Este de Nueva York y en otros lugares, los acusados, junto con otros, confabularon a sabiendas e intencionalmente para reclutar, atraer, albergar, transportar, proporcionar y obtener por cualquier medio personas, a saber, mujeres jóvenes mexicanas, en un interés que afecta el del Estado y el comercio exterior, para beneficiarse económicamente, recibiendo una cosa de valor de la participación en un emprendimiento que se dedicara a tales actos, con conocimiento de que su fuerza, el fraude y la coacción se utilizarían para hacer que dichas personas se involucraran en actos sexuales comerciales.[2]

---

[2] Dictamen en sustitución en contra de la organización Valencia, elaborado por la fiscal asistente Monica E. Ryan e ingresado a la corte el 16 de noviembre de 2004.

Aunque pesaran sobre ellos decenas de graves delitos, los Flores Carreto aún conservaban derechos ante la ley de Estados Unidos, como el de ser debidamente defendidos y asesorados por abogados calificados que el Estado les proporcionaría en caso de que ellos no pudieran pagar uno. Igualmente, en caso de no hablar inglés, debían tener acceso a documentos traducidos a su idioma para que conocieran cada coma y cargo de la acusación, y lo mismo debía suceder con los acuerdos de culpabilidad. Asimismo, tenían derecho a elegir irse a juicio para comprobar su inocencia, en el cual no estaban obligados a declarar para incriminarse. No obstante, también tenían la obligación de escuchar a sus víctimas, ya fuera en el juicio o en la audiencia condenatoria.

"Gerardo fue la persona que me inició en la prostitución antes de cumplir 16 años", arrancó la víctima identificada como "Olivia G", quien le reprochó, además, que le hubiera quitado a su hija. "Ella tiene ocho años y ni siquiera la conozco", lamentó, evidenciando otras de las faenas asignadas a María de los Ángeles: cuidar a los niños de las víctimas. Refiriéndose igualmente a Gerardo, una víctima más, "María C", agregó: "No le importó destruir la vida de las personas porque lo que siempre quiso es dinero. Quieren dominar el mundo teniendo muchas mujeres para ellos. Se sienten dioses ante una mujer que no tiene defensa porque la golpean y maltratan. Me pisaron como si fuera basura y nunca tuvieron la menor consideración hacia mí o mis hijas. No tienen la menor idea de cuál es el valor de un ser humano, su señoría, y estoy aquí porque quiero que estas personas reciban una sentencia muy severa".

—Buenas tardes. En primer lugar, me gustaría decir que lo que las víctimas hablaron hace un momento es su palabra contra la mía —respondió Gerardo Flores Carreto cuando el juez le permitió hablar—. Desde el principio dije que yo era culpable de prostitución, no que era un coyote o las otras cosas de las que me acusan —reclamó.

Parecía que el juez estaba esperando ese reclamo:

—Te declaraste culpable de todos esos cargos. Me dijiste específicamente que tus delitos implicaban más que la simple prostitución. Hablaste de golpizas físicas. Hablaste de ser un organizador. Hablaste de contrabandear extranjeras. Hablaste de tráfico sexual. Dijiste eso a través de tus propios labios después de que te interrogué extensamente. Tenías derecho a seguir adelante con tu juicio, pero te declaraste culpable de todo, no sólo de la prostitución —le recordó Block sobre las audiencias previas en las que se negoció el acuerdo de culpabilidad.

—Lamento mi ignorancia —dijo el mexicano—. Primero que nada, no sé inglés. En segundo lugar, mi abogado sabía que había pruebas y que quería ir a juicio —trató de defenderse el mexicano.

—¿Niegas la responsabilidad? ¿Me dices que mentiste cuando aceptaste bajo juramento ser culpable? ¿Y ahora le mientes al tribunal? ¿Qué más tienes que decir? —atajó el magistrado.

—No, lo siento. Es sólo que hay mucha confusión —retrocedió el mexicano.

—Hice todo lo posible para asegurarme de que no hubiera confusión. Te di una y otra vez información sobre tus derechos —aclaró Block, quien luego intensificó el regaño—. Protegí tu derecho a tener un abogado competente que cuidara tus intereses. Puse todo a mi alcance para asegurarme de que entendieras lo que estaba sucediendo, como acercarte asesores e intérpretes. Entonces, el hecho de que no hables inglés realmente no entra en la ecuación aquí.

—Con todo el debido respeto para usted, una vez intenté cambiar a mi abogado y no lo permitió —reclamó Gerardo.

—Te pregunté específicamente si estabas satisfecho con los servicios del Sr. Lashley [primer abogado de Gerardo] y te dije lo importante que era para mí asegurarme de que te sintieras cómodo con eso. Bajo juramento me dijiste que lo estabas.

—¿Y cómo puedo ir a juicio? En primer lugar, no tengo parientes aquí. Nadie. No contaba con pruebas y todo tenía que venir de México. Estoy confundido ahora. No sé qué hacer. Hay pruebas que demuestran que no soy culpable. Y ahora las chicas me alegan esto. No sé. Nunca se nos permitió hablar con ellas. Supuestamente ella —señaló a Olivia— es mi esposa, supuestamente porque… no sé qué está pasando.

—Está bien. ¿Algo más? — dijo Block sin conmoverse.

—Por favor, tenga piedad —clamó el acusado—. Muestre la evidencia. Por favor. Tengo una hija de nueve años. Ella [Olivia] dijo que tenía ocho años, pero ella nunca trató con mi hija. Ella nunca se molestó en hacer una llamada telefónica y nunca le prohibí que hiciera nada. Podría haber ido cualquier día a cualquier hora. ¿Cuál fue la presión sobre ella? ¿Cuáles las amenazas? Todo lo que ha dicho es mentira. Y si es cierto, ¿por qué cuando la dejé siguió en la prostitución? Eso no tiene sentido. Ellas tenían un teléfono celular. Podían salir en el momento que quisieran. Hay evidencia de eso. Desafortunadamente, todo llegó demasiado tarde porque está todo en español. Tenga compasión. Es mi vida. Sea misericordioso —casi rezó Gerardo Flores Carreto frente al juez.[3]

Las "pruebas" que el acusado presumía que podían ayudar a aminorar su pena llegaron a la corte la mañana de la sentencia, y el abogado de Gerardo, Michael Musa Obregón, las quiso presentar como evidencia de la inocencia de su defendido en un intento por retrasar la audiencia.

—Su señoría, en nombre de Gerardo Flores Carreto, esta mañana me reuní con el investigador Willie Acosta, contratado por los tres acusados, quien se fue a México durante el último mes —comenzó el litigante.

Relató que Acosta lo llamó la noche anterior y que esa mañana le acercó las transcripciones de las declaraciones juradas que tres de las víctimas habían recitado ante un juez en México, que contradecían lo que le habían dicho al gobierno de Estados Unidos.

El nuevo intento de retrasar el proceso puso de malas al árbitro. Les presumió entonces a Musa Obregón y a toda la audiencia que la transcripción de la declaratoria de culpabilidad del 5 de abril de 2005 era la mejor alocución de culpabilidad que había presentado en más de 11 años. Dijo haber leído de nueva cuenta en las horas recientes ese

---

[3] Audiencia en la cual se sentenció a tres de la organización Flores Carreto, celebrada el jueves 27 de abril de 2006. Transcripción en poder del autor.

procedimiento: "No para darme una palmada en la espalda, pero dije: 'Vaya, juez Block, hiciste un buen trabajo aquí'".

—Si tenían toda esta información y sabían lo que sucedió en México, ¿por qué decirles que se declararan culpables? —reclamó el juez, quien reconoció el buen trabajo de la defensa a la que, sin embargo, culpó de ser "un poco tontos".

—Quisiera agregar algunos puntos —atajó la fiscal Ryan—. Lo primero es que el gobierno no ha visto ninguno de esos materiales. Pero, tengo algunas expectativas sobre lo que podrían contener, sólo porque todos en esta sala saben que tanto los acusados como las víctimas han estado en Estados Unidos al menos desde enero de 2004 cuando fueron arrestados por la Oficina de Inmigración y Aduanas. Así que me gustaría señalar que, incluso si estos documentos contienen algo que los acusados puedan considerar útil, es legalmente irrelevante para este caso. Los acusados se declararon culpables de contrabandear a estas jóvenes y obligarlas a prostituirse en Nueva York. Y, obviamente, la posición del gobierno es que cualquier declaración que pudiera haber hecho alguna de estas víctimas en México se hizo gracias a los esfuerzos coercitivos de los acusados.

—De cualquier modo, si los tenemos, al menos deberían poder presentarlos al tribunal —concedió el juez.

—El problema es que están en español, señor juez —lamentó Charles Hochbaum, defensor de Daniel Pérez Alonso, otro de los que serían sentenciados en esa jornada.

—No puedo hacer más que eso —determinó el juez.

—Y tampoco tenemos garantías en cuanto a su autenticidad —dudó la fiscal Ryan.

—De cualquier modo, preséntelos al secretario del tribunal y serán marcados —asintió el juez.

—Entrego al secretario de la corte los documentos recibidos del investigador Acosta esta mañana —anunció Musa Obregón—. Se han resaltado las secciones con respecto al testimonio relevante en este caso —previno.

—Sin embargo, señor juez, a la luz de la producción de este material y naturaleza del mismo, que está en español, solicitamos que la corte considere una petición conjunta de los abogados para aplazar la sentencia —soltó Hochbaum su as bajo la manga.

—Está bien. Entiendo tu solicitud —dijo el juez, quien inmediatamente anuncio—: está negada. Sigamos adelante con la sentencia. Ha llegado el momento. Este tipo de cosas de última hora son simplemente contradictorias.

En ese punto de la discusión apareció el tercer abogado, presente para defender a Josué Flores Carreto, segundo condenado del día. Su nombre es Roy R. Kulcsar, y en junio de 2012, seis años después de esa audiencia, fue inhabilitado en Nueva York para ejercer como litigante, ya que una investigación comprobó que usaba a los reos de las cárceles de la Gran Manzana para reclutar a otros clientes. Por dicha práctica, prohibida por la justicia, Kulcsar depositó casi 20 mil dólares en las cuentas de algunos internos de la prisión para que promovieran sus servicios. Así operó, por cierto, entre agosto de 2004 (un mes antes de registrarse como defensor de Josué Flores Carreto) y febrero de 2010. "Era el verdadero epítome de un abogado estafador", dijo al *New York Daily News* uno de sus clientes, Joe Barone, a quien un narcotraficante encarcelado recomendó con Kulcsar, quien luego de su inhabilitación le debía aún a Barone 86 mil dólares por haber recibido honorarios indebidos.[4]

—¿Alguna otra moción? —preguntó el juez a Kulcsar.

—Sí, me dirijo a su señoría para solicitarle una revisión de esa transcripción —dijo Kulcsar insistiendo sobre las pruebas en español recién llegadas de México.

—Le estoy preguntando si hay otras mociones. No tiene que debatir conmigo sobre mi revisión del registro. No es lo que le estoy pidiendo que haga. ¿Hay otras mociones de su cliente? ¿Sí o no?

---

[4] Larry McShane, "Defense Attorney Roy Kulcsar Disbarred for Using Inmates to Recruit New Clients", *New York Daily News*, 7 de junio de 2012. Disponible en https://www.nydailynews.com/new-york/defense-attorney-roy-kulcsar-disbarred-inmates-recruit-new-clients-article-1.1101323.

—Usted determinó que cualquiera que fuera la solicitud significaba un aplazamiento —recordó Kulcsar.

—Puede abordar esos problemas durante el transcurso de la sentencia —se plantó en su negativa el juez.

—Bueno, no puedo porque no soy plenamente consciente de lo que hay en la transcripción —se quejó el defensor, quien, por cierto, llegó una hora tarde y retrasó el arranque de la audiencia.

—No es mi culpa —agregó Block.

Tampoco es culpa de los abogados, juez —retó Musa Obregón.

—No puede venir aquí, ya sabe, cuando estamos listos para comenzar la sentencia, y presentarme un documento completo en español y pedir un aplazamiento. Miren, lo hemos discutido y está negado.

Antes de enviar a un receso y terminar con el ríspido intercambio, Block les recordó a los presentes en la sala que los crímenes de la organización Carreto Valencia no se limitaban a una o tres víctimas. "Estamos hablando de múltiples víctimas de las que el acusado se declaró culpable de violar de muchas maneras". Dramático, dijo que por más que las buscó no encontraba palabras para expresar la conmoción y el disgusto que le causó la naturaleza de esa conducta criminal.

Sin embargo, el gran nudo que impidió al trío de acusados llevar una buena negociación para su sentencia se comenzó a tejer desde que sus abogados los condujeron hacia una declaración de culpabilidad en la que, de manera inaudita, aceptaron los 27 cargos del dictamen sin negociar, como usualmente se hace, que los despojaran de algunos. Luego en la jornada de la sentencia, al anunciar que deseaban retirar esa aceptación para negociar otra, el juez simplemente ya no lo permitió.

Muy probablemente, que el Departamento de Justicia haya puesto un cuidado especial al caso de la organización Carreto, sumado a la naturaleza de los propios crímenes, frenó la posibilidad de que los fiscales y los defensores se sentaran a descartar y aceptar cargos, como suele ocurrir en los acuerdos de culpabilidad. En éstos, como si fuera un juego de pirinola, ambas partes quitan y ponen para que el culpable, en ocasiones, acepte entregar a los fiscales información que ayude a desentrañar algún otro caso o para auxiliar en la resolución del presente.

Pero, incluso si el acusado tampoco ofrece nada al gobierno, el simple hecho de optar por no ir a juicio ya es bien visto por las autoridades, que de ese modo se ahorran miles de dólares y decenas de horas de audiencias, por lo que en ciertas circunstancias aceptan borrar cargos, sobre todo en dictámenes como éste, en el que había casi tres decenas.

No hay tampoco una relación directa entre declararse culpable, colaborar con el gobierno y recibir una sentencia generosa, pues existen historias de quienes han elegido esa ruta y a cambio han recibido largas condenas, incluso cadenas perpetuas. Sin embargo, en su expediente, ya aparecerá el antecedente de que aceptaron la responsabilidad, y eso puede acarrearles algún beneficio posterior.

Por lo tanto, cada archivo debe ser mirado de manera particular, como se ha hecho con los seis dictámenes revisados para esta investigación, donde, sin contar a los hermanos Flores Carreto, la sentencia más larga fue la fijada en febrero de 2022 a otros dos hermanos de la organización Meléndez Rojas, condenados a pasar 39 años y medio en prisión. Otra sentencia singular fue la de mayo de 2014, aplicada a los hermanos Bonifacio e Isaías Flores Méndez, que recibieron cadena perpetua de la jueza Katherine B. Forrest de la Corte Federal del Distrito Sur de Nueva York, en Manhattan. Lo que lleva a concluir que ni las causas que inflan las condenas son tan sólidas, como tampoco los hechos que aceleran los perdones.

De regreso a la audiencia de abril de 2006, tras del receso de una hora exacta, el juez Block volvió acaso un poco más sereno, pero igualmente pertinaz. Lo primero que hizo fue leer las recomendaciones del Departamento de Libertad Condicional (DLC) y las pautas en las que recomendaba 35 años para los cargos 2 a 6 (trata sexual de Verónica, María, Olivia y Virginia, e intento de tráfico sexual de Minerva). Y cinco años para los cargos 1 (asociación delictuosa para participar en trata sexual), 7 (trabajo forzoso de Verónica) y 27 (contrabando del extranjero para obtener ventajas o ganancias comerciales).

El DLC basó su recomendación en el hecho de que "el acusado es un residente de México de toda la vida con vínculos limitados con este país [Estados Unidos] a donde sólo vino meses antes de su arresto para sumarse a la asociación delictuosa". Agrega el documento que Gerardo Flores Carreto tiene dos hijos producto de relaciones anteriores: "… y una de las madres de los niños fue víctima del presente delito en el que el imputado y sus cohortes forzaron a numerosas mujeres a la prostitución tras retenerlas contra su voluntad mediante amenazas de muerte y/o violencia contra ellas o sus familias. Las víctimas fueron violadas por los acusados, golpeadas, sin permitírseles el contacto con sus familiares además de obligarlas a prostituirse. Ellos tenían como blanco a mujeres jóvenes y sin educación de zonas empobrecidas de México y se quedaron con todas las ganancias que las mujeres generaron en la actividad". Gerardo reclutó a mujeres, recaudó el dinero obtenido y organizó todos los aspectos del delito usando el fraude y la coacción, dice la misma recomendación que remarca los 20 clientes al día que cada víctima debía atender y la imposibilidad de quedarse con algo de las ganancias.

Otro párrafo arroja más luz sobre la causa de la dura condena:

> Una víctima fue obligada a abortar cuando quedó embarazada como resultado de una violación por parte de uno de los acusados. Los crímenes contra estas mujeres fueron horribles e inhumanos, así que el rango de las pautas de asesoramiento, aunque alto, no toma en consideración a todas las víctimas en este caso. Sin embargo, la naturaleza y gravedad del delito, junto con los agravantes del número de víctimas no consideradas en las directrices de asesoramiento, así como la historia y características del imputado y la necesidad de sanción y disuasión, exigen una pena de 50 años.

Musa Obregón objetó que la fiscalía usara la cifra de 50 mujeres traficadas que involucraran a su cliente, y luego intentó oponerse a que se clasificara a las víctimas como "mujeres jóvenes, pobres y sin educación de las zonas rurales de México", pues, alegó de manera clasista: "Eso significaría que cualquier crimen contra la mitad de la población en México estaría sujeto a una mejora ascendente" de las pautas de sentencia.

Como ya veía venir los 50 años contra su cliente, Musa Obregón solicitó a la corte usar las pautas como si Gerardo fuera un asesor. "El señor Carreto se presenta hoy ante usted como un hombre en sus primeros años de vida, sin mucha experiencia como adulto antes de que sucedieran muchas de estas cosas". Y luego insistió que su actuación como traficante fue por un corto tiempo. "Gerardo es hasta cierto punto un producto de su entorno, ya que, en la ciudad de donde él es, la prostitución es algo que ocurre con mucha frecuencia. Muchos hogares, muchas familias están involucradas en eso". Dijo el litigante que era mentira que a las mujeres no se les diera ni un dólar, pues "existe evidencia de que algunas de ellas financiaron bienes raíces en su país de origen como resultado de la prostitución".

Aceptó que no pretendía excusar al señor Carreto por los crímenes de los que se declaró culpable y por los que sería sentenciado, sino que simplemente pretendía agregar proporcionalidad, pues consideraba que había elementos que la parte acusante exageraba. Sin conceder, el juez dijo que no tomaría en consideración lo de las 50 víctimas: "No tengo evidencia sólida al respecto", y aceptó revisar los demás argumentos. Musa Obregón alegó que había un "elemento de dominación y control" de su defendido sobre las víctimas: "[Pero] no quiere decir que vivieran como esclavas y ése es el punto al que estoy tratando de llegar". Luego buscó por otro lado.

—Señoría, una de las razones por las que se declararon culpables es porque el gobierno les hizo creer que las víctimas en este caso declararían en contra de ellos.

—Pues estábamos listos para ir a juicio —recordó Block.

—Pero, como abogados, señoría, hacemos juicios basados en la evidencia que nos muestra la otra parte, y no teníamos idea de que existían las transcripciones que llegaron hoy, lo que en gran medida exonera a los acusados con base en esos testigos en particular, juez.

—Regresa a lo mismo y ojalá lo presente ante el Tribunal de Circuito de Apelaciones, pero es una tontería. ¿No cree que deberían ser tratados con dureza para enviar un mensaje de que esto no va a ser aceptado en este país? Especialmente desde que me dice que lo que hacen está bien en México.

—Juez, no digo que esté bien. Digo que es algo que sucede en esa ciudad en particular [San Miguel Tenancingo] —pretendió justificar el defensor.

—No somos México. Amo México, no me malinterprete, pero tal vez tengamos diferentes leyes y conceptos de justicia.

—Señoría, creo que, en este caso particular, el señor Carreto debería ser juzgado y sentenciado de acuerdo con sus propias acciones. No creo que esto deba ser un caso ejemplar o algo por el estilo en el que sé que el gobierno gastó millones de dólares para ponerlo como un ejemplo.

—Voy a sentenciar a alguien porque se declaró culpable de 27 terribles cargos de conducta criminal. Por eso. Y me basaré en los hechos que tengo y la ley que voy a aplicar. Eso es todo lo que voy a hacer. Nada más. ¿Algo más que tenga que decir?

—Juez, de pie ante usted, el señor Carreto se encuentra en una encrucijada en su vida. Tiene 34 años. Y en esta situación particular, juez, le pediría que considere condenarlo a 12 años. Creo que ése sería un número que, sin duda, enviaría todas las señales que la corte pretende.

—Está bien. Bueno, está haciendo un buen trabajo como su abogado. Pero tenemos diferentes números en mente. ¿Algo más que quisiera decir?

—Sí, juez. Los casos específicos de violencia que se le atribuyen directamente a él, su señoría, no son particularmente atroces o muy... a la luz de la totalidad de esta acusación, juez, que es un caso tan importante, los actos de violencia específicos reales que se atribuyen para él, no son muchos —titubeó el abogado.

En ese punto pidió la palabra la fiscal Ryan para objetar lo dicho por el abogado Musa Obregón, en el sentido de que la violencia usada por Gerardo Flores Carreto no fue "tan mala" ni tan frecuente:

—Señoría, me gustaría señalarle el párrafo 59 del informe previo a la sentencia que detalla que el acusado violó repetidamente a una de las víctimas después de secuestrarla. En el párrafo 60, dice que golpeó repetidamente a la víctima en la cara con un cable y la dejó ensangrentada y magullada.

Luego revisó las páginas 76 y 77 de la misma declaración, donde Gerardo aceptó haber forzado a determinadas víctimas a prostituirse, usado la fuerza contra ellas para evitar que se quedaran con las ganancias.

—Una cosa me gustaría aclarar, señor juez, con respecto al dinero que se envió de Nueva York a México y que fue producto de la actividad de prostitución forzada —dijo la fiscal—. La mayor parte de ese dinero se destinó a la organización de la familia Carreto, a los coludidos. Hubo excepciones en que los acusados les permitieron a las víctimas enviar cantidades nominales a sus propios familiares, 80 o 100 dólares una o dos veces durante todo el transcurso de la conducta delictiva. Mientras tanto, los acusados enviaban cada semana miles de dólares a la organización criminal.

—¿Aproximadamente de cuánto estamos hablando? —quiso saber el juez Block.

—Tenemos registros e información incompleta, pero fueron más de 150 mil dólares los que se enviaron durante ciertos momentos.

Luego de dos horas de haber iniciado la audiencia el juez Block soltó algunos últimos argumentos: "Queremos proteger al público de nuevos delitos de esta naturaleza", "No hay nada que me sugiera que los acusados no volverían a sus crímenes, pues les cuesta aceptar la responsabilidad de sus actos", "No veo ninguna característica particular del acusado que pese a su favor como para que la corte sea indulgente".

El juez culminó: "Cincuenta años de encarcelamiento y cinco años de libertad supervisada con la condición especial de que el acusado, si es deportado, no pueda volver a ingresar legalmente a Estados Unidos". No impuso multa, ya que reconoció que el sentenciado no tenía capacidad para pagar, obviando el hecho de que sí tuvo recursos para contratar a un abogado (despidió al que le asignó la corte) y además para enviar a un investigador a México a buscar información fresca a su favor, que de poco sirvió.

Gerardo fue retirado de la sala por los alguaciles.

Tres minutos después el juez concentró su atención en Josué Flores Carreto, y le dio la palabra a la víctima "Verónica R": "Espero que la justicia se aplique correctamente, pues Josué me hizo mucho daño. Cuando mis padres vinieron a visitarme a su casa no fue justo que Josué los golpeara. Su madre también trató de golpear a mis padres que sólo querían verme. Y cuando me di cuenta, ya era demasiado tarde para ver que estaban golpeando a mis padres. Espero que se haga justicia por eso, es todo lo que le pido, juez".

—La sentencia recomendada aquí es la misma para este acusado [Josué] que para su hermano que acaba de ser sentenciado [Gerardo] —dijo el juez Frederick Block.

Detalló los documentos con los que contaba para sentenciar a Josué, los años que aplicaría a cada cargo y las pautas recomendadas por el DLC.

—Los comentarios son básicamente los mismos —quiso atajar Block para evitar otra discusión con el abogado en turno, Roy Kulcsar, cosa que al final no consiguió.

El defensor, deseando desquitar el sueldo, se arrancó con sus propias impugnaciones.

Antes, la fiscal Ryan recordó el caso de una víctima a la que llamaron Minerva:

—Cuando el gobierno estaba investigando este caso, tuvimos la oportunidad de reunirnos, hablar con ella, y se mostró muy dispuesta. Luego el acusado [Josué] por su parte habló telefónicamente con ella. Tenemos las grabaciones que entregamos a la corte, donde la amenaza con que sufriría consecuencias si continuaba cooperando con el gobierno. Entonces, en una segunda conversación, ella le aclaró de nuestra petición para venir a los Estados Unidos a testificar en el juicio y ahí él le recomendó que no lo hiciera.

El juez Block le dio a Kulcsar la oportunidad de argumentar por qué Josué debería recibir una sentencia distinta a la de Gerardo.

—Señoría, la aceptación por parte de mi cliente está resuelta —inició el defensor—. Pero me gustaría abordar el tema de las excepciones. En las negociaciones con el gobierno, mi cliente estaba dispuesto a presentar una declaración de culpabilidad, que, según tengo entendido, implicaba penas mucho menores a las que ahora enfrenta. Así que el deseo del acusado de retirar la declaración de culpabilidad se basa en el hecho de que, como parte de ese acuerdo, no lo procesarían por todos los delitos por los que fue acusado. Entonces, las pautas actuales se basan en el hecho de que esta corte ha escuchado el testimonio de perjuro de la víctima Olivia, un testimonio frente a usted que fue una mentira.

—No sé qué parte fue falsa —continuó el juez.

—Ofrezco nuevamente al señor Acosta como testigo bajo juramento. También tiene videos que estoy ofreciendo como evidencia donde se retracta la segunda víctima —insistió Kulcsar, buscando ingresar el material que el "investigador privado" halló en México y que Block ya les había rechazado.

El defensor de Josué cuestionó algunos hechos presentados en el informe previo a la sentencia diciendo que no era ciertos. Contó a la audiencia también del tiempo que trabajó como mentor en la Oficina del Fiscal de Distrito de Manhattan:

—Nuestra responsabilidad —dijo— era que si en el último minuto se nos presentaba algo que considimáramos que impactaba en la culpa o inocencia de un sentenciado, debíamos mirarlo para asegurar que estábamos haciendo lo correcto.

De ahí venía, según el defensor, el deseo de Josué de retirar su declaración de culpabilidad. En respuesta, el juez apuntó a las horas previas al juicio, donde el acusado había tenido todo el conocimiento del mundo para decidir declararse culpable o no.

—Seleccionamos al jurado, pero luego de que se arrepintieran de ir a juicio, les pregunté a los acusados por qué y me respondieron: "Bueno, suponemos que lo mejor para nosotros es aceptar la responsabilidad". Se hizo alguna referencia a que por este hecho obtendrían un beneficio, y yo estaba dispuesto a darles ese beneficio, hasta lo que sucedió hoy —dijo Block, culpando a los intentos de retirar dicha responsabilidad como causa inicial de su obstinación en imponer una larga condena.

El magistrado aceptó que nadie, salvo Musa Obregón, quien hablaba español, sabía lo que había en esos documentos:

—Deduzco que se relaciona con tres víctimas que dijeron algo en un procedimiento judicial en México, pero aquí estamos hablando de al menos nueve víctimas, no tres —resolvió el juez—. Si sus clientes creían que estas mujeres no estaban siendo sinceras y no había bases para los cargos del gobierno, pudieron haberse declarado no culpables.

Kulcsar agregó que el investigador Acosta había grabado en video a la madre de Verónica, quien declaró contra Josué. En ese material, presuntamente la señora aclara que Verónica estuvo involucrada con un grupo de personas que secuestraron a Israel, hermano de Josué, y lo retuvieron para pedir rescate. El juez Frederick Block le recordó al defensor que condenaría al acusado "en función de la naturaleza de los delitos, sus circunstancias, sus características personales, la necesidad de disuasión y demás factores", sin importar lo que había sucedido en México.

—Entiendo que ésta es su opinión, señor juez —terqueó Kulcsar, quien siguió presumiendo su currículum—. Es difícil, considerando que pasé muchos años procesando y juzgando casos de asesinato, donde vi a culpables de múltiples asesinatos recibiendo 25 o 30 años de sentencia, lo cual sigue siendo un estándar en el estado…

El juez volvió a su enfado.

—Entonces, ¿su argumento es que estos acusados no mataron a nadie, ¿verdad? Entiendo lo que dice. Quiero decir, he impuesto sentencias donde hubo muertes involucradas que fueron significativamente menores que las que estoy haciendo aquí. No creo que mi reputación sea la de un sentenciador duro. Pero, en este caso particular, la violación de las mujeres, su *modus operandi*, su insensibilidad hacia la humanidad… Afortunadamente no mataron a nadie, pero sigo pensando que el castigo está justificado.

Kulcsar no cedió y continuó sugiriendo al juez que sus rangos de sentencia estaban muy por encima de lo que él creía "justo, apropiado y razonable".

—Entiendo y respeto su razonamiento, pero así es como veo este caso. A los jueces se nos acusa de jugar a ser Dios, pues nos tomamos estas cosas muy en serio. Sólo quiero que sea evidente la seriedad con la que me he tomado este asunto desde el principio. Y por eso tenemos tribunales de apelaciones. Ahí puede presentar los mismos argumentos y argumentar de la manera que considere más razonable.

Verónica, quien acababa de declarar contra Josué, pidió la palabra:

—Acabo de escuchar que no es apropiado que sean condenados a esa cantidad de años porque no mataron a nadie. Pero en lo que a mí respecta, es una muerte. Cuando estaba embarazada de cinco meses, Josué llegó a Nueva York y me hizo abortar. En lo que a mí respecta, fue un asesinato, no merecía que un ser humano fuera asesinado de esa manera, a golpes.

Luego quien pidió hablar fue la víctima "María C":

—Es sólo un mensaje, sólo un recuerdo de que este hombre no valora a las mujeres. No son sólo las mujeres que estamos aquí. Hay muchas más personas que este hombre ha maltratado y cuyas vidas ha dejado destruidas tanto para ellas como para sus familias. Eso es.

Llegó el momento en que el acusado Josué Flores Carreto dijera sus últimas palabras antes de regresar a prisión, ahora ya con una larga condena.

—Primero que nada, buenas tardes. Si esas víctimas están aquí, ¿por qué no menciona a su marido? Su nombre es Eliú [Carreto Fernández, coacusado y primo de Josué] —acusó señalando a Verónica—. ¿Por qué se refiere a mí? Ella nunca ha vivido conmigo ni nunca supo nada de mi vida. ¿Por qué me pone en esta conspiración? Dice que inicié desde 1991 hasta la fecha [2006], pero entre el 91 y el 96 ni siquiera tuve esposa, sino que estuve en un grupo de Alcohólicos Anónimos y lo puedo probar. En el 96 me uní a Minerva Calderone, me casé con ella y no hemos tenido ningún problema. Sigo hablando con ella y con su mamá por teléfono. Ahora, la señora Verónica se queja y dice que quizás la lastimé. Pero ¿por qué no dice cómo ella me buscaba? Cuando yo estaba en Tijuana, ella siempre me llamaba por teléfono. Y lo que estoy viendo es que nos están juzgando por las cosas más mínimas que hicimos, pero las pruebas que demuestran lo contrario no quieren escucharlas.

El juez Block lo contuvo.

—Estoy escuchando todo. Y que usted diga que está siendo juzgado por cosas mínimas que hizo le suena al tribunal como algo extraño en vista de su declaración de culpabilidad de 27 delitos graves que involucran a múltiples víctimas y donde reconoció que causó daño físico, tráfico sexual con fines de prostitución contra estas personas.

Josué repitió lo que ya había dicho a su hermano Gerardo, en el sentido de que al parecer no aceptaba la responsabilidad de los crímenes y hasta parecía querer minimizarlos.

—Antes de declararse culpable tenía el conocimiento de sus actos y de las situaciones de las que habla —repitió el juez, quien le recordó que tuvo oportunidad de ir a juicio y presentar una defensa, pero prefirió la culpabilidad.

El acusado también se quejó de no tener manera de presentar defensa alguna, ya que ni él ni su abogado contaban con pruebas a su favor.

—No iba a ir a un juicio sin nada. —Luego señaló a Verónica y dijo—: Cuando iba a Chinagua, la recogía y nos íbamos a nadar y todos tus amigos sabían que allí no había ninguna fuerza involucrada.

Block le recordó que estaban hablando de muchas otras víctimas por las cuales se declaró culpable:

—¿Cómo explicas las otras siete u ocho personas de las que, me dijiste, abusaste físicamente, y haber admitido ser un organizador del grupo de personas involucradas aquí en el tráfico sexual?

Le aclaró que estaba tomando muchas cosas en consideración, incluida la forma en la que le hablaba y lo que decía.

—Te estoy dando todas las oportunidades para hablar y, si deseas decir algo más, puedes hacerlo —concedió, dándole a entender que era mejor mostrar arrepentimiento que intentar ese desesperado esfuerzo de querer imponer su visión en una audiencia tan sustancial para sus intereses.

—Si me porté tan mal con las otras chicas, ¿por qué todavía me dejaban entrar a sus casas? ¿Por qué me hablan? No hay víctimas y las únicas que veo en esa situación son Minerva y Maricela Hernández —terqueó el acusado.

—¿Algo más? —preguntó impacientemente Block.

—Pues no estoy de acuerdo con la sentencia y le pido que sea justo conmigo, ya que no siento que eso sea lo que está pasando. Esto es un abuso —alegó Flores Carreto ya en plena confrontación.

El juez resumió con algunas frases: "La condena que dictará la corte será la misma que en la situación de Gerardo", "Quiero evitar la disparidad de sentencias", "Los hermanos están atados, pues ambos son organizadores de esta horrible actividad criminal", "Tampoco veo nada en la historia y características de este acusado que resulte redentor".[5]

* * *

Después de una nueva pausa para comer, ya por la tarde de aquel jueves 27 de abril de 2006, llegó el turno del tercer acusado de la tarde, Daniel Pérez Alonso, quien recibió una sentencia 15 años menor que la de sus antecesores por diversos motivos.

En esta tercera sesión del día todo fue diferente, ya que el mismo juez Block se había tranquilizado y la actitud del acusado fue sumisa, tal como gusta a las autoridades.

—Entre las muchas cosas que tengo que decir es que hay víctimas, y lo siento. Lo siento mucho. Les pido perdón —arrancó Daniel antes de deslizar algunos reclamos—. También quiero decir, señoría, que el señor Lashley [su primer abogado] no me aconsejo adecuadamente. Tengo aquí una hoja de papel con algunos de mis derechos que el señor Lashley nunca me mostró.

—El problema, señor Alonso, es que eso no es lo que dijo al tribunal —resolvió el juez—. Me deshice en explicarle todo eso con esmero porque me estoy volviendo inteligente en mi vejez —dijo con una arrogancia que parecía innecesaria.

Igual que con los otros, le recordó que en la declaración de culpabilidad tuvo una amplia oportunidad para quejarse, pero ahí se dijo satisfecho con su abogado.

---

[5] Audiencia en la cual se sentenció a tres de la organización Flores Carreto, celebrada el jueves 27 de abril de 2006. Transcripción en poder del autor.

—Que se presente ante mí ahora y me diga que tiene una lista de quejas contra el señor Lashley no es apropiado para usted, considerando los esfuerzos que hice en abril de 2005 para cubrir todo eso.

El juez le reconoció a Pérez Alonso que al menos se notaba arrepentido, y a través del cuestionado Lashley y de su nuevo defensor, Charles Hochbaum, mostraron a la corte que el acusado se había puesto a estudiar la Biblia en prisión. El defensor hizo un último intento por alcanzar la indulgencia del juez:

—Uno de los problemas que tiene mi cliente es que, al haber nacido en 1979, tenía apenas 12 años cuando inició esta asociación delictuosa en 1991. Y en la carta que envió con los otros dos acusados, además, señala problemas de procedimiento del tribunal en su contra —se arrancó Hochbaum.

Para acallar el inicio del debate, la fiscal Ryan se involucró en los alegatos:

—Sinceramente, no veo ninguna diferencia real entre este acusado y los otros; primero, todos ellos han presentado mociones ante el gobierno, y ahora sus abogados repiten la estrategia dilatoria en vísperas de la sentencia, pero sostengo que pueden ser puramente tácticas de demora y nada más.

El juez Block estuvo de acuerdo, al decretar: "Esto es la antítesis de aceptación de responsabilidad".

—Leí las tres páginas de la carta infame donde le dicen a la corte: "He cambiado de opinión" o "Mi abogado no me aconsejó adecuadamente" o esto y aquello. Eso me motiva a tratarlo igual que a los demás acusados —amenazó el árbitro.

—Siempre que hagamos referencia al párrafo 3 de la carta donde dice: "Son esos errores de la regla 11 y la ineficacia del abogado los que formaron la base para la moción de retiro de la declaración de culpabilidad y el nombramiento de un nuevo defensor" —retó Hochbaum.

—¿Y te tomas eso en serio? —devolvió el juez.

—Pues me parece que cuando te declaras culpable y lo dices 27 veces es una prueba más contundente que dudar de tu aceptación de responsabilidad en una carta de dos páginas y media —juzgó el defensor.

Hochbaum aclaró que su cliente sí aceptaba la culpabilidad, pero que deseaba se aclararan los errores en su procedimiento.

—No recibió el asesoramiento adecuado y siento que tiene el derecho a que le devuelvan su declaración de culpabilidad a la luz de esta nueva información que parece ser exculpatoria —alegó.

El abogado defensor llegó al extremo de decir que su defendido era "bastante inculto" y que eso provocó que tuviera "problemas con sus abogados al intentar negociar en otro idioma" así que tenía "derecho a retirar su declaración de culpabilidad por esos motivos".

Como el juez no hizo mucho eco a las quejas ni revisó el material (carta del señor Lashley, carta del acusado Alonso, certificados de las clases de Biblia, la "carta infame"), el defensor buscó la ruta alternativa.

—Antes de que pasemos por eso, propongo que revisemos el papel de mánager asignado en la organización a mi cliente —asentó Hochbaum.

Dijo que de manera inusual hubo asignaciones y que, pese a que Daniel Pérez Alonso había dicho que él no era el mánager, le dejaron esa acusación.

—¿Por qué lo dijo durante su aceptación de culpabilidad? ¿Se supone que debo ignorar lo que la gente me dice? —cuestionó Block, a quien se le volvía a calentar la sangre.

—En víspera del juicio uno acepta los alegatos propuestos por el gobierno en busca de aminorar las sentencias —aclaró el defensor.

—Me gustaría escuchar a la fiscalía, ¿el señor Alonso se involucró en estas actividades delictivas como mánager? —abrió el juez la conversación.

—Sí, lo hizo, señoría. La posición del gobierno es que estos acusados se declararon culpables de lo que realmente hicieron —ratificó la fiscal Ryan—. A este acusado se le asignaron varias tareas durante el tiempo que trabajó con sus coacusados. Él vigilaba a varias mujeres al mismo tiempo y se quedaba a cargo de ellas. En otro momento, las llevaba y traía a los burdeles donde trabajaban.

El defensor insistió en que le costaba trabajo entender cómo quedarse en un departamento a cuidar si acaso a cinco víctimas lo podía colocar en un rol gerencial.

—Y no quiero que la corte me malinterprete, pues tampoco sugiero que su participación haya sido periférica, pero… ¿mánager?

—Creo que puede ser víctima y al mismo tiempo estar involucrado en todo el comportamiento delictivo —consideró el juez.

—Eso dice la acusación, que el acusado era mánager o supervisor, pero no organizador, y la actividad delictiva involucraba a cinco o más participantes —aclaró la fiscal Ryan, que luego trajo a la víctima Virginia, quien declaró bajo juramento.

—Lo que quiero decir es que ese hombre me lastimó mucho y por él abandoné a mis padres. Luego, cuando me puso a trabajar en la prostitución, no me permitió hablar con mis padres cuando llegamos a Estados Unidos. Decía que ellos no debían averiguar dónde estábamos. Y tampoco me permitió enviarles dinero, nada de eso. Y luego, cuando iba a trabajar, él se enojaba muchísimo si volvía sin dinero. Eso es —terminó Virginia.

Para ir cerrando el día, el juez dijo haber tomado en cuenta que Daniel era menor de edad cuando la confabulación arrancó. Aceptó mirarlo bajo una luz diferente, pues, al parecer, él estaba siguiendo y no dando instrucciones, así que eso ayudaba a su caso. Sin embargo, el mismo juez parecía dudar de sus propias cavilaciones y se preguntaba si Daniel sería un posible organizador de encuentros sexuales.

—Ésa es nuestra posición, juez —empujó la fiscal Mónica Ryan—. Era un aprendiz que luego comenzó a ejercer, y muchas de las pruebas de su trabajo las obtuvimos con cartas escritas por él mismo —reveló la empleada del gobierno.

El abogado Charles Hochbaum hizo un último intento:

—Ustedes le ofrecieron una sentencia corta en los acuerdos de declaración de culpabilidad. Le hicieron una promesa, y si el acusado la había aceptado, estamos pidiendo que ante la falla final en la comunicación abogado-cliente se considere una sentencia razonable en el rango de esas ofertas hechas por el gobierno. A la luz de la distinción entre mi cliente y los hermanos Carreto, diferencia de edad, diferencia de años que estuvo involucrado en la conspiración, la diferencia en su rol, el tribunal debería considerar una sentencia de 20 años como algo razonable. No creo que mi cliente esté feliz de que yo sugiera eso, pero parece apropiado.

Como el defensor comenzó a hablar de números, Block se arrancó a hacer sus propias cuentas.

—Encuentro como sentencia razonable 25 años respecto a los cargos 2 a 6. Ahora eso es concurrente. Habrá cinco años de libertad supervisada con la condición especial de que sea deportado. No puede volver a entrar legalmente a los Estados Unidos. Para el cargo 1 la sentencia son cinco años y del 7 al 27 también cinco años. Es decir, 10 más 25 son 35 en total —culminó.

—Sólo quiero decir que, en nombre de mi cliente, me gustaría agradecer su razonable consideración aquí —dijo de manera algo irónica Hochbaum, quien remató—: Al recibir el fallo, presentaré una apelación en su nombre.

* * *

El 22 de diciembre de 2004, Eliú Carreto Fernández, sobrino de la señora Consuelo e incluido en la misma acusación, se declaró culpable del tráfico sexual de María. La corte celebró que Eliú aceptara "sin incidentes" la responsabilidad casi 18 meses antes que sus coacusados, ya que eso le permitió al gobierno meterles presión. Su premio fue una sentencia de seis años y seis meses, muy por debajo del rango de ocho a 10 años recomendado por el Departamento de Libertad Condicional. Recobró su libertad el 30 de noviembre de 2009, a los 42 años de edad, y aunque aún debió completar un lustro de libertad supervisada, se le permitió permanecer en Estados Unidos, donde hubo de cumplir una vida ejemplar alejado de las sustancias prohibidas y las actividades criminales, siempre bajo la supervisión de un agente de libertad condicional.

Eliú es uno de ocho hermanos de una familia tlaxcalteca. Para ayudar a la economía de la familia, su primer trabajo llegó a los seis años de edad pastoreando ganado. Su abogado Francisco Celedonio dijo al juez que el hijo de su empleador amenazó a Eliú con un machete para abusar sexualmente de él durante esa encomienda. Sumado a ese trauma, su propio padre le propinaba palizas constantes tanto a él como a sus hermanos y a su madre. Así que, en el contexto de su "indigente vida en México", según definió el defensor, "el señor Carreto Fernández ha navegado toda su vida con las cicatrices por el daño psicológico sufrido en su niñez".

El abogado aclaró que no es raro que una víctima de abuso infantil se vuelva un abusador como adulto y que haya sido una de las razones que lo llevaron a cometer los crímenes contemplados en el dictamen, sin que eso significara un intento por minimizar las ofensas. Para resaltar el esfuerzo que el acusado estaba haciendo por cambiar, Celedonio presentó a la corte certificados de los cursos bíblicos por correspondencia "La vida de Cristo", "La vida cristiana", "La Iglesia primitiva", "Historia de una nación", "Génesis", "Repaso final", que el acusado tomó gracias al Ejército de Salvación. Y los diplomas de "Creación, rebelión y reconciliación del hombre", "El Espíritu Santo", "La vida cristiana", "La Iglesia", "El fin de todas las cosas se acerca" y "Contendiendo por la fe", impartidos en el programa de estudios de la Biblia en español Fe, Esperanza y Amor.

El gobierno acusó a Eliú como parte de una asociación delictuosa en la que trabajaba bajo los intereses de su tía Consuelo Carreto Valencia, "administrando la propiedad, los activos y actividades de la organización criminal". En otras palabras, Eliú llevaba a las víctimas a los burdeles y viajaba de Tlaxcala a Puebla a recoger el dinero que los hermanos Flores Carreto transferían desde Nueva York.

Esa misma supervisión que la tía Consuelo mantenía sobre Eliú se repitió en el caso de otro sobrino, Eloy Carreto Reyes. El 16 de noviembre de 2004 éste se declaró culpable de los cargos que le imputaban en una acusación alternativa que incluía a Edith Mosquera de Flores, quien, por su parte, aceptó un cargo de asociación delictuosa para cometer tráfico sexual al administrar un burdel ubicado en la Coney Island Avenue en el sur de Brooklyn, Nueva York.

Luego de que le fueran incautados 30 mil dólares, producto de las ganancias de la explotación sexual de Verónica, María, Olivia, Virginia y Minerva, el 2 de febrero de 2006 Mosquera de Flores también se declaró culpable ante el mismo juez Block, quien sólo la condenó a pasar 27 meses de prisión, que se cumplieron en 2007, al término de los cuales fue deportada aún bajo la sombra de tres años de libertad condicional, que debió cumplir bajo una catorcena de condiciones que la obligaban a llevar una vida familiar y de trabajo. Se ignora si finalmente las acató.

Por último, la señora Carreto fue detenida en octubre de 2005 en un operativo que pobladores de Tenancingo trataron de impedir y por el cual muchos oficiales asignados resultaron golpeados, según dijeron fuentes de la PGR a *El Sol de Tlaxcala*, que publicó la nota el día 22 de ese mes, según consigna la espléndida investigación del antropólogo de la Universidad de Tlaxcala Óscar Montiel Torres (regresaremos a ésta más adelante).[6]

La señora Carreto fue extraditada de México a los Estados Unidos en enero de 2007, y llegando se declaró "no culpable". Pero, al igual que hicieron sus hijos Gerardo y Josué, esperó a que ya estuviera lista la selección del jurado que actuaría en el eventual juicio en su contra para meter reversa y aceptar un acuerdo de culpabilidad de último minuto. En el escrito se consigna que "como matriarca de la familia" la señora Consuelo Carreto Valencia recaudó la mayor parte de las ganancias de la prostitución forzada, además de que "presenció golpizas físicas a las víctimas a manos de sus hijos, alojó a las víctimas en su casa y les advirtió que no servían más que para ser putas". La señora retuvo a los hijos de las víctimas como una forma de presionarlas para que siguieran prostituyéndose y ganaran más dinero. Dice el informe de la sentencia previa que a una víctima de 16 años la llevó a practicarse un aborto tardío y luego la amenazó con que tendría que "trabajar muy duro, pues el procedimiento le había costado mucho dinero".[7]

---

[6] Óscar Montiel Torres, *Trata de personas: padrotes, iniciación y 'modus operandi'*, tesis de maestría, CIESAS, 2007.

[7] Memorándum del gobierno en ayuda para la sentencia y breve apoyo a la restitución, de la fiscal asistente Mónica Ryan, ingresado el 29 de octubre de 2009 a la Cor-

También tenían en su poder los fiscales documentos de las transferencias bancarias donde se muestra que la señora Carreto Valencia recibió al menos 290 mil dólares de transferencias de las ganancias que arrojaba la prostitución de las nueve víctimas controladas por sus hijos, y no los 150 mil que se mencionaron durante la audiencia donde se condenó a Gerardo y a Josué. "Carreto vivió bien durante décadas, beneficiándose económicamente de las ganancias", y reconocieron que las cifras eran un estimado que pudo tener un tope mayor.

Al conocer lo anterior y entender la dinámica de la audiencia donde sus hijos fueron condenados a medio siglo de prisión, es obligada la pregunta de si fue justa la sentencia a los hermanos Flores Carreto. Quizás la diferencia radique en que Josué, Gerardo y Daniel aceptaron 26 de los 27 cargos; los dos primeros, bajo los títulos de "organizador y líder", y el tercero, como "mánager" de la organización. Genera sospecha saber que Allen Lashley, primer abogado de Daniel Pérez Alonso, negoció tres acuerdos de culpabilidad en los cuales, según el abogado que lo suplió, Charles S. Hochbaum, "no participó el señor Alonso", y en los cuales le ofrecieron al mexicano aceptar 19 años y medio (junio de 2004), después 12 años y medio antes de finalizar el 2004, e incluso en enero de 2005 la oferta se acomodó en 14 años, todo con tal de aceptar los cargos. Sin embargo, el acuerdo no sólo no se concretó, sino que, finalmente, las pautas de sentencias se triplicaron. Todo, según los defensores y el juez, por la terquedad de los acusados, que "rechazaron los acuerdos de culpabilidad en los que habrían recibido una sentencia mucho menor".

Hochbaum, defensor de Daniel, le pidió al juez que considerara que "al declararse culpable antes de que comenzara el juicio, Daniel le ahorró al gobierno una enorme cantidad de tiempo y gastos, amén de no someter a las víctimas a la angustiosa experiencia de tener que testificar y ser objeto del contrainterrogatorio".

Cerca las seis de la tarde del jueves 27 de abril de 2006, el juez Block culminó las audiencias donde sentenció a los tres enviando va-

---

te Federal del Distrito Este de Nueva York.

rios mensajes. Primero dijo que la justicia norteamericana "no toleraría los delitos de tráfico sexual" por los que los Flores Carreto fueron hallados culpables. "Creo que es importante, en este caso en particular, enviar un mensaje alto y claro a la gente, sin importar de dónde vengan, de que, si cometen estos delitos en los Estados Unidos, la ley los tratará con dureza".

Además, consideró que estas duras sentencias "contribuirán en gran medida a disuadir a quienes creen que pueden participar en el tráfico sexual". Habló Block de que su sentencia tendría "un efecto paralizador en los demás" y se refirió a las leyes aprobadas por el Congreso de Estados Unidos que buscan detener este tipo de delitos, así como que su acusación "servirá para el saludable propósito adicional de disuasión y protección del público".

No está por demás decir que el juez erró en sus predicciones, pues para muchas familias tlaxcaltecas el atractivo negocio que implicaba traficar mujeres para explotarlas sexualmente en Estados Unidos apenas se ponía de moda. Así que podemos concluir que la sentencia aplicada a estos traficantes no disuadió a ningún otro.

4. Los padrotes tlaxcaltecas: auge y caída en Nueva York

EN LO QUE VA DEL SIGLO SE HAN ABIERTO ACUSACIONES CONTRA PROXENETAS oriundos de Tlaxcala en al menos 13 estados de la Unión Americana. Según las indagatorias, el tráfico de mujeres con fines de explotación sexual arrancó en 1991, aunque hay posibilidad de que existiera desde antes, cuando el delito como tal aún no se detectaba ni mucho menos se perseguía.

Como ya hemos dicho, el parteaguas se presentó en noviembre del año 2000, cuando la Asamblea General de la Organización de las Naciones Unidas (ONU) adoptó los tres Protocolos de Palermo, uno de ellos conocido como Protocolo para Prevenir, Reprimir y Sancionar la Trata de Personas, Especialmente Mujeres y Niños, o Protocolo TIP. La Oficina de las Naciones Unidas contra la Droga y el Delito (UNODC) lo puso en vigor el 25 de mayo de 2003 y para el corte de mayo de 2020, 173 de los Estados miembros lo habían ratificado a cambio de ayuda para redactar leyes, crear estrategias integrales contra la trata y recibir capital para implementarlas.

Ésa puede ser la explicación más inmediata de por qué tardaron tanto en llegar las acusaciones en contra de varios mexicanos que, con embusteras ofertas de matrimonio o trabajo bien remunerado, trasladaron y siguen trasladando a Estados Unidos a mujeres vulnerables para luego explotarlas sexualmente contra su voluntad.

El primer dictamen del cual se tiene registro data de 2002 y se presentó en contra de las hermanas Librada y Antonia Jiménez Calderón, que en Nueva Jersey dirigían una organización y manejaban burdeles donde explotaban a mexicanas. Quienes arrancaban con el delito eran los hermanos Delfino y Luis Jiménez Calderón, que reclutaban niñas en Puebla, Hidalgo y Oaxaca y las llevaban a ese estado del noreste de la Unión Americana. Muy singular era la estrategia de este clan, pues los varones culminaban su encomienda al entregar a las jóvenes (en total fueron cuatro), y eran las hermanas quienes las explotaban directamente, con lo que recibían los mayores beneficios del ilícito negocio.[1]

También en Nueva Jersey, el 25 de mayo de 2004, Domingo González García, Evodio González García y Óscar Romero González fueron sentenciados a tres años de prisión seguidos de tres años de libertad supervisada, tras haber admitido traer a una joven mexicana a Estados Unidos para obligarla a participar en actos sexuales comerciales. Quizás la corta condena se deba a que el esquema operó poco tiempo, además de que hasta ese instante ni los dictámenes ni mucho menos los castigos estaban bien definidos o desarrollados.[2]

Por la asociación delictuosa para trasladar a mujeres mexicanas a Carolina del Sur, con el propósito de obligarlas a participar en sexo comercial, Jesús Pérez Laguna, Guadalupe Reyes Rivera, alias *Mamá Martina*, y Ciro Bustos Rosales recibieron una acusación con 20 cargos. La empresa en la que una de las víctimas tenía apenas 14 años operó entre noviembre de 2006 y marzo de 2007.[3] Muy cerca de ahí, en

---

[1] Ronald Smothers, "6 Are Accused of Forcing Girls from Mexico into Prostitution", *The New York Times*, 26 de marzo de 2022. Disponible en https://www.nytimes.com/2002/03/26/nyregion/6-are-accused-of-forcing-girls-from-mexico-into-prostitution.html.

[2] Comunicado de prensa del Departamento de Justicia, 15 de enero de 2004. Disponible en https://www.justice.gov/archive/opa/pr/2004/January/04_crt_025.htm.

[3] Queja criminal en contra de Jesús Pérez Laguna, Guadalupe Reyes Rivera y Ciro Bustos Rosales, ingresada el 19 de marzo de 2007 a la Corte Federal de Distrito en Carolina del Sur.

Carolina del Norte, Jorge Flores Rojas, quien en 2022 contaba con 58 años, fue sentenciado por el juez Robert Conrad Jr. a pasar en prisión un cuarto de siglo (condena que culmina en 2029), tras ser hallado culpable de dos cargos de tráfico sexual de menores y un cargo de transporte interestatal de un adulto con fines de sexo comercial.[4]

Por ser uno de los estados donde los proxenetas gustan operar, en cortes de Georgia aparecen al menos dos acusaciones. La primera es en contra de la organización Méndez Hernández, la cual puede presumir de tener el expediente más voluminoso en un caso que mereció incluso la formación de un escuadrón de agentes adscritos a la llamada Operación Noche Oscura. Esta investigación de largo aliento arrojó un total de 23 acusados y logró el rescate de al menos 12 víctimas. La banda era lidereada por un oriundo de Tenancingo llamado Joaquín Méndez Hernández, alias *el Flaco*, el cual fue condenado a cadena perpetua por el juez Avant Edenfield. La agrupación de Méndez Hernández reclutaba mujeres de México y Nicaragua para llevarlas a burdeles que funcionaban en Savannah, Georgia, prometiéndoles el sueño americano y dándoles a cambio lo peor del México profundo al imponerles cuotas que las obligaban a "atender" hasta 50 hombres por día.[5]

También en Georgia acusaron a Arturo Rojas Coyotl, otro tenancinguense, y quien junto a Odilón Martínez Rojas (del que hablaremos a detalle más adelante) fueron sentenciados en enero de 2015 por aplicar el denigrante modelo de explotación. "Estos acusados se dirigieron a personas vulnerables, aprovechándose de sus esperanzas y sueños, dominándolas y engañándolas, y las obligaron a vender sus cuerpos a extraños, todo con tal de poder cobrar miles de dólares en ganancias de prostitución, mientras las víctimas vivían con miedo, negándoseles el

---

[4] UNODC, "United States v. Jorge Flores-Rojas", SHERLOC, Intercambio de Recursos Electrónicos y Legislación Sobre Delincuencia. Disponible en https://sherloc.unodc.org/cld/es/case-law-doc/traffickingpersonscrimetype/usa/2009/united_states_v._jorge_flores-rojas.html.

[5] Comunicado de prensa del FBI, 19 de febrero de 2014. Disponible en https://archives.fbi.gov/archives/atlanta/press-releases/2014/leader-of-international-sex-trafficking-ring-sentenced-to-life-in-prison.

control sobre sus propias vidas", dijo la fiscal Vanita Gupta de la división de derechos civiles del Departamento de Justicia.[6]

En 2004 Jenny Valle Maldonado, Javier Sandoval García, Juan Gregorio Martínez Vázquez y José Velásquez García compartieron una acusación en California, donde fueron procesados y sentenciados a penas considerables por operar el reconocido esquema donde se traficaban mujeres, incluso menores de edad, de México a Estados Unidos, con fines de explotación sexual.

En Nueva York, en la Corte del Distrito Sur del estado, con sede en Manhattan, procesaron en 2013 a 13 miembros de la organización Flores Méndez en relación con una red internacional de tráfico sexual y prostitución. Isaías Flores Méndez, David Vásquez Medina, Carlos García de la Rosa, Juana Lucas Sánchez, Pánfilo Flores Méndez, entre otros, explotaron a "decenas de mujeres, algunas traficadas desde México a Nueva York y obligadas a prostituirse", según reza el dictamen. A Bonifacio Flores Méndez lo procesaron un año después al relacionarlo con las mismas mujeres explotadas.[7]

Pero, sin demeritar a las que han iniciado algún proceso en contra de este tipo de criminales, ninguna otra se acerca al esfuerzo emprendido por la Corte Federal del Distrito Este de Nueva York, donde han perseguido por consigna a las familias dedicadas a diseminar esta receta que conjuga terror, injusticia, corrupción y flagrantes violaciones a la ley, en grupos que, ya dentro de Estados Unidos, suelen vivir y operar en el barrio de Queens, adscrito a la jurisdicción de dicha corte.

En la revisión de seis dictámenes ingresados en esta sala de justicia ubicada en Brooklyn, se palpan los primeros resultados del trabajo conjunto entre el Departamento de Justicia estadounidense y la Fiscalía General de la República mexicana, esfuerzo del cual podemos resaltar una evidente coordinación que da esperanzas. También hay un cúmu-

---

[6] Comunicado de prensa de la Oficina del Fiscal General del Distrito Norte de Georgia, 22 de enero de 2015. Disponible en https://www.justice.gov/usao-ndga/pr/sex-traffickers-sentenced-smuggling-women-us-and-then-forcing-them-prostitution.

[7] Dictamen en contra de la organización Flores Méndez, ingresado a la Corte Federal del Distrito Sur de Nueva York el 29 de abril de 2013. Copia en poder del autor.

lo de inconsistencias que genera, asimismo, dudas sobre lo justo de los procedimientos y muestra lo lejos que se halla el delito de ser medio controlado, ya no digamos de ser erradicado.

En las seis acusaciones de la Corte Federal del Distrito Este de Nueva York (la primera aparecida en 2004, y la más reciente, en 2019), se presenta a 39 mexicanos, 30 de ellos ya sentenciados, e incluso seis liberados por haber cumplido su condena. Hasta el otoño de 2022, cuando culminó este trabajo, cuatro permanecían en calidad de prófugos de la justicia, y los cinco restantes, ya detenidos, viven distintas partes de su proceso, en algunos casos esperando condena y en otros buscando un acuerdo de culpabilidad. Son 28 los que aún están presos y, aunque tan sólo 10 de ellos duermen en el Centro de Detención Metropolitano de Brooklyn, a cinco de ellos que fueron sentenciados en febrero de 2022 es posible que los muevan a otras prisiones mientras avanza su proceso, dado que esa cárcel funciona como sitio temporal. Ocho de los ya condenados se hallan presos en la prisión federal de Big Spring (Flightline) ubicada en el condado del mismo nombre al poniente de Texas, y los 10 restantes purgan condenas en cárceles de Florida, Pensilvania, Nueva York, Míchigan, Virginia del Este, Nueva Jersey y Luisiana.

En cinco de los seis dictámenes, aparecen ocho mujeres con distinto grado de participación, las cuales han recibido castigos cortos en comparación con las sentencias aplicadas a los padrotes. Tres de los cuatro "prófugos" citados son mujeres a las que nunca pudieron detener. Consuelo Carreto Valencia, como ya vimos, fue la mujer ligada a una organización de proxenetas que recibió una condena larga (10 años), la cual cumplió en agosto de 2014.

Los dictámenes revisados son casi idénticos tanto en los cargos como en la redacción, y pareciera que los fiscales se limitaron a copiar y pegar de un documento a otro. Por eso mismo destaca la acusación de 51 páginas presentada en diciembre de 2015 en contra de las ocho personas que formaban la organización Rendón Rojas, en la cual se percibe mucho más cuidado en su elaboración y una serie de nuevos detalles aportados a investigaciones futuras.

Siguiendo con estas seis acusaciones, la organización que más tiempo se dedicó a explotar sexualmente a mexicanas o centroamericanas ha sido la de los Hernández Velázquez, cuyos miembros apenas fueron detenidos y extraditados entre 2019 y 2020. (Por hallarse su proceso en la fase inicial, no los incluí en el relato de estas páginas, aunque sí tuve oportunidad de verlos comparecer en una audiencia donde una juez les presentó los cargos). Según la investigación de los agentes del ICE, esta banda operó 18 años y seis meses desde marzo de 2001 hasta septiembre de 2019. En contraparte, la que menos tiempo operó fue la de la familia López Pérez, que, entre julio de 2005 y diciembre de 2008, cumplió tres años y cinco meses en el "negocio".

Inmersos en el autoengaño del sistema patriarcal, donde se asumen superiores, alimentando su comportamiento desde sórdidos ambientes machistas, los miembros de las organizaciones criminales mexicanas dedicadas al proxenetismo conciben su labor como un emprendimiento, una escuela, una herencia, incluso un derecho. Como veremos a detalle, los ejecutantes salen a cualquier población a conquistar a mujeres que, a la vuelta de los días, terminarán siendo explotadas sexualmente, ya sea en México o en Estados Unidos, país elegido por brindar utilidades en dólares, los cuales viajan de vuelta a Tlaxcala para beneficio de los clanes y la construcción de antiestéticas residencias estilo *art naco*.

Sea por arrogancia o desconocimiento, los traficantes pasan por alto que en México sus acciones están catalogadas como graves y se persiguen de oficio, según arroja una detallada lectura al Código Penal Federal mexicano (CPF), cuya más reciente modificación se dio en noviembre de 2021. Abruma ver el alud de violaciones a la ley que cometen los proxenetas, tanto de Tlaxcala como de otros estados, en la ejecución de su labor.

El rosario de faltas inicia en el artículo 11 con la "corrupción de personas menores de 18 años de edad o de las que no tienen capacidad para comprender el significado del hecho o de personas que no tienen capacidad para resistirlo". Cabe aclarar que esta última disposición de penalizar a alguien que obliga o violenta a quien, sin importar si es menor de edad, no tiene capacidad para comprender lo que está sucediendo se repite en casi todos los delitos que se ajustan al proceder de los padrotes. En el título cuarto del CPF, donde se enlistan los delitos contra la seguridad pública, aparece la legendaria acusación "asociación delictuosa", la cual penaliza con cinco a 10 años de prisión "al que forme parte de una asociación o banda de tres o más personas con propósito de delinquir", traje que se ajusta de manera natural a la actuación criminal de estas familias.

A partir de las modificaciones del año 2012, aprobadas por el Congreso mexicano, las penas y los cargos en contra del proceder proxeneta aumentaron. Por un lado, la Ley de Migración en su artículo 159 impone penas de ocho a 16 años de prisión y multa de 5 mil a 15 mil días de salario mínimo a quien *I)* con propósito de tráfico lleve a una o más personas a internarse en otro país sin la documentación correspondiente con objeto de obtener directa o indirectamente un lucro, y a quien *II)* introduzca sin la documentación correspondiente a uno o varios extranjeros a territorio mexicano con objeto de obtener directa o indirectamente un lucro.

Pero es en la Ley General para Prevenir, Sancionar y Erradicar los Delitos en Materia de Trata de Personas y para la Protección y Asistencia a las Víctimas de Estos Delitos donde las responsabilidades se ampliaron. Por ejemplo, el artículo 10 detalla la acción dolosa de una o varias personas para captar, enganchar, transportar, transferir, retener, entregar, recibir o alojar a una o varias personas con fines de explotación. Contempla penas de cinco a 15 años de prisión y de mil a 20 mil días de multa. El artículo 13 reclama sanciones de 15 a 30 años de prisión al que se beneficie de la explotación de una o más personas a través de la prostitución, la pornografía, las exhibiciones públicas o privadas de orden sexual, el turismo sexual o cualquier otra actividad sexual remunerada mediante engaño, violencia física o moral, abuso de poder, aprovecharse de una situación de vulnerabilidad, causar daño o amenazar con hacerlo y amenazar con denunciar una situación migratoria irregular o cualquier otra que provoque que un sujeto pasivo se someta a las exigencias de uno activo. Pareciera que todas estas disposiciones se inspiraron en los traficantes a que nos referimos.

Siguiendo con esta ley, el artículo 14 sugiere sancionar "con pena de 10 a 15 años de prisión y de mil a 30 mil días de multa al que someta a una persona o se beneficie de someter a una persona para que realice actos pornográficos o produzca o se beneficie de la producción de material pornográfico, o engañe o participe en engañar a una persona para prestar servicios sexuales o realizar actos pornográficos". Luego, el artículo 18 dice que se le impondrán de 15 a 25 años de prisión al que se beneficie económicamente por promover, publicitar, invitar, facilitar o gestionar por cualquier medio para que una o más personas menores de 18 años o que no tengan la capacidad de entender lo que está pasando viajen al interior o exterior del territorio nacional con la finalidad de que realicen cualquier tipo de actos sexuales, reales o simulados. El artículo 29 impone penas de 20 a 40 años de prisión y de 2 mil a 30 mil días multa al que realice explotación sexual aprovechándose de una relación matrimonial o de concubinato.

De regreso con el Código Penal Federal, en el título octavo que refiere a los delitos contra el libre desarrollo de la personalidad, destaca la "corrupción de personas", tanto las menores de 18 como las que no tienen la capacidad de entender o resistir los delitos descritos en el capítulo I. Luego, en el artículo 201, que tipifica la corrupción de menores, detalla situaciones como aquellas donde se los obligue a consumir bebidas alcohólicas, con penas de prisión de cinco a 10 años. El artículo 201 bis penaliza con uno a tres años de cárcel a quien emplee a menores de edad o a quienes no entienden el delito "en cantinas, tabernas, bares, antros, centros de vicio o cualquier otro lugar en donde se afecte de forma negativa su sano desarrollo físico, mental o emocional".

En el capítulo V de ese mismo apartado, el artículo 205 bis indica que las sanciones señaladas en los artículos 200, 201 y 204 aumentarán al doble cuando el autor del crimen habite en el mismo domicilio que la víctima, cuando emplee violencia física, psicológica o moral en contra de la víctima o cuando esté ligado con la víctima por un lazo afectivo o de amistad, de gratitud o algún otro que pueda influir en ganar su confianza. Otro inciso refiere al hecho de "realizar actos de exhibicionismo corporal o sexuales, simulados o no, con fin lascivo o sexual", por el cual debemos sumar otros siete a 12 años de prisión. Todas estas características están en sorprendente sincronía con el proceder tlaxcalteca.

En el capítulo III del CPF se describe el turismo sexual como el acto de "promover, publicitar, invitar, facilitar o gestionar por cualquier medio que una o más personas viajen al interior o exterior del territorio nacional con la finalidad de que realice cualquier tipo de actos sexuales reales o simulados", y se penaliza con cárcel en rangos de siete a 12 años. El IV define el lenocinio como "toda persona que explote el cuerpo de las personas mencionadas, por medio del comercio carnal, u obtenga de él un lucro cualquiera", pero también refiere a aquel que "regentee, administre o sostenga directa o indirectamente prostíbulos, casas de cita o lugares de concurrencia dedicados a explotar la prostitución de personas"; el culpable recibe de ocho a 15 años de prisión. El lenón, dice artículo 206 bis, es aquel que explota "el cuerpo de alguien más por medio del comercio carnal" y vive u obtiene un lucro cualquiera de este comercio. Asimismo, es lenón quien "induzca o solicite a una persona para que, con otra, comercie sexualmente con su cuerpo o le facilite los medios para que se entregue a la prostitución"; esto es justamente lo que hacen esta clase de proxenetas cuando les proporcionan a las jóvenes reclutadas ropa apropiada, condones e instrucciones precisas de cómo trabajar, además de trasladarlas a los sitios donde las ofrecen como mercancías.

Y hay muchas otras faltas en el Código Penal que se pueden aplicar a los explotadores sexuales sin importar su origen.

Por ejemplo, el inciso VIII describe la pederastia, y en su artículo 209 bis aclara que se aplicarán entre nueve y 18 años de prisión "a quien se aproveche de la confianza, subordinación o superioridad que tiene sobre un menor de 18 años, derivadas de su parentesco en cualquier grado, y ejecute, obligue, induzca o convenza a ejecutar cualquier acto sexual, con o sin su consentimiento".

Pasando al título decimoquinto, que refiere a los delitos contra la libertad y el normal desarrollo psicosexual, en el artículo 262 podemos ver que quien "tenga cópula con una persona mayor de 15 años y menor de 18, obteniendo su consentimiento por medio del engaño" será penalizado. El 265 dice que si el que comete el delito de violación lo hace con "violencia física o moral" es merecedor de ocho a 20 años de prisión. Misma pena si se trata de la esposa o concubina, según el 265 bis. El 266 equipara con el delito de violación y sanciona con penas de entre ocho a 30 años de prisión a quien "sin violencia realice cópula con una persona menor de 15 años", además de "al que sin violencia realice cópula con una persona que no tenga la capacidad de comprender el significado del hecho o por cualquier causa no pueda resistirlo". Como veremos hasta la saciedad, los proxenetas que nos ocupan acostumbran a violar a sus víctimas una vez que se quedan a solas como una manera de engancharlas.

Luego viene el título decimonoveno, que habla de los delitos contra la vida y la integridad corporal. En su capítulo I describe las "lesiones", cuyas penas aumentan cuando el agresor es parte de la familia o alguien que comparte domicilio, y se amplían aún más en situación de ventaja, como cuando "el delincuente es superior en fuerza física al ofendido y éste no se halla armado", cuando "el activo sea un hombre superior en fuerza física y el pasivo una mujer o persona menor de 18 años" y cuando "exista una situación de vulnerabilidad motivada por la condición física o mental o por discriminación". De nueva cuenta, en los testimonios de las víctimas vemos que los golpes son la forma más usada por los tlaxcaltecas para convencer a sus víctimas.

Como los padrotes tlaxcaltecas suelen hacer abortar a "sus mujeres", también el capítulo VI y artículo 330 del Código Pernal Federal contemplan un castigo para esta acción: "de uno a tres años de prisión, sea cual fuere el medio que empleare, cuando lo haga con consentimiento de ella", y cuando la mujer no dé su consentimiento el rango aumenta entre tres y seis años, "y si mediare violencia física o moral se impondrán al delincuente de seis a ocho años de prisión".

El capítulo VIII del título decimonoveno aplica penas de seis meses a cuatro años de prisión a quien cometa el delito de violencia familiar entendida como "llevar a cabo actos o conductas de dominio, control o agresión física, psicológica, patrimonial o económica a alguna persona con la que se encuentre o haya estado unida por vínculo matrimonial, de parentesco por consanguinidad, afinidad o civil, concubinato o una relación de pareja dentro o fuera del domicilio familiar", según el artículo 343 bis.

Un artículo más que igualmente incumbe a los tratantes es el 400 bis, que aborda el tema de las operaciones con recursos de procedencia ilícita. Éste impone de cinco a 15 años de prisión a quien por su persona o con prestanombres "adquiera, enajene, administre, custodie, posea, cambie, convierta, deposite, retire, dé o reciba por cualquier motivo, invierta, traspase, transporte o transfiera, dentro del territorio nacional, de éste hacia el extranjero o a la inversa, recursos, derechos o bienes de cualquier naturaleza, cuando tenga conocimiento de que proceden o representan el producto de una actividad ilícita".

Entiendo que este necesario repaso de las leyes que pisotean este tipo de bandas del crimen organizado pueda parecer tedioso. Pero es impresionante la cantidad de recursos legales con los que cuentan los procuradores de justicia en México, que deberían estar de plácemes dándose vuelo deteniendo y procesando traficantes.

Dejando de lado los dictados de la ley mexicana, cuando los grupos de tratantes de mujeres trasladan su ilegal emporio hacia los Estados Unidos cometen una retahíla de crímenes más que los hacen merecedores de los siguientes cargos: crimen organizado, trata sexual, asociación delictuosa para prostitución interestatal, intento de tráfico sexual, trabajo forzoso, violación a la Ley Mann, asociación delictuosa para importar extranjeros con fines inmorales, contrabando de extranjeros, transporte de menores de edad (de ser el caso), contrabando de extranjeros para obtener ventajas comerciales o ganancias financieras, obstrucción de la justicia, promoción de la prostitución, lavado de dinero, distribución de ingresos para el negocio de la prostitución e ingreso ilegal a los Estados Unidos (de ser el caso). Los cargos se pueden aplicar al mismo delincuente, desglosándolos para cada una de sus víctimas, si fuera el caso.

Además, los proxenetas procesados en Estados Unidos son ingresados de manera automática en una base de datos conocida como Registro de Ofensores Sexuales, que existe a nivel local, pero también federal, y que es una ominosa mancha que acota muchas de las actividades y libertades cuando el ofensor sale de prisión. En el caso de los mexicanos, al aparecer los delitos bajo la categoría de "muy graves", tras haber admitido su culpabilidad y como extranjeros indocumentados, quedan descartados para obtener el beneficio de la liberación anticipada, que en ocasiones se ejecuta con 85% de la condena cumplida. Tampoco pueden participar en muchos de los programas que la Oficina de Prisiones brinda como medio de rehabilitación, lo cual significa mayores tiempos de severa reclusión en las de por sí duras condiciones carcelarias estadounidenses.

Y, a pesar de todos los cargos y años de reclusión a los que pueden ser merecedores, la "tradición" tlaxcalteca de padrotear mujeres indefensas continúa. El día de hoy, muchas víctimas mexicanas están siendo explotadas en diferentes ciudades de México y de Estados Unidos. Al sur de la frontera entre estos dos países, en alguna población mexicana, un traficante embozado bajo la careta de un encantador tenorio busca acercarse a una inocente mujer que, debido a su desconocimiento y necesidad de afecto, posiblemente acceda a sus galanteos sin saber que está próxima a caer en una de las muchas redes de trata que la explotará en las siguientes semanas, meses o años. Peor aún, es altamente factible que el infractor quede impune.

Tanto la Organización de las Naciones Unidas (ONU) como la Organización Internacional del Trabajo (OIT) han estimado que a nivel mundial sólo se identifica alrededor de 0.04% de los sobrevivientes de la trata de personas, por lo que, claramente, la mayoría de los casos permaneces sin ser reconocidos por la justicia. Esto ha llevado a la ONU a nombrar al tráfico humano como "la figura oculta del crimen".

Vimos cómo en México la Comisión Nacional de los Derechos Humanos aceptó en 2021 que la estrategia usada no sólo por los padrotes tlaxcaltecas, sino por traficantes en todo el país, que captan, trasladan, entregan, acogen y explotan a víctimas, está envuelta en "ausencia de sanción"; en principio, porque muchas mujeres "no se reconocen a sí mismas como víctimas", lo que complica su identificación y atención.

El Departamento de Estado de Estados Unidos reconoce el mismo problema: en un informe publicado en 2017 aceptó que "el número de enjuiciamientos de traficantes de personas es alarmantemente bajo" a nivel global, donde se han abierto apenas 14 mil 894 procesos y se han aplicado 9 mil 071 condenas por trata, esto hablando sólo del año 2016.

Números que son una invitación abierta para perpetuar esta clase de crímenes.

5. De buenos vecinos a buenos muchachos

DESPUÉS DEL PROCESO CONTRA LOS FLORES CARRETO, PASARON SEIS AÑOS Y cuatro meses para que en la Corte Federal de Brooklyn apareciera un nuevo dictamen contra traficantes de personas con base de operación en Tlaxcala. Se presentó el 14 de marzo de 2011 en contra de la organización López Pérez y consta de 27 páginas donde se acusa de 25 cargos al trío formado por Benito López Pérez, Anastasio Romero Pérez y José Gabino Barrientos Pérez, hijos de la misma madre, aunque diferente padre biológico. Los investigadores descubrieron que este grupo operó en los Estados Unidos tres años y cinco meses a partir de julio de 2005 y hasta diciembre de 2008 en agravio de tres víctimas a las que reconoceremos como Maritza, Andrea (ambas menores de edad) y Giovanna, hermana de la segunda.

Gracias a sus abogados Florian Medel (Benito), Peter Kirchheimer (José Gabino) y Morvillo Abramowitz (Anastasio), los tres acusados lograron negociar muchos de los 25 cargos de su dictamen original, por lo que finalmente recibieron penas no tan severas como las aplicadas a los Flores Carreto.

Benito López Pérez aceptó el cargo 3, tráfico sexual de la menor Maritza, y el 12, violación de la Ley Mann por su participación en el caso de Giovanna.[1] Fue sentenciado a 18 años de reclusión y abandonará la prisión federal de Beaumont, Texas, el 28 de noviembre de 2025.

Durante los meses previos al 7 de febrero de 2014, día en que recibió la sentencia por parte de la jueza Carol Bagley Amon, desde Tlaxcala llegó harto apoyo para Benito en forma de cartas redactadas por gente que lo apreciaba y de las cuales reproduciré algunos fragmentos respetando la redacción original:

Honorable Carol B. Amon:
Mi nombre es Maribel López Munguia, soy ama de casa. Yo conozco a Benito López Pérez porque es mi esposo el siempre se preocupaba por mis hijos y por mi, siempre contábamos con su apoyo se preocupaba por la salud de sus hijos y su educación, nunca nos faltó al respeto en estos 5 años que tengo con el nunca fue agresivo yo no sabía del delito que se le acusa. Me enteré hasta cuando lo detuvieron por el cual es culpable pero eso no quita lo buena persona que es con sus seres queridos y amigos ayudaba al que requería su apoyo. Solo espero que tome usted en cuenta lo buen padres que es y lo mucho que nos hace falta su presencia por el cual me atrevo a pedirle una sentencia justa.[2]

Alguien que firmó como "Yazmin", y quien dijo que trabajaba en una fábrica llamada CMT (Costuras y Manufacturas de Tlaxcala), se sumó a su tía Maribel en los halagos a Benito. Señaló que ella era su sobrina y que él se hizo cargo de ella. "Yo no conté con papá y el se iso cargo de mis estudios me ayudo a terminar la primaria y la secundaria y por mi propia voluntad yo ya no quise seguir estudiando sin embargo el siguió apoyándome y durante el tiempo que yo vivi con el jamás lo conocí agresivo ni violento con nadie siempre fue una persona tranquila y amable para mi fue el mejor papa es por eso que me encuentro tris-

---

[1] Acuerdo de culpabilidad de Benito López Pérez, prueba de la fiscalía ingresada a la corte el 6 de noviembre de 2013.
[2] Cartas de apoyo a Benito López Pérez, pruebas de la defensa ingresadas a la corte el 30 de octubre de 2013.

te por la situacion en la que se encuentra se que el se declaro culpable sin embargo le pido que le de una condena justa", clamó en su escrito.

El señor Fernando Flores Pérez, plomero de oficio, es otro vecino de Benito que ensayó un escrito dirigido a la jueza Amon: "[Me dirijo] a usted para pedir tome a consideración una condena justa para el señor Benito López Pérez el cual en el tiempo que tengo de conocer lo puedo decir que es una persona confiable, amigable, respetuoso al cual nunca vi meterse en problemas con nadie espero de corazón que tome en cuenta estas virtudes para la toma de su condena".

Una persona cercana a las actividades ilícitas en las que estaba involucrado Benito López Pérez fue su hermana María Guadalupe Romero Pérez: "[Estoy] orgullosa de él que siempre trató bien a sus hijos y a pesar de sus errores siempre les enseñó buenos valores. A pesar de ser culpable nunca obligó a la muchacha [presumiblemente Maritza] siempre la respeto, le pedimos una condena justa", dijo desde la perspectiva de un familiar para quien raptar a una muchacha y después traficarla sexualmente está completamente normalizado.

El ciudadano José Dionisio Jiménez Guzmán, por su parte, en una carta fechada el 13 de agosto de 2013, expresó:

[Benito] es una persona conocida y respetada por los habitantes de este municipio de Tenancingo, Tlaxcala, es padre de dos hijos de 6 y 4 años del cual estos menores siempre convivió con ellos, llevándolos a la escuela, así como jugar con ellos esta persona era muy dedicada a sus hijos a hoy en día estos menores se encuentran mal de salud e inclusive el menor fue hospitalizado por un tiempo, el mayor de los mencionados se encuentra en la escuela muy deprimido, con baja autoestima y ha bajado totalmente el aprovechamiento de la escuela, manifiesto esto porque tengo un hijo en la que son compañeros, actualmente BENITO ha demostrado ser una persona responsable y respetuoso con la sociedad, nunca supimos de problemas ocasionados por el o alguno de sus familiares ya que siempre se mostraba respetuoso y tranquilo. Ya que acostumbraba a realizar torneos de futbol, haciendo participar a adultos y niños fortaleciendo así el deporte y el ejercicio, comportándose de una manera siempre respetuosa para con ellos y la sociedad. A hoy que me he dado cuenta que se encuentra en problemas legales y confesos ruego a usted Ciudadano Juez, se digne de dar una sentencia de la más baja, ya que los niños se encuentran desamparados sin la figura del padre.

Un vecino más, Ricardo Venegas Gálvez, también le confió a la jueza Amon: "[Benito es una] persona respetuosa y amable con todos los vecinos no falta al respeto y nos echa la mano cuando se le piden favores piensa en atenderlos como vecinos que somos". Le pidió a la magistrada que por favor "le ayudara" y "le echara la mano".

Otra persona cercana, de nombre Margarita Romero, redactó tan sólo una línea en la que manifestó: "[Benito López Pérez] es bueno siempre nos saluda". Y tampoco se extendió tanto Claudia Rojas Sánchez: "[Conozco a Benito] por participar en eventos culturales y por el trabajo que yo hago que es la echora de los trajes del carnaval".

Con las muestras de afecto para Benito López Pérez siguió Juan Galindo Torres, quien se presentó en su texto como "comisionado de Gas LP en el estado de Puebla, Planta Garza Gas". Declaró: "[Benito] es una buena persona porque a participado en trabajos de nuestra calle y cooperado en luz agua potable y drenaje y no es una persona agreciva e incluso no es una persona agreciva y con los vecinos se lleva muy bien porque lo conocemos de años atrás".

El 15 de julio de 2013 Epifanía Ríos Gutiérrez indicó ser vecina del señor Benito: "[Él] era amable con la gente y con los vecinos se preocupaba por su familia y el bienestar de ellos a pesar de que se que es culpable siempre se preocupaba por ayudar a los más necesitados". Y se despidió de la jueza: "[Espero] que la presente sea de ayuda en su defensa de mi amigo".

Fermín Rojas González, de 55 años (2013) y chofer de taxi, dijo: "[Conozco] al señor Lopes Peres desde que tenía 7 años de edad, el trabajaba en el campo con unas personas que conozco el trabajaba de tiempo completo en el campo de cultivo". Luego intentó conmover a la jueza aclarando: "[Benito] no fue a la escuela el no sabe leer ni escribir su infancia la pasó trabajando de grande se dedicó a eventos religiosos y deportivos como lo es el futbol".

Fernando, quien trabajaba en las comidas rápidas y pollos al carbón tenancinguenses, también reveló que era parte del equipo de futbol y que durante el tiempo que convivió con Benito y sus hermanos siempre fueron personas tranquilas: "No eran conflictivos y a pesar de sus fallas y errores que tuvieron le pido que les den una condena justa".

Alejandro Rosas González, albañil, escribió una carta a mano muy pulcra en la que pedía igualmente una condena justa: "[Benito] es una persona amigable, respetuosa e incapaz de buscar problemas personales o de cualquier otro tipo".

Una vecina más, la señora Eufemia Romero García, describió a Benito López así: "Una Persona Respetuosa y Trabajadora y Honrada Como Vecinos Que Somos Desde Hace Mucho Tiempo Nunca Hubo Problemas Con El Todo Lo Contrario Eramos Muy Buenos Vecinos".[3]

Todas estas misivas no son sino pruebas contundentes de la base social y el respeto ganado por los proxenetas en su región. Sin embargo, en los días finales de noviembre de 2011, año y medio antes del abrumador apoyo de familiares y amigos, Maritza, una de las víctimas, contó una historia muy diferente.

En febrero de 2005, con tan sólo 14 años, Maritza asistió al cine con unos amigos y con Benito López Pérez. Al salir de la función, como él tenía auto, se ofreció a llevarlos a todos a sus casas, pero, al quedarse a solas con Maritza, le dijo que iba a recoger su chamarra a su casa en Tenancingo, Tlaxcala, un pueblo cercano a otro en Puebla, donde ella vivía. Después de que llegaron a la casa de Benito, él la invitó a conocer a su familia y luego la dejó sola con la madre, quien comenzó a decirle sobre lo maravilloso que era su hijo y la suerte que tenía de estar con él. Maritza le dijo a la señora que tenía novio, pero eso no detuvo el plan familiar, y cuando Benito regresó le informó a la muchacha que ya no la llevaría a su casa; en lugar de eso, la introdujo a un dormitorio y, aunque ella trató de resistirse, la violó.

---

[3] *Idem.*

Al día siguiente, Benito encerró a Maritza en una habitación y más tarde le mostró un papel lleno de números diciéndole que eran deudas que él y su familia debían pagar y que ella podía ayudarles ganando dinero como prostituta en un bar. Ella respondió que no lo haría; él se enojó y le advirtió que lo haría quisiera o no. Tras algunas horas más de encierro en esa habitación, volvió a preguntarle si había cambiado de opinión. Maritza siguió negándose, así que apareció la primera de muchas golpizas, uno de los medios que usan los tratantes con sus víctimas para persuadirlas. El otro son las amenazas: "Nunca te voy a dejar ir y voy a matar a tu familia si intentas marcharte".

A la mañana siguiente, Benito le explicó a Maritza las reglas: nunca podía salir sola y tenía que obedecerlo en todo. También debía obedecer a la hermana de Benito, María Guadalupe (quien, en su carta a la jueza Amon, le expresó que Benito, a pesar de sus errores, "siempre les enseñó buenos valores a sus hijos"). El padrote le advirtió a Maritza que en caso de desobedecer tenían permiso de golpearla. Días después, la hermana llevó a Maritza a un bar para que se iniciara como prostituta. El padrote le había comprado la ropa adecuada que debía usar en este trabajo que consistía en ingresar a una habitación las veces que fuera necesario, con distintos hombres que, tras violarla, les pagaban luego a los administradores del local.[4]

Maritza trabajó como prostituta en México durante seis meses, y luego, bajo amenazas, la llevaron a Oaxaca a ver a su familia, donde ella fingió frente a sus padres y les hizo creer que todo estaba bien. Cuando cumplió 15 años, Benito le anunció que se irían a Estados Unidos, ya que allá el trabajo era más fácil y ganarían más dinero. Maritza no quería ir, pero él ya había arreglado con coyotes que los cruzaran primero a Phoenix, Arizona, y luego a Las Vegas, Nevada, donde tomaron un avión a Nueva York usando identificaciones falsas que habían gestionado los mismos traficantes.

---

[4] Declaración jurada de *Jane Doe 1*, alias de Maritza, prueba de la fiscalía redactada por Maritza el 28 de noviembre de 2011 e ingresada a la corte el 6 de noviembre de 2013.

Ya en Nueva York, llevaron a Maritza a un departamento donde vivía José Gabino Barrientos Pérez, a quien también llamaban "Ricardo", hermano y coacusado de Benito. Bajo la supervisión de José, Maritza empezó a prestar servicios sexuales a clientes en residencias y departamentos y, "como si fuera comida a domicilio", era trasladada a las citas por choferes que trabajaban para ellos. Reveló que en un día normal atendía a un mínimo de 10 y un máximo de 40 clientes, y entregaba todas las utilidades a los choferes, ya que tenía prohibido quedarse con nada, a menos, claro, que deseara recibir una paliza a cambio.

Maritza trabajó como prostituta en Nueva York alrededor de cinco años. Inmovilizada por el miedo, para Benito y sus empleados era fácil arrearla a golpes o violarla, amenazándola además sobre los daños que podría sufrir su familia si ella pretendía rebelarse. El señor Benito, que era "muy buena persona" con su familia y vecinos, usaba los puños, un cable telefónico o cinturones para mantener a raya a la oaxaqueña. Convertido en "empresario de la industria de la explotación sexual", Benito regresaba a México y encargaba en Nueva York a Maritza con alguien más para que no escapara.

En 2007, Benito comenzó a sospechar que la justicia andaba tras él y le permitió a Maritza ir a México a ver a sus padres, luego de que ella lo amenazara con ir a la policía. Viajó con documentos que le pertenecían a María Guadalupe y, al llegar a Tlaxcala, obviamente, lo primero que hizo el explotador fue golpearla por amenazarlo con ir a la policía. A los pocos días y con un guion preestablecido sobre lo que debía decirle a su familia, la llevaron a una breve visita a casa de su mamá en Oaxaca.

Ese año, Maritza permaneció encerrada en Tenancingo hasta finales de verano, y luego López Pérez la envió de regreso a los Estados Unidos, junto a una niña de 14 años llamada Andrea, que era novia de Anastasio Romero Pérez, el otro hermano involucrado en la trata. Andrea, a la que también pondrían a trabajar en la prostitución, es la hermana de Giovanna, esposa de Ricardo. En algún momento de la aventura, pues, cada uno de los hermanos tenía a su "esposa" prostituta generándole ganancias que eran enviadas a México.

En noviembre de 2009 López Pérez regresó a Nueva York a cambiarlos a todos de departamento, y en enero de 2010 se fue a México para ya no volver. Así fue como, en agosto de 2010, Maritza escapó luego de que una pareja de mexicanos que conoció en una lavandería la auxiliaron. Benito le insistía que regresara a México a trabajar allá para él, pero eso ya no era posible. En ese instante Maritza se encontraba en un refugio de personas víctimas de violencia doméstica, y, aunque Benito siguió amenazándola desde México, ella ya no le temía, pues sabía del operativo en marcha para desmantelar la organización.[5]

La detención de Benito llegó el 25 de octubre de 2011 cuando elementos de la Secretaría de Seguridad Pública, en coordinación con el Servicio de Inmigración y Control de Aduanas (ICE), montaron un operativo en el municipio de San Miguel Xoxtla, Puebla, donde Benito y Anastasio se escondían. Luego de estar detenido 13 meses y medio en el Reclusorio Preventivo Varonil Norte de la Ciudad de México, Benito fue extraditado el 8 de diciembre de 2012 a Nueva York para enfrentar los cargos de la acusación.[6]

Previo a la sentencia, el abogado Kenneth A. Paul informó a la jueza que, en su prisión en México, Benito fue golpeado y torturado. Desde que llegó a enfrentar su proceso, Benito avisó a las autoridades que era diabético y sufría dolores de espalda y piernas, además de que, al momento de arribar a Estados Unidos, tenía una creciente infección en la piel que requería cirugía.

Para aminorar la ya inexorable condena, Paul alegó que Benito había crecido en San Miguel Tenancingo, Tlaxcala, en el seno de una familia extremadamente pobre. Que no lo enviaron a la escuela por falta de recursos y que había sido víctima de violencia física por parte de su padre alcohólico, que los corrió a él y a su madre, por lo que por un tiempo vivieron en la calle. Reveló que en 2005 Benito vino solo a Estados Unidos y que al llegar a Queens trabajó en un mercado de comida

---

[5] *Idem.*

[6] "NY da golpe a banda que traficaba mujeres y niñas desde Tenancingo para explotación sexual", *Sinembargo.mx*, 11 de diciembre de 2012. Disponible en https://www.sinembargo.mx/11-12-2012/457715.

por ocho meses para luego regresar a México a atender la enfermedad de su hijo Juan, viaje en el cual raptó a Maritza y la obligó a prostituirse. Agregó que Benito regresó en 2006 a Nueva York, ya con ella, y vivieron tres meses con José Gabino y Giovanna, pero que, al poco tiempo, él volvió a México, esta vez para ayudar a su madre en un problema legal que la abrumaba. En abril de 2008 de nueva cuenta apareció Benito por Queens, donde permaneció otros nueve meses antes de regresar a México para estar de cerca de su padrastro, quien finalmente murió de cáncer en 2011. Desde enero de 2009, cuando regresó a México, Benito ya no volvió al norte hasta que lo extraditaron.[7]

Keneth Paul le pidió a la jueza que le diera 15 años de prisión a Pérez López y, sin extenderse mucho, entre sus argumentos incluyó que él era casi analfabeto y que en el Queens Private Detention Center había tomado cursos de inglés.

En la misma audiencia del 7 de febrero de 2014, el segundo hermano, Anastasio Romero Pérez, fue sentenciado a 18 años, pese a que sólo aceptó la responsabilidad del cargo 5, tráfico sexual de Andrea. Ese cargo lo compartía con Benito, pero a éste finalmente se lo borraron y sólo Anastasio lo enfrentó. Por otro lado, Anastasio no aceptó el cargo 3, tráfico sexual de Maritza, y dejó a su hermano Benito con esa carga, aunque finalmente el tiempo de condena fue el mismo.

Gente que quería mucho a Anastasio también colmó el buzón de Carol Bagley Amon para hacer notar las virtudes del acusado, en un intento por suscitar la clemencia de la jueza.

El 29 de agosto de 2013, su hija Jessica Romero Blas escribió: "Desde muy pequeña para mi fue padre y madre a la misma vez por que nunca tuve a mi madre, bueno, mi papá es buena persona conmigo con mi familia, con los vecinos, mi papá siempre estuvo al pendiente de mi de mis estudios siempre iva a la escuela cuando se hacían juntas y pues también cuando iva a preguntar como iva, bueno, yo se que se declaró culpable y solamente espero que le de una condena jus-

---

[7] Memorándum de sentencia de Benito López Pérez, prueba de la defensa ingresada a la corte el 30 de octubre de 2013.

ta mi papá me enseño valores y sobre todo el respeto espero que estas líneas que escribo lo tomen en cuenta y sobre todo estoy triste xk el no esta aki conmigo se lo agradeceré que lo apoyen x favor bueno me despido y gracias".

Seis semanas antes de la carta de Jessica, la vecina de Anastasio, María Celestina Pérez Pérez, escribió: "[Soy] originaria de Tenancingo, Tlaxcala, y ama de casa lo conocí desde niño y pues asta la fecha de ser un joven que era responsable con su familia pues nunca nos falto al respeto al contrario era un muchacho respetuoso y pues si sabíamos que se dedicó al delito que se le acusa pues nunca maltrató a las demás personas y pues es todo lo que puedo decir al respecto y pues era buena onda y pues también nos asia favores nunca decía que no y pues bueno sería que le diera una condena justa".

Por su parte, Yazmin, la misma que laboraba en la fábrica CMT y que también envió una carta de apoyo a Benito, repitió el gesto con su tío Anastasio: "[Con él] viví desde muy niña el se iso cargo de mi por que yo no conte con papa el se iso cargo de mis estudios me ayudó a terminar la primaria y secundaria. Y por mi propia voluntad yo ya no quise seguir estudiando sin embargo el siguió apoyándome y durante el tiempo que yo vivi con el jamás lo conoció agresivo ni violento con nadie siempre fue una persona tranquila y amable para mi fue el mejor papa es por eso que me siento triste. En la situación que el se encuentra se que el se declaro culpable sin embargo le pido que le de una condena justa".

Otro que repitió misiva fue José Dionisio Jiménez Guzmán, quien el 13 de agosto de 2013 reveló nuevos detalles sobre el acusado:

[Anastasio] es una persona conocida y respetada por los habitantes de este Municipio de Tenancingo, Tlaxcala, es una persona de oficio campesino, así como también tomaba algunas fracciones de tierras a medias y a renta para el cultivo de maíz ya que únicamente es lo que se puede cultivar, las tierras son de temporal, viviendo de lo que cosecha y en ocasiones lo contratan para hacer diferentes trabajos de campo, de esta manera vive con su esposa e hijos, como se da cuenta que es una persona de escasos recursos, es una persona trabajadora, inquieta en cuestión de trabajo, su esposa se dedica a vender tortillas, le gusta participar en las tradiciones del pueblo como es el carnaval fomentando la cultura, en su familia, como es así realizando y participando en concursos en el estado y el municipio. ANASTACIO, ha demostrado ser una persona responsable y respetuoso con la sociedad, nunca supimos de problemas ocasionados por él o alguno de sus familiares ya que es tranquilo, acostumbraba a participar en torneos de futbol, comportándose siempre de una manera respetuosa para con ellos y la sociedad. A hoy que me he dado cuenta que se encuentra en problemas legales y confesos rugo a Usted Ciudadano Juez se digne en dar una sentencia de la más baja, ya que su familia se encuentra desamparada sin la figura del padre.

De nueva cuenta, este perfil de hombre bueno con la sociedad delineado por familiares y amigos adquirió otra dimensión con el relato de su víctima, Andrea, quien destacó las partes más oscuras de la vida del acusado.

Ella cuenta que alrededor de diciembre de 2007, con apenas 14 años, viajó con su hermana, Giovanna, y el esposo de ésta (al que todos llamaban Ricardo, pero cuyo nombre real era José Gabino Barrientos Pérez) a una casa en Tenancingo, Tlaxcala, donde se quedó por unos meses cuidando a los hijos de aquéllos.

El hermano de Ricardo, Anastasio Romero Pérez, los visitaba con frecuencia. En muchas ocasiones le dijo que la cuidaría y le ayudaría a conseguir un buen trabajo y una casa. A los pocos meses, Giovanna se fue a Estados Unidos y dejó a Andrea cuidando a los niños, pero luego Anastasio y Benito la convencieron de que Giovanna y Ricardo se estaban aprovechando de ella, así que se la llevaron a una casa que compartían con otros familiares. Al mes de ese cambio, Andrea y Anastasio iniciaron un romance, y tampoco pasaron muchos días para que él le pidiera que trabajara para él como prostituta, cosa a la que ella se negó.

Anastasio recurrió a la misma táctica de su hermano Benito: le mostró a Andrea una carta donde le notificaban que perdería su casa si no pagaba una deuda, así que le insistió que debía trabajar como prostituta para ayudarlo. Andrea había cumplido 15 años y debido a las presiones y al cariño que sentía por él, aceptó. Después de eso, Anastasio y Benito trasladaron a Andrea a un bar en Izúcar de Matamoros, en el vecino estado de Puebla, donde comenzó a ser traficada sexualmente. Los padrotes ni siquiera tenían que estar ahí, ya que la monitoreaban a distancia con ayuda de los administradores del lugar.

Como de pronto Andrea sintió que las cosas no estaban bien y manifestó su interés por renunciar, Anastasio comenzó a golpearla. Por ejemplo, una vez él se molestó porque ella estaba bebiendo muy lento con un cliente, lo que afectaba el negocio, así que la golpeó y pateó hasta hacerla vomitar sangre y recordándole la importancia de beber más aprisa.[8]

En el verano de 2008 Romero Pérez viajó a los Estados Unidos para ayudar a cruzar a Maritza, así que Andrea siguió prostituyéndose en México y entregando las ganancias a la madre de Anastasio, así como a su hija, Jessica Romero Blas (aquella que le escribió a la jueza Amon que su papá le "enseñó valores y sobre todo el respeto"), mientras que Benito recogía el resto de las utilidades de las cuales Andrea no podía quedarse con nada.

Un par de meses antes de que finalizara 2008, Anastasio le informó a Andrea que deseaba irse a los Estados Unidos con ella, así que hicieron los arreglos para cruzarla. Fue en aquel viaje donde la trasladaron junto a Maritza y en el que llegaron hasta Nueva York, donde su explotación sexual arrojó mayores utilidades.

Andrea aclaró que su área de trabajo era Nueva York, Nueva Jersey y Connecticut y que ganaba aproximadamente entre mil 300 y mil 500 dólares por semana. Aseguró que la llevaban en coche a distintos lugares y cobraba 30 dólares por 15 minutos de servicio a un promedio de 12 a 15 clientes por día. Los choferes y Anastasio repartían las ganancias y vigilaban a la víctima para asegurarse de que no escapara.

---

[8] Declaración jurada de *Jane Doe 2*, alias de Andrea, prueba de la fiscalía redactada por Andrea el 28 de noviembre de 2011 e ingresada a la corte el 6 de noviembre de 2013.

En las primeras semanas de 2009 Anastasio regresó a México para ver a sus hijos. Andrea se quedó trabajando para enviar cada semana dinero a las familias en Tlaxcala que la explotaban a distancia y con amenazas de que los choferes irían a golpearla si no mandaba suficiente dinero. El explotador regresó a Estados Unidos en mayo de ese año. En noviembre Andrea se encontró de casualidad a su hermana Giovanna, la cual ignoraba que estuviera viviendo allá. Fue una noche en la que un cliente solicitó a dos mujeres: el chofer recogió primero a Giovanna, y cuando pasaron por Andrea y ésta vio a su hermana en el coche, le dio mucha vergüenza y se echó a correr. Cuando su explotador supo de ese encuentro, cambió a Andrea de departamento pensando que ahí acabaría cualquier conflicto.

Cuenta Andrea que Anastasio la violó y la golpeó previo a su regresó a México en enero de 2010, y en agosto de ese año, un conductor ayudó a Andrea a ponerse en contacto con Giovanna. Así se enteró de que ella igualmente la andaba buscando. Esto le dio valor a Andrea para avisarle por teléfono a Anastasio de que su relación de explotación había terminado. Él amenazó con dañar a su familia; Benito hizo lo mismo diciéndole que sus amigos choferes la golpearían. Pero ya no lograron amedrentarla. Las hermanas se fueron a vivir juntas a un departamento en Queens; Giovanna siguió enviándole dinero a José Gabino ("Ricardo"), y Andrea, por su parte, retuvo las utilidades que solía depositar en la cuenta de Anastasio.

Finalmente, el 12 de octubre de 2010 agentes especiales de la Oficiana de Investigaciones de Seguridad Nacional de Estados Unidos (HSI) detuvieron a Andrea y a Giovanna al llegar al departamento después de una noche de trabajo. En ese momento, ambas tenían las ganancias de una semana en la prostitución, y también les hallaron muchos condones nuevos. Accedieron entonces a colaborar para atrapar a sus explotadores, lo que ultimadamente se concretó.

Casi un año después de que inició esa cooperación, el 25 de octubre de 2011 Anastasio fue detenido por autoridades mexicanas, y el 10 de diciembre de 2012 fue extraditado a Nueva York. En el transcurso de los meses siguientes, le fue asignado el defensor Morvillo Abramowitz, quien el 30 de octubre de 2013 le escribió una carta a la jueza Carol Bagley Amon en la que, igual que los demás remitentes buscando conmoverla, cuenta la trágica vida de Anastasio.

El defensor usó de manera más clara el argumento de que la pobreza e ignorancia son factores que explican, en parte, el surgimiento de las familias de explotadores sexuales. Señaló que el señor Agustín Romero, padre de Anastasio, los abandonó a él y a su madre María Pérez Pérez cuando el acusado tenía sólo cinco años, razón por la cual su madre se volvió a casar con Adrián López Sánchez, quien fue como un segundo padre para Anastasio. Al abandono físico el padre de Anastasio sumó el desinterés por mantenerlos, por lo que el niño debió trabajar desde los ocho años cultivando verduras, arroz y frutas, y por el resto de su vida pasó por una variedad de trabajos complicados y mal pagados.

Como a los 14 años, Anastasio comenzó a trabajar en la construcción, pero eventualmente regresaba al campo cuando no había trabajo de albañil. Más adelante fue cobrador de boletos en un autobús y empleado en una fábrica local, labores que intercalaba con las del campo y la construcción. Como su madre no podía enviarlo a la escuela, Anastasio nunca recibió ninguna educación formal, y gran parte de su vida fue analfabeta, y si acaso ahora es capaz de leer, lo hace con mucha dificultad. A pesar de las limitadas oportunidades educativas y los complicados y mal pagados empleos, Anastasio tuvo tres hijos: Juan Carlos (de 29 años en 2022), Jessica Romero Blas (28 años) y Arb (19 años). Anastasio fue el único soporte de Jessica dado que la madre de la niña los abandonó para irse con otro hombre.

En el escrito, el abogado juzgó que Anastasio había tenido un papel importante en su familia y comunidad, a pesar de haber enfrentado grandes dificultades por haber crecido en la pobreza extrema. El litigante destacó los comentarios mostrados en las cartas de quienes lo apoyaban: "muestran sus cualidades más allá de la ofensa instantánea", y consideró que aquellas breves cartas, que reflejan los antecedentes educativos limitados de los miembros de la familia y vecinos, describían, sin embargo, a Anastasio en términos positivos y reflejaban la naturaleza de alguien que siempre estuvo ahí para ayudar a su familia y comunidad.[9]

Abramowitz recordó que Anastasio reconoció haber convencido, en 2008, a una mujer (Andrea) para que trabajara como prostituta, a pesar de saber que ésta era menor de edad. Que hizo, asimismo, los arreglos para que ella fuera transportada a Queens, Nueva York, para explotarla en ese negocio.

A través de su abogado y reiterándolo en la audiencia donde se declaró culpable, Anastasio lamentó las acciones que llevaron a su detención, y aceptó hacerse responsable de éstas sabiendo que le vendría una dura condena. En la carta de Abramowitz, son varios los párrafos en los que, sin pretender excusar o justificar su conducta, se insiste en que su delito surgió, al menos en parte, "por la falta de oportunidades educativas y económicas disponibles para él", así como por "la extrema pobreza que él y su familia enfrentaron en las zonas rurales de México". Por supuesto que ser pobre —recalcó el abogado— no significa que deba beneficiarse explotando sexualmente a otros: "Pero afirmamos, en nombre de Anastasio, que su delito debe considerarse a la luz de las circunstancias de su vida, incluida la pobreza significativa que experimentó".

Para ilustrar su argumento, Abramowitz trajo a colación el caso "United States v. Bennett" celebrado en esa misma corte, donde el abogado Jay Weinstein escribió: "La pobreza no es una defensa, [pero] se puede considerar al sopesar los efectos colaterales de una sentencia como el encarcelamiento en la familia del acusado". Esto sirvió como un precedente para sostener: "Los más afectados por esta sentencia serán los familiares de Anastasio, incluida su madre, sus hijos y otras personas", que, según el litigante, no desempeñaron ningún papel en la empresa criminal. "Estos individuos sufrirán mucho por la ausencia de Anastasio de sus vidas, y éste es otro factor relevante a tener en cuenta por parte de la corte", consideró.

---

[9] Memorándum de sentencia para Anastasio Romero Pérez, prueba de la defensa ingresada a la corte el 30 de octubre de 2013.

Insistió el defensor que separar a Anastasio de su país y familia lo privaría de la capacidad de ver a sus queridos padres ancianos antes de su muerte, y es que María Pérez Pérez, su madre, tenía 76 años (2014) y se encontraba mal de salud. Debido a la larga condena que podía enfrentar, era casi seguro que Anastasio nunca volvería a ver a su madre.

Así que, para que sus familiares no sufrieran tanto su ausencia, el defensor pidió una sentencia de 14 años y medio, la cual, aseguró, cumpliría con "los objetivos de disuasión general y específica". Sobre todo porque, machacó el litigante, Anastasio y su familia sabían que las autoridades de Estados Unidos y México seguirían castigando el crimen por el que sería condenado, así que más le valía obedecer la ley si es que deseaba volver a estar al lado de su familia.

El 21 de noviembre de 2013, semanas antes de la sentencia, Giovanna le escribió a la jueza Amon para suplicarle:

> Yo pido mucha justicia y muchos años para los 3 hermanos, ya que ellos me amenazaban mucho con hacerle daño a mi familia. Yo tuve que trabajar muchos años como prostituta. Yo lo hacía para que no le pasara nada a mi familia. Yo era solo una niña que no sabía nada, me sentía sin salida por el cual aguanté por muchos años hasta que encontré una salida. Confié en la policía de Nueva York pero no confió en la policía de México porque hay mucha corrupción. Aunque ellos están en la cárcel aquí en Nueva York, yo tengo mucho miedo de la familia de los hermanos en México. Deles muchos años de cárcel, sobre todo para Benito López Pérez y los hermanos.[10]

Tras ser sentenciado a 18 años, Anastasio Romero Pérez fue enviado a la prisión federal de Big Spring en Texas, la cual abandonará el 4 de febrero de 2027.

El último hermano de esta acusación, José Gabino, fue sentenciado en la misma audiencia del 7 de febrero de 2014, pero recibió sólo

---

[10] Carta de *Jane Doe 3*, alias de Giovanna, ingresada a la corte el 21 de noviembre de 2013.

10 años de castigo. Es por esto por lo que el 26 de mayo de 2020 fue puesto en libertad y devuelto a las autoridades migratorias para su deportación a México. Aunque aceptó ser culpable del cargo 3, tráfico sexual de la menor Maritza, y del cargo 12, violación de la Ley Mann en el caso de Giovanna, quizás la diferencia en su caso radique en que su principal delito fue esencialmente traficar con la madre de sus hijos, la cual no era menor de edad cuando inició la explotación. Y así como sucedió con sus hermanos, a José Gabino Barrientos Pérez lo defendieron los mismos familiares y conocidos que ya habían enviado misivas de apoyo a la jueza Amon. Por ejemplo, Yazmin, la sobrina de Benito que trabajaba en la fábrica CMT, Costuras y Manufacturas de Tlaxcala, copió las ideas de sus anteriores misivas, como cuando aseguró que José Gabino la crio como si fuera su padre, ya que ella era huérfana.

La sobrina jamás lo vio "agresivo ni violento con nadie, siempre fue una persona tranquila y amable", y parece que nunca notó que su tío Ricardo (como se hacía llamar José Gabino) se fue a la Ciudad de México, donde conoció a Giovanna, a la que llevó a vivir a Tenancingo, Tlaxcala. Nadie escuchó cómo el tío José le insistió a Giovanna para que trabajara como prostituta, bajo el argumento de que estaban endeudados y necesitaban dinero para pagar los gastos del hijo que llegó en 2003 y cuyo nacimiento prematuro les generó muchas facturas.

Otro que mostró mucho afecto por Ricardo fue José Dionisio Jiménez Guzmán, quien ya había escrito cartas de apoyo para los otros coacusados. Le explicó a la jueza: "[Barrientos Pérez] es padre de dos hijos, Ricardo y José Luis [que en el 2022 tenían 17 y 19 años] y en el 2010 formó parte del comité de padres de familia de la escuela (kínder) Estefania Castañeda, ocupando el puesto de presidente". José Dionisio relató que Barrientos Pérez fue también parte del comité de padres de familia de la escuela primaria Benito Juárez, "donde tuvo el cargo de vicepresidente cuando gestionaron la impermeabilización de la escuela, demostrando siempre el valor de la honestidad, responsabilidad y respeto para con los padres de familia y la sociedad", como si esas actividades pudieran redimirlo de sus pecados como proxeneta. Al compartir con él dichas actividades escolares, el señor Jiménez no se enteró de que Ricardo había llevado a su esposa Giovanna y a la pareja de Anastasio Romero Pérez, Andrea, a Tijuana para ponerlas a trabajar como prostitutas en burdeles de aquella ciudad fronteriza.

Aunque Ricardo demostraba "el valor de la honestidad" como parte del comité de padres, en la frontera le enseñaba a su esposa cómo prostituirse y cobrar el equivalente a 20 dólares estadounidenses por dejarse penetrar 15 minutos. Estando tan lejos de la frontera, seguro que en Tenancingo nadie presenció cómo Ricardo comenzó a golpear a Giovanna cuando ella le expresó que ya no deseaba seguir realizando esa actividad denigrante y riesgosa.

Ninguno de los vecinos notó que, en lugar de escuchar los deseos de la que era "su esposa", entre 2004 y 2006, José Gabino la llevó por temporadas a la Ciudad de México para traficarla sexualmente, mientras él organizaba partidos de futbol en su natal Tenancingo. El pretexto era pagar la atención médica de José Luis, el primero de sus hijos, quien sufría problemas respiratorios, gastos que se sumaron a los del otro Ricardo, el segundo hijo de la pareja nacido en marzo de 2005.

Y así, mientras la madre se prostituía en ciudades lejanas, el padre esperaba los depósitos y "llevaba a sus hijos a la escuela", según destacó el señor José Dionisio.

"Es evidente que Barrientos ha estado motivado en todo momento por preocupaciones familiares, y, si bien no es una excusa ni una defensa, esto ayuda a explicar cómo llegó Barrientos a esta corte", defendió su abogado, Peter Kirchheimer.

También dirigiéndose a la jueza Carol Bagley Amon, otro vecino, Trinidad Muñoz, concluyó: "[Barrientos Pérez] cometió un error que tiene que pagar, pero antes que nada también fue un buen padre, pues llevaba a sus hijos a la escuela, y jamás lo vi maltratando a sus hijos ni a su mujer".

Una inconsistencia de quienes lo apoyan, pues, finalmente, ante la excusa de los gastos de sus hijos, Ricardo envió en 2006 a los Estados Unidos a Giovanna, la mamá, mientras él se quedaba en México a administrar las ganancias, y sólo de vez en cuando partía para permanecer algunos meses en la Gran Manzana.

Giovanna, por cierto, sufrió mucho para poder llegar al norte de Estados Unidos, ya que la patrulla fronteriza la detuvo en al menos tres ocasiones antes de que por fin lograra cruzar, siguiendo la misma ruta ya conocida de Phoenix, Arizona, que continuaba vía terrestre hacia Las Vegas, Nevada, y finalmente en avión a Nueva York. Maritza la recibió en el aeropuerto y la instaló en el mismo departamento donde vivía; en él compartieron oficio y las amenazas y golpes que sus captores les propinaban cuando no querían trabajar o en días en que ganaban poco dinero.

Por eso, para los tenancinguenses, José Gabino Barrientos Pérez, "Ricardo", era un héroe al que veían llevar a sus hijos a la escuela. "[Era] padre y madre para sus hijos además de una persona confiable y respetuosa de carácter sincero y a pesar de que tuvo errores jamás lo vi lastimando a personas", detalló otro conocido, el señor Antonio Morales Ramírez. Con ese mismo perfil lo contemplaba su amigo Ernesto Visoso Osorio, quien le pidió a la jueza que "le echara la mano" y que sus vecinos le estarían "muy agradecidos".

Y mientras en Tlaxcala la fama de buen vecino de Ricardo seguía creciendo, en Nueva York fue etiquetado por pertenecer a una mafia de "buenos muchachos" dedicados a explotar sexualmente a un puñado de mujeres.

"Todos los días, distintos choferes me llevaban en automóvil a diferentes lugares de la ciudad para prostituirme a cambio de 25 dólares cada visita", también acusó Giovanna, quien les daba la mitad de las utilidades a los choferes y el resto lo debía transferir a José Gabino en México.

A Giovanna se le permitió una visita a México a finales de 2006 para ver a sus hijos, pero Ricardo no la dejó permanecer en su país y la envió de nueva cuenta al norte. En mayo de 2007 retomó sus actividades en el negocio que operaba en Queens y seis meses después de esa segunda temporada Giovanna le informó a Ricardo que ya había tenido suficiente y que no deseaba seguir prostituyéndose. Él estuvo de acuerdo, y al regresar a México la pareja intentó iniciar dos pequeños negocios, pero ambos fracasaron, así que la opción para Ricardo fue explotar sexualmente a su esposa nuevamente.

Giovanna se llevó a Tlaxcala a su hermana Andrea para que cuidara a sus hijos, mientras en mayo de 2009 ella volvió a ingresar de manera ilegal a los Estados Unidos bajo las presiones de Barrientos Pérez. En los siguientes meses, ella les enviaría entre 700 y mil dólares a la semana a Ricardo y su madre. Para abril de 2010 Giovanna se enteró fortuitamente de que su hermana Andrea ya no cuidaba a sus hijos y ahora era obligada por Anastasio Romero Pérez a trabajar también en la prostitución. Después de aquel súbito encuentro, cuando Giovanna iba con un chofer y pasaron a recoger a otra que resultó ser su hermana Andrea, quien escapó tras verla, Giovanna buscó a su hermana por meses, pero Anastasio la movía de departamento o cambiaba su número de teléfono.

Mientras todo eso sucedía, en Tenancingo, Barrientos Pérez afianzaba sus relaciones públicas. Así se allegó a la licenciada en derecho Estela García Barrientos, que en agosto de 2013 envió "una carta de recomendación" a favor de José Gabino, "por ser una persona conocida de la suscrita y además honesto, responsable, capaz para desempeñar toda actividad encomendada y con deseos de superación a la que considero de grandes talentos", entre los que no sumó la explotación sexual de mujeres. El verano de 2021, la licenciada García Barrientos contendió —sin éxito— por la presidencia municipal del polémico municipio de Tenancingo. Durante las campañas nadie le recordó que en 2013 había enviado cartas de recomendación a una jueza de Nueva York para defender a sus amigos proxenetas.

Curioso es que el médico cirujano Sergio Guzmán Lara copió textualmente la carta escrita por la licenciada García Barrientos, e igualmente la envió hasta Nueva York en apoyo del amigo Ricardo. El doctor Sergio Guzmán Lara, por cierto, es hermano del doctor José Ignacio Guzmán Lara, quien fue presidente municipal de Tenancingo entre enero de 2013 y diciembre de 2016.

Tan mala era la fama del doctor José Ignacio, a quien se acusó de ser protector de los padrotes tlaxcaltecas, que desde antes de ser funcionario encabezaba una red de médicos y enfermeras que les practicaban abortos clandestinos a las mujeres que eran obligadas a prostituirse, según las notas de la prensa. Debido a que el Instituto Federal Electoral (IFE, hoy Instituto Nacional Electoral, INE) tuvo conocimiento de este caso, su consejero presidente, Lorenzo Córdova, busco implementar estrategias para que el dinero de los proxenetas no volviera a influir en la elección de un alcalde, como presuntamente sucedió con el doctor Guzmán Lara, quien, se dice, bloqueaba las investigaciones federales que pretendían desarticular la actividad en la región.

Es seguro que ni la licenciada ni el doctor sabían de las penurias que pasaba la esposa de su amigo José Gabino, Giovanna, la cual, finalmente en septiembre de 2010 pudo ponerse en contacto con su hermana Andrea. Las hermanas acordaron rentar juntas un departamento en Queens, Nueva York, y continuaron trabajando en la prostitución hasta que agentes federales las detuvieron.

Ya cooperando con las autoridades, Giovanna siguió llamando a sus hijos por teléfono. En esas llamadas, Ricardo la acusó de colaborar con la policía, que ya armaba el caso en contra de los tres hermanos. "No volverás a ver a tus hijos", le advirtió él, pidiéndole además que ya no los llamara en el futuro.

Por cierto, por ahí de 2016, el alcalde y doctor José Ignacio Guzmán Lara negó que Tenancingo fuera "un pueblo de padrotes" y dijo que para contrarrestar esa imagen su gobierno había emprendido acciones "como la edificación de la Casa de la Cultura donde se imparten talleres de artesanías que han sido bien recibidos por la población".

Las sospechas que Ricardo le manifestó a Giovanna eran ciertas: el agente especial James T. Hayes Jr., de la Oficina de Investigaciones de Seguridad Nacional (HSI) del Servicio de Inmigración y Control de Aduanas (ICE) ya se coordinaba con los fiscales federales adjuntos del Distrito Este de Nueva York Taryn A. Merkl, Elizabeth Geddes y Erik Paulsen para perseguir a los delincuentes. El caso escaló hasta la coordinación de los departamentos de Justicia y de Seguridad Nacional de Estados Unidos con sus contrapartes mexicanas en la Procuraduría General de la República (PGR, hoy Fiscalía General de la República, FGR), la otrora Secretaría de Seguridad Pública (SSP) y la Procuraduría Social de Atención a las Víctimas de Delitos (Províctima), los cuales siguieron la huella de los tres hermanos, quienes, como ya vimos, fueron arrestados en México en octubre de 2011 y extraditados a los Estados Unidos en diciembre de 2012.

6. Breve historia del modelo Tenancingo

CUANDO A INICIO DE LOS AÑOS SETENTA EL PADRE EZEQUIEL MONDRAGÓN fue asignado al municipio de Calimaya en el Estado de México, encontró que, más allá de la voluntad que parecían mostrar algunos de sus ciudadanos, a éstos no los distinguía alguna otra cualidad extraordinaria. Sin embargo, para explotar ese evidente entusiasmo, el prelado organizó talleres de guitarra que a los pocos meses estaban arrojando las primeas estudiantinas.

A mediados de la misma década a un grupo de aquellos alumnos les pareció más atractivo explorar el género de la música vernácula mexicana para sacar ventaja de que a los cursos se había sumado además un maestro de violín. De ese modo fue como iniciaron las primeras agrupaciones cuyos nombres reales nadie recuerda, pues los pobladores las rebautizaron: una, Los Tercos, y la segunda, Los Necios, por su empeño en seguir lastimando los oídos de auditorios diversos con su —si bien enjundiosa— claramente pobre, empírica y lamentable forma de interpretar el mariachi.

Ignorando las críticas que nunca han de faltar, y superando sus propias limitaciones, una de esas organizaciones devino en El Mariachi San Juan, que finalmente terminaría llamándose Los Ángeles. En 1978 estaba ingresando al estudio de grabación mientras era contratado para tocar en fiestas de alcurnia, como las del gobernador mexi-

quense, que en ese tiempo era un tal Jorge Jiménez Cantú. A ese
ritmo, la evolución del mariachi ya no se detendría en la región: para
2010 existían cerca de 40 combos dentro de una tradición musical que
se coronó con la apertura de escuelas de mariachis locales que buscaban profesionalizar el oficio. Todo esto desembocó en la organización
del Festival Cultural Internacional del Mariachi, que en 2022 cumplió
22 años de celebrarse, lo que rebasó cualquier expectativa generada
en su origen.

El reinvento similar de una población sucedió en Tlalpujahua,
una región montañosa al sur del estado de Michoacán que durante 200
años vivió de la minería, pero se convirtió en pueblo fantasma cuando,
en los años treinta del siglo XX, a la explotación y extracción de minera-
les les llegó su irremediable debacle.

Así que, ante la falta de oportunidades, al despuntar los años cincuenta, un hombre llamado Joaquín Muñoz partió a Chicago, donde
se empleó en una fábrica de árboles de Navidad artificiales. Ahí aprendió don Joaquín tan bien el oficio que una década después ya estaba de
vuelta en su patria instalando un taller similar en la Ciudad de México. Su visión lo llevó, además, a capacitarse en el trabajo del vidrio soplado, técnica que se usa para la confección de esferas navideñas, y con
esa herramienta planeó su retorno a la tierra prometida que lo vio nacer. A iniciativa suya, en Tlalpujahua se fundó, a finales de los sesenta,
la hoy célebre Adornos Navideños S. A. de C. V., que hasta hace poco
empleaba a más de mil personas con cinco plantas y 15 talleres sem-
brados en diversos puntos de la región.

Considerada como la empresa más grande de este tipo en América Latina, y una de las cinco más grandes del mundo con una producción de casi 38 millones de esferas y ornamentos al año, cuya tercera
parte se exporta a países como Estados Unidos, Canadá, Argentina y
Japón, Adornos Navideños, fundada por el señor Muñoz, forjó, además, el hoy inquebrantable vínculo entre las esferas y Tlalpujahua.
Bajo el impulso de esta actividad a la que hoy se dedica 60% de la población en más de 2 mil talleres, Tlalpajahua obtuvo el distintivo de
Pueblo Mágico. Y el vidrio soplado es actualmente la base de la econo-

mía local, con una producción de un promedio de 100 millones de esfe-ras elaboradas por poco más de 10 mil empleados.

Y así como estos pueblos mencionados, en México abundan otros ejemplos de metamorfosis exitosa, como las fiestas del Día de Muertos en la Ciudad de México o en Pátzcuaro, Michoacán, así como la pre-paración prehispánica del tamal mucbilpollo que ha puesto en el mapa al pueblo de Tizimín, en Yucatán. Sin olvidar toda clase de fiestas cul-turales como el Festival Cervantino en Guanajuato o el Festival Inter-nacional de las Artes en la Isla de los Poetas, en la bahía de Navachiste en Guasave, Sinaloa, pasando igualmente por la producción de vino y sus festivales adjuntos en municipios de Querétaro, Zacatecas, Puebla, Aguascalientes y Baja California, por mencionar tan sólo unos pocos casos del último medio siglo, en el que algunas regiones se volcaron ha-cia diversas actividades productivas que ahora definen su personalidad.

La imagen con la que se presenta cualquier comunidad suele ser un misterioso engranaje muy bien aceptado donde se articulan facto-res económicos, sociales e históricos, como bien lo señala el antropó-logo Óscar Montiel Torres, quien en su impresionante tesis de maestría aborda a profundidad el auge del proxenetismo en algunos municipios del sur de Tlaxcala.

Sin pretender asumir el tono inquisidor que en ocasiones solemos aplicar los periodistas al tema, Montiel lo que busca es hallar las causas que llevaron a los ciudadanos de esas regiones a especializase en la tra-ta de personas con fines de explotación sexual.[1]

El antropólogo parte de que los padrotes son originarios y se han desarrollado en poblaciones rurales con fuertes raíces indígenas "que mantienen una profunda raigambre étnico-cultural y comunitaria", su-mada además a "una historia de resistencia a la influencia externa". Dice, por su parte, Guillermo Bonfil Batalla que "la historia reciente de México, la de los últimos 500 años, es la historia de un enfrentamien-to permanente entre quienes pretenden encauzar el país en el proyecto

---

[1] Óscar Montiel Torres, *Trata de personas: padrotes, iniciación y 'modus operandi'*, tesis de maestría, CIESAS, 2007.

de la civilización occidental y quienes resisten arraigados en formas de vida de estirpe mesoamericana".[2]

El "sistema familiar mesoamericano", término acuñado por David Robichaux, otro estudioso interesado en analizar el fenómeno de la trata de personas en la zona, describe, entre otras cosas, la organización social, histórica y familiar que alienta ese sólido e injusto orden patriarcal y en donde las "prácticas evidencian la dominación masculina sobre las mujeres, la posición subordinada de éstas y la violencia de la que son víctimas", según cita el mismo Montiel a Robichaux.

Continuando con Montiel Torres, podemos vislumbrar cómo, en ocasiones de manera natural e irreflexiva, los proxenetas usan la justificación descrita para reclutar y explotar mujeres que, sin ser conscientes, serán integradas a ese revoltijo de relaciones políticas, comunitarias y familiares dentro de un orden jerárquico en el que los varones ocupan la punta de la pirámide, pero también los pisos siguientes. De ese modo es como ejercen un control castrante sobre las mujeres, pactando con otros de su género la repartición de esas posiciones de poder y control, además de las ganancias si hablamos de proxenetas, en un abusivo compadrazgo que se copia y pega de generación en degeneración y que le ha dado a la región fama mundial.

Algunas de estas prácticas comunitarias que se ejercen desde hace siglos son la poliginia y, sobre todo, el "robo de la novia", atropello que no sólo se da en Tlaxcala, sino en otros estados de la República mexicana como Guerrero, Veracruz, Oaxaca o Chiapas. Para este tipo de unión se recurre a la falta de recursos como motivo central para no pedir formalmente a las mujeres y organizar una boda, optando como única forma de iniciar la vida conyugal por la fuga, que, para términos prácticos, es más bien un secuestro.

"Una posible explicación sobre el aumento y mantenimiento del proxenetismo en estas comunidades es que han adaptado prácticas culturales tradicionales de poder sobre el cuerpo femenino para el trabajo

---

[2] Guillermo Bonfil Batalla, *México profundo: una civilización negada*, México, Grijalbo, 1990.

sexual", remarca Montiel Torres. En relación con el robo de la novia, éste se puede dar de manera concertada, pero, en caso de que ella se resista y ya hablando en específico de la actividad del padrote, éste puede elegir el rapto y la posterior violación para tapiar ese vínculo, pues se sabe que, según los usos y costumbres de muchas comunidades, "una mujer que ha sido robada y poseída sexualmente por un varón queda bajo custodia del mismo". En este contexto, esa crueldad resulta menos denigrante para la mujer, que teme más al hecho de ser "devuelta" a su lugar de origen en esa nueva condición, pues ahora ya se la juzga socialmente como "echada a perder". Por supuesto que aquí nadie hace conciencia de las graves violaciones a la ley mencionadas más atrás, a las que se antepone el mito de los usos y costumbres en las comunidades originarias.

La ilegal y opresiva "tradición" es aceptada por las mujeres, pese a que esa cesión sólo fortalece el machismo, la impunidad y "los pactos patriarcales establecidos que no cuestionan la violencia con la que son tratadas las mujeres", como destaca el antropólogo de la Universidad de Tlaxcala. Así que, luego de consumarse la violación descrita, en ocasiones el proxeneta acude con la familia de la mujer ultrajada a pedir perdón, llevando consigo una canasta a la que llaman "chiquihuite", la cual contiene comida y bebidas alcohólicas, y que se quiere hacer pasar como un acto generoso, pero que no es más que un monumental además de muy tacaño chantaje. Si la familia de ella acepta el presente (suelen hacerlo por tradición y por las condiciones de pobreza en las que viven), quiere decir que el abuso se ha sellado. Así se cumple el primer escalón que culminará con la explotación sexual, en caso de que el "nuevo marido" sea un delincuente dedicado a esa actividad. Eso ocurre sólo en los casos donde los tramposos deciden darle un brochazo de diplomacia a la treta; existen historias en las que ni siquiera se molestan en ofrecer nada a las familias y los padrotes raptan sin miramientos a sus víctimas.

Hablando de la poliginia (costumbre que se da en casi todos los niveles económicos y que no necesariamente está ligada a los usos y costumbres de las comunidades indígenas o a la pobreza), pese a no ser social, religiosa o legalmente aceptada, se repite también con frecuencia en las regiones donde se forman los padrotes. Es natural que ellos se casen con alguna mujer de la región, a la que pueden prostituir o no, pero la cual deberá aceptar que su marido cortejará y tendrá relaciones con las mujeres a las que explotará en su "trabajo". Un ejemplo de ese tipo de relación es Maribel López Munguía, esposa de Benito López Pérez, el proxeneta con que inicia el capítulo 5 de este trabajo y que fue sentenciado en Brooklyn. Previo a la audiencia donde su marido conoció el castigo, Maribel envió una carta a la jueza asignada al caso aceptando, sumisa, los términos de esa injusta relación: "Conozco a Benito López Pérez porque es mi esposo. Él siempre se preocupaba por mis hijos y por mí, siempre contábamos con su apoyo, se preocupaba por la salud de sus hijos y su educación",[3] escribió de su puño y letra, concediendo que, mientras él se hiciera responsable económicamente de sus hijos, a ella le importaba muy poco que se dedicara a explotar a otras mujeres, con todo lo que eso implica.

Ese tipo de práctica, "ampliamente difundida en el área mesoamericana", remata Óscar Montiel, es la excusa perfecta para perpetuar la violencia ejercida por quienes se dedican a la trata de personas, que presumen sus costumbres ancestrales aceptadas en algunas regiones y que, al ser pilares del obsoleto orden patriarcal descrito, les sirven de protección. Y con esa "protección" pueden despojarse del pudor, empatía o arrepentimiento que debieran sentir por dedicarse a la criminal actividad.

* * *

En el México de los prejuicios se suele decir que los regiomontanos son ambiciosos pero avaros; los veracruzanos, albureros y desordenados; los sinaloenses, narcos; los yucatecos, inocentes y tragones; y los de Chihuahua, francos y de hablar golpeado. Asimismo, los chilangos

---

[3] Cartas de apoyo a Benito López Pérez, prueba de la defensa ingresadas a la corte el 30 de octubre de 2013.

son abusivos y engreídos; los poblanos —aunque también los guanajuatenses— son mochos y de doble moral; los oaxaqueños son tercos y flojos; y los de Guerrero, maleducados y mustios. En ese mismo México, entre cientos de mitos que rodean la historia del país, el que asegura que Tlaxcala y sus habitantes son un pueblo de traidores es uno de los más indelebles.

Federico Navarrete es un historiador mexicano que en lustros recientes ha ido desgajando parte del pasado de ese estado para concluir que los tlaxcaltecas no solamente no fueron traidores, sino que, por el simple hecho de que eran enemigos de los mexicas en los tiempos en que México no existía y la tierra que hoy lo forma era un crisol de pequeños reinos tratando de imponerse sobre los otros, quedaron de parte de los "ganadores" cuando la conquista española se consumó. Así que, sin convertirse en súbditos de los españoles, los tlaxcaltecas se aliaron con ellos para lograr su objetivo de destruir al enemigo. Asegura Navarrete que "en códices como el llamado Manuscrito de Texas o en gigantescas telas como el Lienzo de Tlaxcala" se podía entender cómo los gobernantes tlaxcaltecas "adoptaron la religión católica de manera voluntaria desde 1519" como parte de esa alianza y presumían "la participación y el papel militar esencial de Tlaxcala en la derrota primero de los mexicas en la toma de México-Tenochtitlan, y luego en la conquista o sometimiento de más de 50 pueblos diferentes" desde lo que ahora se conoce como Centroamérica hasta Culiacán.[4]

En otros textos, Navarrete ha sostenido que Tlaxcala mantuvo su poder, autonomía e independencia por 300 años después de la conquista, además de que durante todo el régimen colonial fue reconocida como una ciudad independiente con su propio gobierno, y no como un pueblo sometido o vencido por nadie. El historiador aclara que Tlaxcala perdió todo esto con la consumación de la independencia de México,

---

[4] Federico Navarrete, "La memoria tlaxcalteca de la conquista", Noticonquista, Instituto de Investigaciones Históricas-UNAM. Disponible en http://www.noticonquista. unam.mx/amoxtli/2619/2616/.

cuando la integración de ese estado al ente nacional, dada su cercanía con el centro, fue inevitable.

Así que, a finales de los años sesenta del siglo XIX, la población de Tlaxcala ya estaba resignada a ese porvenir y a los intentos de instalar una pretendida modernidad por parte del gobierno central. Incluso los gobernantes tlaxcaltecas consintieron la instalación del primer tren interurbano del país, que los unía con Puebla, y el cual después se extendió hasta Veracruz, lo que detonó el crecimiento de las industrias manufacturera y textilera, entre otras actividades que brotaban adyacentes a las vías, y que incluso alcanzaba para enviar productos hechos en Tlaxcala a Estados Unidos.

El inicio del siglo XX halló a la que quizás sea la Tlaxcala más próspera de la historia, pues al hecho de la creciente industrialización se sumó el auge de las haciendas pulqueras y una floreciente agricultura, poderoso tridente que, como nunca, ofreció miles de empleos a los habitantes al sur del estado.

Sin embargo, la decadencia de ese efímero estado de bienestar se gestó con la Revolución mexicana que, entre otras cosas, sirvió para fortalecer el papel de la Ciudad de México como el corazón político, industrial y financiero del país, lo que estancó el otrora exitoso corredor Puebla-Veracruz, el cual incluía extensas zonas industriales tlaxcaltecas, cuya clase empresarial claudicó ante la modernidad y el empeño desafiante de los capitalinos. Esas primeras décadas del siglo XX fueron también las del nacimiento de los tlaxcaltecas como proveedores de mano de obra barata.[5] Y como tal, los éxodos de tlaxcaltecas al centro y norte del país ya no se detendrían.

Su primer destino de viaje era el Distrito Federal, donde se empleaban en algún corredor industrial. Muchos, no obstante, eligieron seguirse hasta al norte para cruzar la frontera y probar suerte en los Estados Unidos, como ya lo hacían, por cierto, miles de poblanos que por alguna extraña razón eligieron Nueva York para formar la diáspora más numerosa de migrantes de Puebla en los Estados Unidos.

---

[5] Montiel Torres, *op. cit.*

A la gente que se quedó en Tlaxcala, tras la creciente crisis provocada por la caída de la industria textil, le quedaron pocas opciones fuera del trabajo en el campo y de la producción de pulque que se asumió como bebida distintiva de la zona. Recuerda el arqueólogo Óscar Montiel que "entre 1965 y 1970 en Tlaxcala cerraron 11 pequeñas y medianas industrias", y en ese mismo periodo "se clausuraron definitivamente cinco de las grandes empresas establecidas a fines del siglo XIX que venían operando con maquinaria antigua" con la consecuente pérdida de competitividad y empleos.

Ante la necesidad de tener que viajar a la capital del país para emplearse en alguno de los corredores industriales, muchos obreros tlaxcaltecas optaron por conservar su residencia en ese estado y viajaban sólo a la capital de lunes a viernes; entre varios rentaban pequeños departamentos para simplemente llegar a dormir y tener dónde guardar sus cosas. Luego volvían los fines de semana a Tlaxcala y el lunes muy temprano o desde el domingo por la noche regresaban a sus puestos de trabajo. Algunos lo hacían en compañía de sus mujeres, las cuales se encargaban de cocinar o limpiar las viviendas, aunque pronto ellas también comenzaron a emplearse en el servicio doméstico, como meseras en restaurantes o incluso como obreras.

Es en este trajín donde nace la primera hipótesis del origen del padrote tlaxcalteca, pues, sumado al hecho de mirar una oportunidad en la explotación sexual de sus propias mujeres, muchos de ellos conocieron y se inspiraron en la vida nocturna capitalina con su amplia oferta cabaretera de salones de baile interminables, tugurios donde se practicaba "la ficha" (compañía y baile) e incluso casas de cita con sus servicios sexuales de diversas categorías.

En caso de ser cierta esta hipótesis, ¿qué pudieron hallar los tlaxcaltecas en la capital del país que usaron de pretexto e inspiración para establecer un modelo propio?

Desde mediados del siglo XIX en la Ciudad de México se gestaba una dinámica de vida nocturna bajo el influjo de dos corrientes: la bohemia francesa, por un lado, y años después se integró una copia de lo que en Estados Unidos se conocía como *hostess*, empleadas en *beer gardens* o bares para entretener a los clientes bebiendo, charlando o bailando con ellos. Ese prototipo se adoptó en México y devino en lo que finalmente se conoció como "ficheras" o "cabareteras", que dieron brincos por la cultura popular llenando con sus historias el cine mexicano, desde la época de oro (entre los años cuarenta y cincuenta) hasta su declive que desembocó en el propio género "de ficheras".

Por otro lado, los bohemios franceses que influyeron en México "buscaban la libertad en las costumbres sexuales, mientras desdeñaban bienes y propiedades para ostentar a cambio posturas extremas contra toda norma". Dicha pretensión convertida en diversión nocturna "representaba un subsuelo ambivalente de vitalidad y peligro, rondado por enfermedades, locura, suicidio y muerte", según ilustra el gran Sergio González Rodríguez.[6]

En su monumental ensayo sobre la vida nocturna, donde "el antro es el arquitecto de la prostitución", y los cafés, un centro de operaciones de mafias culturales, Gonzáles Rodríguez devela las motivaciones de quienes alimentaron aquel naciente sector de la economía: "Las ilusiones perdidas, los sueños etílicos, los desvaríos modernos, la estética nocturna del modernismo y sus adaptaciones decadentistas de Europa a México", regiones que quedaron marcadas en su estilo y actitud "de la existencia marginal de individuos rebeldes o incapaces de ubicarse bajo una identidad social fija: consistía en un flujo de conductas que desafiaba límites convencionales y atraía a jóvenes, artistas, excéntricos, visionarios, extremistas, políticos, desclasados y pobres…".

Ese submundo, que era un imán para muchas tribus urbanas, que escandalizaba a las clases que se concebían cultas e ilustradas o que preocupaba y excitaba por igual a las autoridades, quedó perfectamente plasmado en *Santa*, novela de Federico Gamboa cuya historia pasó al celuloide bajo la dirección de Antonio Moreno y se convirtió en un cliché que se repetiría hasta la saciedad en las siguientes décadas. Según el crítico de cine Jorge Ayala Blanco, *Santa* marcaría la cinematografía nacional, que "desde entonces no ha logrado librarse de la tutela de ese

---

[6] Sergio González Rodríguez, *Los bajos fondos*, México, Cal y Arena, 1989.

personaje que divide al mundo femenino en dos: matronas burguesas y prostitutas".

Santa, por cierto, relata la vida de una mujer abusada por un oficial del ejército, que luego cae en manos de un tratante como los que andan merodeando por pueblos y plazas en busca de mujeres vulnerables, así como lo harían los padrotes tlaxcaltecas décadas después.

Desde la segunda década del siglo XX se habría desarrollado en la capital del país la figura del padrote. En sus inicios igualmente desarrolló aptitudes de matón, al que la nota roja llamaba "pistolero" y cuyo negocio predilecto era prostituir mujeres. "No fue sino hasta la década de 1930 cuando la prensa comenzó a denunciar en tonos dramáticos la doble esclavitud de la adicción y la violencia que se ejercía contra las mujeres que trabajaban en la noche", asienta el historiador Pablo Picatto, quien describe cómo "el cinturita o padrote actuaba como protector, amante, proveedor y tirano".[7]

Y acusa Picatto un rasgo muy particular de estos padrotes-pistoleros: su presunción de estar por encima de la ley, debido a la "lealtad (que mostraban) a sus jefes (funcionarios públicos, caciques, terratenientes)", lo cual les garantizaba "protección ante la ley", por lo que denunciarlos resultaba no solamente ocioso, sino hasta peligroso.

En esta trama nocturna donde el hampa mueve los hilos de una escenografía más bien dantesca, si bien los pistoleros gustaban de explotar mujeres, no era su única actividad, así que de manera alternativa actuaban como "rateros profesionales y traficantes de drogas", según el mismo historiador.

El personaje de proxeneta comenzó a ser nombrado "cinturita" y a destacar por su vestimenta: saco de hombros altos, pantalón holgado bien ceñido a la cintura (de ahí su apelativo) y llamativos zapatos bicolores, calca también de los que usaban los *pimps* estadounidenses.

La también historiadora Gabriela Pulido Llano traza una mejor imagen de los "cinturitas", "pachucos", "tarzanes" o "ricarditos" como

---

[7] Susana Sosenski y Gabriela Pulido (coords.), *Hampones, pelados y pecatrices: sujetos peligrosos en la Ciudad de México (1940-1060)*, México, Fondo de Cultura Económica, 2019.

sujetos que, "por lo menos en la nota roja, siempre estuvieron asociados a la maldad humana" acumulando rasgos que los convirtieron en estereotipo. Pulido recupera en su investigación una descripción hecha por el reportero policiaco L. F. Bustamante el 11 de junio de 1945 en el *Magazine de Policía* que se editaba en la Ciudad de México: "A este parásito social se le observa de pie a la entrada de estas casas de vicio, fiscalizando los actos de la mujer o mujeres que los mantienen. Celosos por el dinero que les dan, arman camorra a los clientes por quítame de allí esas pajas y explotan a la mujer arrebatándole cuanto dinero pueden. Las riñas que en cabarets y cabaretuchos se suceden a diario, sin interrupción, puede afirmarse que de cada diez cuando menos nueve son provocadas por los apaches".[8]

En ese mismo trabajo, el también reportero de nota roja del *Magazine de Policía*, Sergio Enrique Fernández, detalla que los "cinturitas" o "pachucos" tuvieron "en su entorno doméstico un primer núcleo de acción, al dedicarse a la explotación sexual de mujeres a través del lenocinio", y luego Gabriela Pulido completa la idea documentando algunos casos aparecidos en secciones de nota roja donde se "describieron las golpizas u homicidios perpetrados en contra de mujeres por no haber obtenido las ganancias esperadas por su explotador".

En este que es también un espléndido trabajo hemerográfico, Pulido Llano extrae la crónica "¡Cabarets: prostitución a gran escala!", escrita por el mismo Enrique Fernández, y publicada en abril de 1948 en el hoy mítico *Magazine de Policía*. Ahí el escritor regresa sobre la personalidad y labor del proxeneta, y tal parece que profetizara sobre lo que algunos ciudadanos de San Miguel Tenancingo, Tlaxcala, adaptarían 30 o 40 años después. Dice el reportero:

Los "pachucos", en su mayoría jóvenes bien vestidos y de grandes atractivos personales, pasean por las calles, salas de cinematógrafo, salones de

---

[8] Gabriela Pulido Llano, *El mapa rojo del pecado: Miedo y vida nocturna en la ciudad de México 1940-1950*, México, Secretaría de Cultura/Instituto Nacional de Antropología e Historia, 2018.

baile, cabarets y plazas públicas y hasta por Chapultepec y por la Alameda Central. Conocedores del ambiente se fijan en los rostros de las jovencitas que pasean, y cuando encuentran alguna que luce el rictus de la desesperación, se acercan a ella y son solícitos "enjugadores de esas lágrimas". "Tienen su táctica". Como los "pichis" madrileños o los "apaches" parisinos, los "pachucos" nuestros son hábiles para desenvolver el ovillo de su intriga, pues jamás enseñan el juego antes de tiempo, y poco a poco se van haciendo de la confianza de su futura víctima. Le obsequian bagatelas y presumen de ser influyentes del "chinito" de la esquina y que con él conseguirán empleo para que la muchacha desvalida se consuele; ya que ella no quiere un mal camino, sino trabajar. Por mucho tiempo soportan que la ingenua muchacha trabaje en el cafetín oriental y se dedica el futuro "pachuco" a esperar pacientemente en la esquina cercana, para que la víctima en embrión le entregue parte de las *propinas* que ha recibido, y que ocultas en el delantal le lleve algunas viandas que él arroja furibundo después, como si fuera un escarnio para su *delicadeza profesional*. El día de descanso de la meserita confiada, el pachuco en ciernes la lleva a un cine de barriada y ahí al calor de un beso se lamenta de que sus zapatos ya están caducos y que con lo que ella gana en el café no será suficiente para adquirir la correspondiente refacción. Ella, que ya lo quiere, va cayendo en el garlito y le pregunta por la forma más apropiada de mejorar su situación.[9]

Recuerda la investigadora que, a pesar de que recibían a diario denuncias sobre la desaparición de jovencitas, la corrupción y los cochupos inmovilizaban a las autoridades. Ya desde entonces, los reportajes de periodistas como Sergio Enrique Fernández plasmaban las razones por las que las mujeres permanecían al lado de sus explotadores: "Al haber abandonado el núcleo familiar sin el consentimiento de los padres y engatusadas por las palabras de un hombre que las obligaba a ejercer la prostitución, se encontraban con la vergüenza y la soledad. La violencia que los explotadores ejercían contra estas mu-

---

[9] *Idem.*

jeres era de todo tipo, hasta llegar a la agresión física. Por uno y otro lado, las muchachas atraídas por los 'cinturitas' se encontraban vulnerables", una situación que se ha perpetuado hasta pasado el inicio del nuevo milenio.

A pesar de las políticas "higienistas" de tres regentes capitalinos, Javier Rojo Gómez, Fernando Casas Alemán y Ernesto Peralta Uruchurtu (1940-1966), que emprendieron una presunta censura sobre los centros de entretenimiento, la vida nocturna chilanga, con sus callejones y lupanares donde se practicaba la explotación sexual, insistimos, fueron fuente de inspiración para los primeros proxenetas que venían de otros estados como Tlaxcala a laborar al Distrito Federal y que comenzaron a explotar incluso a sus propias esposas; después les mostraron los secretos del oficio a otros que vieron no sólo la posibilidad de poder vivir de la misma forma, sino que además cumplirían su sueño de obtener ganancias que un trabajo promedio nunca les daría.

Y si bien es cierto que el mito de la Ciudad de México como capital del vicio pudo haber influido en los proxenetas tlaxcaltecas, sigue siendo absurdo que justifiquen sus acciones alegando un aprendizaje que bien pudieron obtener de un negocio lícito que no los llevara a cometer injusticias, al descrédito y a la prisión.

7. Analfabetas y violentos:
la saga de los Granados Rendón

RAÚL ROMERO GRANADOS, *CHICARCAS* O *EL NEGRO*; EFRAÍN GRANADOS CORO-
na, apodado *Chavito* o *Cepillo*; Isaac Lomelí Rivera, alias *Giro*; Juan Romero Granados, al que apodaban *Chegoya*, pero también *el Güero*; Alan
Romero Granados, *el Flaco*; Pedro Rojas Romero, Emilio Rojas Romero y Julio Sainz Flores son algunos de los 20 integrantes la organización Granados que han sido acusados en los Estados Unidos, lo que
los hace la banda más nutrida que ha enfrentado un proceso en Nueva
York. Los ocho citados fueron procesados en la Corte Federal del Distrito Sur. De su dictamen,[1] se sabe que se les acusó por asociación delictuosa de 2000 a 2016, en la cual involucraron a 14 víctimas, y por
la que se les fincaron 21 cargos. Las sentencias del octeto avanzan len-
tas pero implacables, como los 11 años que le dieron en enero de 2020
a Sainz Flores, quien, al menos hasta julio de 2026 (luego de que le to-
maran como crédito los cinco años que ya llevaba preso), vivirá en el
Centro de Detención Federal Oakdale en Luisiana.

Pero al cruzar el río que divide a Manhattan de Brooklyn, arribando al Distrito Este de Nueva York, en la primera acusación formal

---

[1] Acusación de reemplazo Estados Unidos vs. ocho miembros de la organización Granados, prueba de la fiscalía presentada en la corte el 15 de septiembre
de 2016.

contra esta pandilla presentada en esa corte y fechada el 5 de agosto de 2011, encontramos que a Jaime Granados Rendón lo extraditaron a Estados Unidos apenas en enero de 2020, tardanza que no deja de levantar sospechas, pues la prensa en México adelantó su detención desde 2012, ocho años antes de ser enviado a Estados Unidos.[2] Entre la lentitud del mismo caso en México, Jaime Granados se ha enfrentado, además, a la lentitud que generó la pandemia del covid-19 en las cortes norteamericanas, por lo que a dos años de su extradición su caso permanece sin acuerdos, mucho menos sentencia.

Por este mismo expediente permanecen aún prófugos María Beatriz Rendón Corona, Magdalena Hernández Maximiliano y José Granados Rojas. A Raúl Granados Rendón, hermano menor de Jaime y detenido en Axochiapan, Morelos, el mismo día que él, lo sentenciaron en diciembre de 2018 a ocho años; mientras que al primo Paulino Ramírez Granados lo castigaron en febrero de 2017 con 15 años en prisión.

Del compendio de pruebas en contra de Paulino, a quien también llamaban *Pato Pascual*, sorprende notar que a dos de las víctimas que le endosaron las reclutó en San Miguel Tenancingo, Tlaxcala, atropellando una de las reglas básicas de convivencia entre pobladores de la región y familias de proxenetas, la cual establece respetar siempre a las mujeres locales. Los investigadores que, con testimonio de víctimas, testigos y otros acusados armaron el reporte previo a la sentencia, señalan que de octubre de 1998 a diciembre de 2011 Paulino participó en el ilegal negocio familiar de tráfico sexual que consistía en transportar a Estados Unidos mujeres para prostituirlas y quedarse con las ganancias, todo esto mediante amenazas, coacción y violencia. Los muy aplicados abogados del Pato Pascual le consiguieron un acuerdo en el que sólo se declararía culpable del tráfico sexual de Ana María, además de aceptar responsabilidad menor en el de Ana Cristina y Ana Sofía, sumado

---

[2] "Caen líderes del grupo delictivo los Granados", *MVS Noticias*, 19 de marzo de 2012. Disponible en https://mvsnoticias.com/noticias/seguridad-y-justicia/caen-lideres-del-grupo-delictivo-los-granados-474/.

al hecho de haber cooperado en el reclutamiento de Ana Cecilia y de la misma Ana Sofía.[3]

Viajando en 2008 en el vagón proxeneta, Paulino enganchó personalmente a Ana Cecilia en Tenancingo, y a las semanas de comenzar una relación con ella le proyectó la trama de un futuro soñado en Estados Unidos, donde la abundancia le permitiría a ella comprar una casa para su familia. Pero una vez llegados a la tierra prometida, el acusado y su hermana, Lilia Ramírez Granados, la presionaron para ejercer como prostituta, primero por las buenas, pero, como ella no aceptara, entonces el sometimiento llegó a porrazos. Completada la coacción, Lilia le indicó qué hacer, cómo vestir y cuánto tiempo dedicarles a los clientes, entre otras "enseñanzas"; le entregó además la agenda de los choferes que la llevarían a los "encuentros". Entre octubre de 2008 y octubre de 2011, tiempo en el que Ana Cecilia apoyó con su trabajo el "negocio" familiar, Paulino la chantajeó con el hijo que ella tenía y el cual se había quedado en México al "cuidado" de la familia Granados.

Muy motivado por esa conquista, Paulino repitió la fórmula con Ana Sofía. Mismo año: 2008. Mismo lugar de reclutamiento: San Miguel Tenancingo. Similar chanchullo: llevarla a casa de sus padres, violarla, embarazarla y chantajearla después con "no volver a ver al bebé". Esta segunda víctima igualmente emprendió un penoso periplo a Estados Unidos bajo el espejismo de una vida mejor, sin saber que las luces de Nueva York no brillan igual en los autos de los choferes-repartidores ni mucho menos en las habitaciones donde son obligadas a entregar su cuerpo a desconocidos.

Para el nuevo emprendimiento con Ana Sofía, Paulino eligió la modalidad del *home office*, convenciéndola en México de partir al norte, y una vez que ella accedió, la amenazó desde Tenancingo con que debía trabajar "para pagar la deuda de lo que costó contrabandearla".

---

[3] Memorándum de sentencia, prueba de la defensa de Paulino Ramírez Granados presentada en la corte el 17 de febrero de 2017.

Cautiva en la trampa de nunca volver a ver al hijo, ella aceptó, y de 2009 a 2011 hizo lo que le ordenaron.[4]

El Pato Pascual aceptó en Estados Unidos la acusación de haber ayudado a Antonio Lira Robles (miembro de la misma organización, aunque con diferente dictamen) en el contrabando a ese país de Ana María, explotada por el segundo entre 2001 y 2003 en una primera etapa y entre 2008 y 2010 en la postrera. El último día de marzo de 2015 autoridades mexicanas detuvieron a Paulino y nueve meses después lo extraditaron a Nueva York. El 6 de junio de 2016 aceptó declararse culpable ante la jueza Kiyo Matsumoto, que en febrero de 2017 lo sentenció a los 15 años que clamó el defensor Raymond Colon, y no los 20 que exigía la fiscalía.

Aunque no fue la primera vez que un abogado lo hacía, Colon jugó la carta de la pobreza y falta de educación —quizás determinantes, pero no eximentes— como explicación de la faceta criminal de este tlaxcalteca. Al implorar una condena corta para Pato Pascual, Colon desmenuzó su argumento aclarando, por un lado, "el nivel extremadamente bajo de educación formal y el analfabetismo del acusado", sumando el "abandono de la escuela para trabajar en el mercado y vivir durante tres años como un pilluelo de la calle". El abogado le exigió a la jueza ignorar la acusación de que Paulino obligó a la inmolada número 3 a abortar, ya que "la declaración de impacto de la víctima no lo inculpa en ese trauma ciertamente terrible", y por último le pidió tomar en cuenta que "el papel del acusado fue menos atroz que el de Eleuterio Granados Hernández (con 22 años de sentencia) y Antonio Lira Robles (15.6 años)", y que una condena menor, en relación con las de aquéllos, evitaría una "injusta disparidad", clamor que finalmente consiguió el litigante.[5]

Paulino *Pato Pascual* Ramírez se halla preso en la prisión federal de Big Spring en el estado de Texas, de la que saldrá el 4 de agos-

---

[4] Memorándum de sentencia, prueba de la fiscalía en contra de Paulino Ramírez Granados presentada en la corte el 26 de enero de 2017.

[5] Memorándum de sentencia, prueba de la defensa de Paulino Ramírez Granados presentada en la corte el 17 de febrero de 2017.

to de 2028, semanas después de haber cumplido 50 años. El abogado Colon pidió "proporcionar al acusado la formación educativa o profesional necesaria, atención médica u otro tratamiento correccional de manera eficaz", obviando el hecho de que su defendido tuvo otra víctima escondida y que, más allá de interceder por un "analfabeta" que "tuvo un papel menor" en la trama, en realidad cubrían a uno proclive a los abusos y la violencia. Esa otra víctima era su primo y coacusado.

"Es evidente que el señor Raúl Granados ha resistido abusos constantes y generalizados de manos de otros miembros de su familia", dijo la trabajadora social Jennifer A. Winston, quien entrevistó a Raúl para evaluar su situación psíquica y emocional. "Pudo Raúl haber sido un embaucador involuntario con respecto a su participación en los cargos pendientes, pues a menudo estaba bajo amenazas coercitivas, y por lo tanto desarrolló rasgos de una personalidad dependiente que lo hizo muy susceptible a quienes usaron el maltrato físico y psicológico para controlarlo". Quienes lo maniataron eran Jaime, su hermano, y su primo Paulino, quien incluso llevó las amenazas sobre Raúl hasta el Centro de Detención Metropolitano de Brooklyn, donde ambos estuvieron detenidos antes de ser condenados y enviados a distintas prisiones.

El que el Centro de Asesoramiento Alternativo de Nasseau S&S Court Services haya encargado a la trabajadora social Winston una evaluación de la salud mental de Raúl fue gracias a una moción ingresada el martes 27 de abril de 2017 por el abogado defensor Joseph Gentile. Ésta le fue concedida una semana después por Matsumoto, quien consintió que se pagaran servicios de 200 dólares por hora y hasta un total de 2 mil 400 con dicho propósito. La idea de Gentile de evaluar a su cliente surgió durante las entrevistas que en la cárcel le hacían al lado de un traductor, en las que notaron serias deficiencias del acusado para entender no sólo conceptos legales, sino cualquier asunto que se le planteara, sin importar lo superficial de éste. Eso también llevó a la jueza a estar más atenta con Raúl, a quien interrogó el día de la audiencia donde se declaró culpable:

—¿Podría decirme qué escolaridad o educación ha tenido? —preguntó la jueza.

—Primer grado —respondió Raúl Granados.

—¿Ha tenido alguna dificultad para comunicarse con su abogado, el señor Gentile, con la asistencia de un intérprete de español?

—No.

—¿Puede leer o escribir en algún idioma, señor?

—No.

—Señor Gentile, ¿está satisfecho con la capacidad de su cliente de entenderle eficazmente sobre los cargos, sus derechos y el procedimiento?

—La respuesta a la pregunta es sí, jueza. Sin embargo, diré que requiere más esfuerzo que la situación estándar debido a la circunstancia educativa que acaba de indicar. Simplemente, los conceptos legales, en particular, en ocasiones tienen que ser explicados más de una vez con diferentes ejemplos para que comprenda. Pero creo que al final lo logramos.

En esa jornada y ante un interrogatorio al que están obligados los jueces en tales circunstancias, Raúl Granados Rendón, aunque poco comunicativo, debió expresar 61 veces "sí", 11 veces "no", además de "sí, acepto", "también", "está bien", "en Nueva York", "Raúl Granados Rendón", "en Queens", "en el Bronx", "treinta", "primer grado", y tuvo que memorizar la frase medular de su declaratoria: "Traje a Ana Cristina. Mi hermano y yo la trajimos aquí a los Estados Unidos para trabajar como prostituta".

Aunque los fiscales señalaron que "durante más de una década el acusado estuvo involucrado en el negocio familiar iniciando relaciones románticas con mujeres en México y luego trayéndolas a los Estados Unidos", y específicamente que "en 2008, después de que Ana Cristina fuera contrabandeada a Estados Unidos, el acusado la convenció de que debía trabajar como prostituta", su abogado, Gentile, aseguró que "su participación fue periférica como asistente de su hermano y primo en una asociación delictuosa en la que él no tuvo una relación significativa y directa con las víctimas". Lo que su abogado reclamó era

—al parecer— cierto, ya que ninguna mujer pudo acreditar que Raúl la obligara a cumplir el humillante ritual celebrado por los padrotes.[6]

La exploración hecha por Winston asienta que Raúl es el hijo menor de los cuatro que procrearon Porfiria y José Granados, quienes se separaron cuando él tenía cuatro años, debido a las constantes relaciones extramaritales del padre. Durante el rompimiento, don José se llevó a Samuel, uno de los hermanos, y Porfiria se llevó al hermano mayor, Jaime, y dejó a Raúl en una granja muy pobre en Puebla, donde vivía la abuela materna, Sofía Rendón, a la que Raúl considera su verdadera madre.

Dijo el acusado a la trabajadora social que vivió en una crisis económica permanente que lo llevó a grandes periodos de inanición y que desde los siete años tuvo que salir a vender hielo para ayudar a su abuela. Que más adelante trabajó como albañil, también como cargador y "vendiendo cosas en la calle". Pero al cumplir 21 años decidió viajar a Estados Unidos, donde su hermano Jaime y su primo Paulino ya se dedicaban a explotar mujeres. En ese primer periplo al norte le tocó acompañar a Ana Cristina, hecho que finalmente quedó registrado como su participación en la empresa criminal.[7] Sin embargo, Gentile destacó que dicha mujer era 10 años mayor que él y que en algún momento ella regresó a México por voluntad propia, descartando así el señalamiento de que su cliente la prostituía.

"Lo único que desea es regresar a México a cuidar a su abuela y ayudar a Beatriz [su presunta pareja] en la crianza de Jaqueline, hija de ambos", garantizó el abogado. Finalmente, la duda sembrada por el defensor y la falta de pruebas concluyentes sobre él orillaron a la jueza a decretar ocho años de prisión para Raúl. Su condena en la prisión federal de McKean, ubicada muy cerca del lago Erie al norte de Pensilvania, culmina el 21 de abril de 2023.

---

[6] Audiencia de declaración de culpabilidad de Raúl Granados Rendón, Corte del Distrito Este de Nueva York, 8 de diciembre de 2017.

[7] Jennifer A. Winston, "Evaluación de salud mental de Raúl Granados Rendón", ingresada a la corte el 6 de julio de 2018.

Por cierto, la "instructora" del clan, la hermana Lilia Ramírez Granados, cumplió 40 años de edad en 2020 y cinco de haber recobrado su libertad luego de que el 14 de enero de 2015, tras completar los 3.5 años de pena que le dictó un juez, presumiblemente fue deportada a México.

* * *

La segunda acusación contra los Granados, la de reemplazo y definitiva, apareció en la corte el 27 de febrero de 2012 y enlista a los hermanos Eleuterio y Samuel Granados Hernández, Irma y Jaime Rodríguez Yáñez, además de Lilia Ramírez Granados y Antonio Lira Robles, incluido en la anterior, pero juzgado en ésta.

Los señalados en este archivo de 22 cargos y siete víctimas fueron detenidos y sentenciados. Eleuterio fue el más castigado de toda la organización Granados, con 22 años de prisión que culminarán en enero de 2030 cuando cruce el muro de la prisión federal de Big Spring. Le siguen Samuel y Antonio con 15 y 15.6 años, respectivamente: el primero saldrá en marzo de 2024 de la prisión federal de Ray Brooks en Nueva York y el segundo también de Big Spring en julio de 2025. Y debido a que el juez consideró la suya como una participación periférica, Lilia Ramírez recibió 3.5 años; Irma recibió tres; y Jaime Rodríguez, tan sólo un año y un mes. Fueron liberados en 2015, 2014 y 2011, respectivamente.

En el caso de Eleuterio hubo un poco de confusión por parte de los fiscales que le levantaron sólo a él una acusación de dos cargos en julio de 2011, pero tres meses después lo integraron a una de reemplazo donde aparecían los cinco mencionados, salvo Lilia, y, finalmente, fue procesado bajo el último dictamen de febrero de 2012, en el que sí aparece Lilia, pero excluye a Jaime Rodríguez.

Eleuterio fue el que recibió la sentencia más severa debido a tres motivos: era demasiado violento; aceptó haber reclutado y prostituido a cuatro mujeres, a las que chantajeaba con los hijos que procrearon en común; y, por supuesto, el más rotundo fue el hecho de obligarlas a ejercer de meretrices. Escogió Puebla como base de operaciones y ahí conoció en 2001 a Inés; en 2003, a Irma; en 2005, a la niña de 15 años, Isabel; y en 2009, a Idalia, con 17 recién cumplidos. A su lado, todas ellas recorrerían un periplo que iniciaba con el enamoramiento, pasaba por la residencia temporal en la casa en Tenancingo de don José Granados y doña Elena Hernández, padres del delincuente, y culminaba en la explotación sexual en Nueva York donde las consortes atendían a un promedio de 15 clientes diarios.

En sus testimonios, todas ellas coinciden en la naturaleza violenta y abusiva de su explotador que recurría a golpes y amenazas para tenerlas cautivas. Irma, por ejemplo, fue explotada durante seis años y sólo se atrevió a escapar cuando su captor la golpeó con un cable de teléfono. Por otro lado, Eleuterio Granados recurrió con todas ella a la faena de embarazarlas para ejercer control. Cuando en 2003 Inés quedó preñada, él la envió de vuelta a México para que diera a luz y dejara en Tenancingo a la niña recién nacida. Una vez que estuvo lista, Eleuterio gestionó todo para que ella regresara a la Gran Manzana y continuó explotándola durante un año más. Con Irma tuvo también un hijo, y con Isabel, dos.

"A todos ellos trató de apoyarlos financieramente", alegó en las discusiones previas a la sentencia su abogado Keneth A. Paul, quien en mayo de 2020 murió, según una esquela publicada en el *New York Times*. Para suavizar al juez, Paul usó también el argumento de la pobreza: "Era frecuente que mi familia no se alimentara bien o que consiguiéramos alimentos de la basura", le dijo Eleuterio a Paul, agregando otro dato para justificarlo: "Mi cliente fue abusado sexualmente a la edad de seis. Pude ver el dolor y la dificultad para hablar de ese episodio cuando lo entrevisté, pues la persona que abusó de él cuando era niño era su tío, y aparentemente sucedió en más de una ocasión. Él nunca quiso hablar de la horrible experiencia ni con su propia familia", articuló Paul.[8]

---

[8] Kenneth A. Paul, memorándum de sentencia, prueba de la defensa de Eleuterio Granados Hernández.

En respuesta a eso y sabiendo de las altas posibilidades que tiene un niño maltratado de convertirse en criminal, los fiscales, sin embargo, respondieron que no es la primera vez que enfrentan argumentos así. "El acusado no ha demostrado ninguna relación entre su trauma infantil y la comisión de los crímenes extremadamente graves de los que se declaró culpable". Concedieron que "si bien la experiencia de abuso sexual del acusado en la infancia es comprensible, no es motivo relevante para una reducción de condena". Recordaron que, bajo la ley, las condiciones de la infancia de un acusado sólo son relevantes en la medida en que el abuso sufrido haya sido suficiente para afectar su condición mental y emocional, lo cual no parecía ser el caso.

Buscando una pena de 22 años, con la que coincidió el juez, los fiscales remataron diciendo que no debería "el tribunal considerar la *educación desfavorecida* o las otras circunstancias de la familia del acusado, como lo es el crecer en un entorno de pobreza", alegando que la situación de Eleuterio "no es muy distinta a la de los acusados que se involucran en actividades delictivas por necesidad financiera".[9]

Ya no sorprendió, por lo tanto, que Len Hong Kamdang, defensor de Samuel Granados Hernández, haya culpado a la pobreza, la falta de oportunidades y la poca educación como detonantes de la actividad criminal en la que se involucró su cliente. Declaró Samuel que desde los siete años que dejó la escuela para ayudar a su familia, recorrió los siguientes nueve años una serie de trabajos mal remunerados como jornalero o albañil. Y como su familia, sobre todo hermanos y hermanas pequeñas, dependía de él para subsistir, cuando Samuel cumplió 24 viajó a Estados Unidos, donde comenzó a recoger latas en basureros y parques para venderlas y obtener así algunos dólares. Seguramente no se dedicó a esa actividad mucho tiempo, ya que, pretextando "fuertes compromisos financieros", pronto ancló en la actividad criminal familiar que le permitiría ganar mucho en corto tiempo. Y entonces las cosas cambiaron, pues, hasta antes de su arresto, Samuel en-

⁹ Memorándum de sentencia, prueba de la fiscalía en contra de Eleuterio Granados Hernández presentada en la corte el 20 de febrero de 2014.

viaba a México entre mil y 4 mil dólares cada mes "para ayudar a sus padres, con quienes era muy cercano", pero también transfería recursos a sus tres hijos en México y a la madre de su esposa que prostituía en Nueva York.

La fiscal Loretta E. Lynch se la pasó desmintiendo la romántica historia que quiso contar la defensa, diciendo que el señor había participado "en una asociación delictuosa de tráfico sexual desde octubre de 2000 hasta abril de 2011 en la que aceptó ser culpable de haber traficado a Ana Paola, Ana Laura y Ana Teresa". A la primera, por ejemplo, la conoció en los salones de baile de la Ciudad de México y, después de prometerle amor eterno, la encarriló a la ruta Tenancingo-embarazo-prostitución, que Ana Paola inicialmente se negó a recorrer, pero a la que sucumbió frente el conocido recurso de las amenazas y agresiones.

Empero, los defensores suelen ver con otros ojos a sus defendidos: "El señor Samuel Granados sentía una gran responsabilidad financiera por los miembros de la familia que dependían de él para poder sobrevivir", argumentó Kamdang, mostrando nula empatía por las víctimas y recurriendo a una línea argumentativa lastimera. El equipo retador mencionó que "las esperanzas de Samuel y su familia estaban puestas en sus hermanos menores como Jacinta, quien tiene 19 (2013) y ha estado acudiendo a la universidad". Recalcaron que ella pagaba sus deudas gracias a Samuel y que su arresto le ha impedido ayudarla, por lo que debió suspender la escuela. Amenazaron también que, si bien el hermano pequeño, Jorge, fue capaz de permanecer en la primaria, la familia le había estado insistiendo en que dejara de estudiar y mejor se pusiera a trabajar.

"La abyecta pobreza que Samuel Granados debió soportar en su infancia explica parcialmente cómo es que un hombre de familia amoroso pudo involucrarse en tan atroz actividad en contra de esas mujeres", dibujó el abogado, y abonó señalando que muchos acusados que fueron pobres suelen cometer "los más atroces crímenes, todo con tal de ayudar a su familia". "Y es cuando uno podría preguntarse cómo es que el camino de la pobreza lidera la marcha hacia oscuros y siniestros crímenes", filosofó el defensor. La fiscalía, buscando equilibrar el conmovedor relato, le aclaró a la jueza Matsumoto que "ninguna de las circunstancias de la familia del acusado, que incluyen haber crecido en circunstancias económicas precarias", justificaba su delito. Además, le recordó a la corte que Ana Laura, una de las que Samuel integró a la trata, se embarazó justo una semana después de haber comenzado a ejercer la prostitución, lo que provocó que el "amoroso padre de familia" se pusiera violento e incluso intentara ahogarla y golpearla para obligarla a abortar. Ana Laura contó ésa y otras historias de terror en los interrogatorios que siguieron a su arresto por parte de agentes de la Oficina de Investigaciones de Seguridad Nacional el 19 de abril de 2011 en Union City, Nueva Jersey, cuando se hallaba junto a Samuel y otros integrantes de la organización, también detenidos durante esa jornada.

Pese a las pruebas, el defensor Kamdang mostró en su relato cómo Samuel se formó en Tenancingo, sitio donde el proxenetismo es cotidiano y en el que cuatro de cada cinco adolescentes aspiran a dedicarse al tráfico humano por sobre cualquier otra profesión. Para reforzar su razonamiento, presentó a la jueza dos reportajes: "La villa de los niños padrotes", publicado por el diario español *El País* el 30 de junio de 2013, y "Tenancingo, el viaje a la capital de la esclavitud sexual en México", de *BBC News*, fechado el 22 de mayo de 2012. De éstos el abogado cita frases como "los traficantes ganan dinero y ayudan financieramente a la comunidad" o "traficar se ha convertido en una aspiración para la gente joven, incluso para los niños de la región".

Kamdang expuso[10] que hay parejas en la región que se dedican unos años al trabajo sexual y luego adquieren un pedazo de tierra para retirarse del crimen el resto de sus días. "Los hijos de esa familia crecerán en la clase media y serán abogados, médicos o comerciantes", sugirió el litigante sobre el futuro de los hijos de Samuel y otros proxenetas sin aclarar de qué fuentes obtuvo sus conclusiones. Luego continuó: "En Tenancingo hay dos clases sociales: la de aquellos que han alcan-

---

[10] Memorándum de sentencia, prueba de la defensa de Samuel Granados Hernández, presentada en la corte el 4 de septiembre de 2013.

zado la clase media a través del crimen y quienes siguen siendo pobres y son explotados por los mismos criminales". Relató que justamente en ese ambiente fue donde se desarrolló Samuel, quien "aprendió la indignante conducta en la que se enganchó y por la cual está siendo procesado, que es producto de la socialización cauterizada por una abyecta pobreza". Luego pasó a una asombrosa confesión: "Samuel inicialmente quedó sorprendido al saber las significativas penas que enfrentaría por este caso". Acepta que, aunque sabía que el tráfico de personas era ilegal, "inicialmente no comprendió la seriedad de su conducta y en el año y medio que ha estado en custodia ha venido entendiendo sus acciones de manera diferente".

Otra de las cosas que se le han ido aclarando a este acusado, y que increíblemente estaba fuera de su razonamiento, es cómo "un amor genuino por las mujeres de su familia es incompatible con sus maltratos a las víctimas, así que por vez primera el señor Samuel Granados pudo ver la vida más allá del distorsionado lente de Tenancingo". Y por supuesto, ante la jueza que lo iba a sentenciar, dijo sentir una profunda pena y genuino remordimiento, pues finalmente "cree que no sólo ha cometido crímenes, sino también serias ofensas contra Dios".

Vemos aquí otra vez cómo un abogado le pidió a un juez que tomara en cuenta el pasado de un delincuente, "para emitir una sentencia que pueda ser suficiente, pero no más severa de lo necesario". Llegando al punto de emitir un remate digno de texto literario: "Él no es un monstruo. No creció en un vacío moral, sino en un ambiente desolado, trágico e inimaginablemente distorsionado. Pedimos a la corte considerar su pasado como circunstancias de mitigación que ayuden a explicar cómo este amoroso hombre de familia pudo cometer terribles actos en contra de esas mujeres", antes de rematar con su petición de 15 años de cárcel, suficientes para alcanzar las metas de aprendizaje y redención. Al final, el deseo de la defensa le fue cumplido, pues tres lustros fue el tiempo al que la jueza sentenció a Samuel, quien dejará la prisión federal de Ray Brook en Nueva York el 6 de marzo de 2024.

Vimos líneas arriba que Paulino *Pato Pascual* Granados aceptó haber ayudado a Antonio Lira Robles para que Ana María llegara a

Estados Unidos y fuera explotada en los lapsos de 2001 a 2003 y de 2008 a 2010. La otra víctima de Antonio fue Ana Lorena, a la que explotó de 2008 a 2011 hasta que el 5 de octubre de ese último año fue detenido por autoridades mexicanas como parte de una investigación en curso en Nueva York y una solicitud de extradición que se cumplió ocho meses después.

Contó Lira Robles que en el tiempo que pasó detenido en México los policías de la prisión lo torturaban para que diera información sobre otros de sus socios. "Lo recostaban en una silla, colocaban un trapo húmedo y agua sobre la boca y nariz y luego lo golpeaban en el estómago para que expulsara el agua que había tragado", dijo el defensor, a quien su cliente confesó: "Agradezco que en Nueva York no sean así".

Con su detención en México acabó la decena dorada de Antonio Lira Robles que siguió a una vida miserable y llena de carencias. Su madre lo abandonó siendo un niño, y a los seis, su padre, oficial de policía, murió de alcoholismo. Entonces se quedó a cargo de un tío que vivía en Tenancingo y quien lo trataba como un bastardo al que explotaba obligándolo a cuidar a los pocos animales que tenía. Era muy común que fuera golpeado, incluso con un látigo, o castigado dejándolo sin comer. Otra penitencia aún mayor fue que sus tíos nunca se preocuparon por llevarlo a la escuela, así que creció sin amigos ni afectos, mucho menos navidades, vacaciones o festejos.

Por lo tanto, al cumplir los 29 en 1996, Antonio dejó la granja y se fue a vivir al pueblo, donde lo primero que notó fue que el tráfico sexual no sólo estaba permitido, sino que quienes se dedicaban a eso ostentaban una creciente extravagancia y riqueza. Antonio ya se había relacionado con Ana María y tenían un hijo, pero seguían siendo muy pobres. Así que se animó a aprender el oficio de proxeneta, pues, como le dijo a su abogado Richard H. Rosenberg, "quería ser alguien".[11]

Rosenberg le dijo a la jueza, antes de que sentenciara a Antonio a 15 años y seis meses, que su defendido no tenía amigos ni familia y

---

[11] Memorándum de sentencia, prueba de la defensa de Antonio Lira Robles presentada en la corte el 8 de mayo de 2014.

que eso lo había llevado a la religión y a trazarse metas modestas como "completar su sentencia y, algún día, como un hombre libre, ser capaz de reunirse con sus hijos, especialmente sus hijas (tuvo otras dos con Ana Lorena), y conducirse por una vida recta alejada del crimen".

La fiscal Loretta Lynch le recordó a Matsumoto que Lira Robles, quien sólo es conocido y discípulo, no familiar, de los Granados, se declaró culpable en diciembre de 2013 de ser parte de una asociación delictuosa de tráfico sexual desde octubre de 2000 hasta abril de 2011. En algún punto las versiones de fiscalía y la defensa chocan, ya que mientras el gobierno asegura que "en 1999 Antonio Lira Robles reclutó a Ana María en Tenancingo y, poco después de iniciar una relación con ella, la mudó a casa de sus padres", el litigante Rosenberg y el reporte previo a la sentencia aclaran que Antonio ni siquiera tenía familia, como se desprende de la narración de las penurias que este acusado presumiblemente enfrentó.

También suena al menos sospechoso que Ana María haya sido obligada a trabajar en la prostitución en Queens, primero entre 2001 y 2003, y que tras regresar a México cinco años después haya permitido que nuevas amenazas lanzadas por el tratante la devolvieran entre 2008 y 2010 a la misma actividad que tanto la denigraba. Pese a todo y sin chistar, Antonio aceptó los cargos del dictamen, y tras su condena, que culmina en julio de 2025, será extraditado a México a cumplir un periodo de libertad condicional.

El último acusado de esta organización, Ángel Cortez Granados, mereció una acusación para él solo. Era el menor de una familia en la que el papá, los hermanos mayores, incluso la madre, tuvieron alguna participación en la empresa criminal. "Mi socio David Stern y yo viajamos a Tenancingo con la intención de visitar a la madre del acusado y otros miembros de la familia", escribió el abogado Robert Soloway a la jueza Sandra Townes. Pero, a pesar de que previo a su viaje a México el equipo defensor contactó a la madre de Ángel, y ella estuvo de acuerdo en recibirlos, "al arribar ya no la pudimos encontrar, pues dejó de contestar nuestras llamadas y tampoco respondió cuando tocamos la puerta de su casa en Tenancingo", lamentó Soloway. Nunca entendió cómo, pese a que ellos trataban de ayudar a su familiar, quien enfrentaba cargos criminales en Nueva York, "ningún miembro de la familia estuvo dispuesto a reunirse y hablar" con ellos. Por lo mismo, tampoco hubo cartas de apoyos de conocidos de este acusado, como las que suelen enviarse al juez buscando disminuir condenas.

Stern y Soloway se enterarían después que en la declaración jurada del agente especial Erin Hernández, ingresada a la corte el 29 de junio de 2011, en apoyo a una orden para obtener localizaciones de celulares, se identificó a la madre de Ángel como sospechosa de participar en la empresa criminal. "Ésta es la vida donde el acusado creció", se lamentó la defensa. Una donde su padre, madre y hermanos mayores participaban o al menos consentían la trata de personas con fines de explotación sexual. Citaron los defensores a la abogada de la organización Santuario para las Familias, Lori Cohen, quien dijo al *Daily News* de Nueva York que en Tenancingo el tráfico de mujeres es "multigeneracional, pues hay familias en las que el abuelo, el padre y los hijos se pasan los trucos del oficio del tráfico sexual".[12]

Así que, con tan singular escuela, Ángel Cortez inició su faceta como explotador a los 19 cuando en marzo de 2006 conoció a Ana Claudia, madre de tres pequeños con los que llegó a vivir a la casa materna de Ángel, en lo que calculó sería una nueva vida. Sin embargo, la luna de miel duró si acaso un par de meses, pues en mayo Ángel convenció a la mujer de viajar a los Estados Unidos a probar suerte y ganar dólares. Cuando lograron cruzar ilegalmente para instalarse en el Bronx, Nueva York, a los pocos días él le explicó lo que ella debía hacer en el negocio que venían a emprender, oferta que inicialmente ella odió, pero que terminó aceptando ante la amenaza de nuca más volver a ver a sus hijos. Sobre todo, terminó por convencerla el cuchillo de tamaño medio que Ángel blandió una vez en su cuello. Ejerciendo la profesión, Ana Claudia recorrió buena parte de Nueva York, Massa-

---

[12] Memorándum de sentencia, prueba de la defensa de Ángel Cortez Granados, ingresada a la corte el 4 de septiembre de 2013.

chusetts, Maryland, Virginia y Carolina del Norte, y la promesa de ganar dólares se cumplió, aunque casi todos fueran administrados por él.

En algún momento su indignación llegó a tal punto que Ana Claudia entendió lo que debía hacer. Así que, tras asegurarse de que alguien en México pusiera a salvo a sus hijos, escapó del control de Ángel, dos años menor que ella, y puso así fin a cinco años de explotación sexual. Para ese momento Cortez Granados padroteaba también a Ana Carola, a la que conoció en 2008 en el estado de Puebla y a la que llevó a vivir a casa de sus padres. En abril de 2010 esta segunda mujer fue contrabandeada de manera ilegal a los Estados Unidos para explotarla inicialmente en Carolina del Norte.

La nueva aventura le duró poco al explotador, pues el 20 de septiembre de 2011 agentes de la Oficina de Investigaciones de Seguridad Nacional lo arrestaron en el Bronx, Nueva York, y a las pocas semanas de estar detenido en el Centro de Detención Metropolitano de Brooklyn, Ángel aún tuvo los arrestos para llamar a Ana Carola y pedirle que no cooperara con la policía porque, si ella aceptaba testificar en su contra, estaba "hundido". Ella no le hizo caso y su colaboración ayudó a la sentencia que llevó a este proxeneta a la prisión texana de Giles W. Dalby, la cual abandonará los primeros días de 2024.

Las llamadas desde la prisión, interceptadas por los investigadores, provocaron que las pautas de la sentencia aumentaran por el intento de "obstruir la justicia" al amenazar a un testigo. Pero, finalmente, el mismo gobierno se vio generoso, pues para ellos fue igualmente relevante que el acusado haya aceptado sin renegar su responsabilidad en la empresa criminal.

Los defensores de Ángel, por supuesto, también estuvieron de acuerdo.

8. Escuela de padrotes

UN REVOLTIJO DE EMOCIONES QUE VAN DEL PÁNICO A LA ILUSIÓN ACOMPA-ÑA al padrote de Tlaxcala la primera vez que sale "a trabajar". Es posible que en sus inicios conduzca un auto prestado o que incluso recurra al transporte público para trasladarse a estados vecinos como Puebla, Oaxaca, Estado de México, Veracruz o incluso la Ciudad de México, a donde irá de cacería con los sentidos en estado de alerta y una misión bien clara.

Meses o años después, cuando ya los recursos han comenzado a fluir, este personaje adquirirá un auto cutre y jactancioso, ganará en experiencia o ambición y apostará por territorios más remotos como Jalisco, San Luis Potosí e incluso Chihuahua, donde aumentará la complejidad de su encomienda, aunque, de alcanzar sus metas, también subirán las utilidades debido a los perfiles de víctimas más refinados.

"Un día estaba parada esperando el transporte público en Tecamachalco, Puebla, donde vivía, para ir a mi casa, cuando José Osvaldo Meléndez se me acercó", relató Mariana a un jurado reunido para el juicio contra integrantes de la organización Meléndez Rojas. No obstante haber sido explotada un año dos meses, poco tiempo en comparación con el promedio, su caso es ilustrativo sobre los pasos que suelen dar los padrotes durante su aprendizaje.[1]

Los proxenetas tlaxcaltecas suelen entrenarse por periodos que van desde un trimestre hasta un año, lo que depende de la destreza del alumno, a quien suele foguear un padrino consagrado que en la mayoría de los casos es un familiar, aunque igualmente puede ser un amigo o compadre.

La lección más firme, obligada también en muchos otros empleos, es la asimilación del concepto "saber moverse", saber hacer las cosas, que visto desde el proxenetismo adquiere ciertas particularidades. "¿Te andas moviendo?" es la gran pregunta que se hacen entre ellos para saber si el otro ya consiguió mujer, si halló dónde prostituirla, si ya comenzó a recibir ganancias o si la dejó colocada en alguna ciudad para ir a la búsqueda de una nueva con la cual iniciar otro ciclo, según le contaron destacados proxenetas al antropólogo Óscar Montiel Torres, investigador de la Universidad Autónoma de Tlaxcala, quien lo consignó en su afamada tesis.[2]

En todas las acusaciones de proxenetas en Estados Unidos existe al menos un cargo de tráfico sexual que equivale al concepto "saber moverse": "El acusado, junto con otros, reclutaron, atrajeron, albergaron, transportaron, proporcionaron, obtuvieron y mantuvieron por cualquier medio a una persona, cuya identidad es conocida por el gran jurado, afectando el comercio interestatal y extranjero, usando medios como la fuerza, amenazas de fuerza, fraude y coacción, o una combinación de dichos medios, para hacer que una víctima participara en uno o más actos sexuales comerciales".

"Para que se cumpla esta clase de delito se deben conjugar varios factores", nos aclara la licenciada en Criminología Dafne García, también ensayista con perspectiva de género. Siendo que las víctimas

---

[1] Testimonio de Mariana en audiencia pública durante el juicio en contra de miembros de la organización Meléndez Rojas, Corte Federal del Distrito Este de Nueva York, miércoles 4 de marzo de 2020.

[2] Óscar Montiel Torres, *Trata de personas: padrotes, iniciación y 'modus operandi'*, tesis de maestría, CIESAS, 2007.

mujeres son mayoría en casos que involucran a explotadores, entonces estamos hablando de "una expresión de violencia de género alimentada por el tradicional patriarcado en ambientes donde el machismo objetiviza y cosifica a la mujer", compacta la licenciada García al definir los cimientos de la explotación. "Lo que sucede en muchas de estas comunidades es que el binomio de corrupción e impunidad" permite que arraigue "la normalización de la violencia y desaparezca la noción de que las mujeres son víctimas de trata, un hecho que inhibe, entre otras cosas, las denuncias". García aclara que esa autocensura se diagnostica como el síndrome de indefensión aprendida, "que es cuando, después de tanta violencia vivida, se vuelve complicado que ellas lo hagan consciente y luego vayan a delatar a su explotador, pues consideran que la vejación a que fueron sometidas es algo normal", lamenta.

Animados por esa normalización y la impunidad agregada, embelesados con la posibilidad de hacer negocio en una actividad ilegal cuyo trofeo, además de las ganancias, son las mismas mujeres, los proxenetas se aprovechan de los ya de por sí abusivos códigos de parentesco en comunidades de Veracruz, Guerrero, Oaxaca y Chiapas, a donde muchos van a buscar jovencitas para enamorarlas, seducirlas y, de acuerdo con la usanza local, robárselas. Ya luego regresarán mostrando un poco de arrepentimiento, ofreciendo disculpas y, de manera mañosa, buscando establecer una relación cordial con la familia de "la prometida".

El prototipo de mujer ideal para un padrote es aquella sin mucha experiencia amorosa ni sexual, con poca o nula educación, proveniente de familias disfuncionales, que se halle sedienta de alguna relación afectiva para que las (falsas) promesas amorosas lleguen a cubrir todas esas carencias e ilusiones. Ellos mismos han dicho que las víctimas más fáciles y manipulables son aquellas denominadas como "paisanitas", es decir, jóvenes que viven en un lugar distinto al de su lugar de origen, que suelen andar solas, que surgieron en entornos de pobreza extrema y, como ya vimos, con carencias que van de lo económico a lo sentimental. Buscando ese perfil los violadores trazan las rutas que los llevarán a escuelas secundarias y preparatorias públicas, a parques, plazas y jardines, a centrales camioneras, salones de baile, pueblos remotos o donde sea que se reúnan las mujeres objetivo.

—¿Por qué estabas esperando un camión en Tecamachalco? —preguntó la fiscal asistente, Erin Argo, a Mariana durante el interrogatorio citado.

—Estaba esperando el transporte, porque había salido del trabajo —respondió ella.

—¿Dónde trabajabas en ese momento? —cuestionó la interrogadora.

—En una tienda de helados llamada La Michoacana —recordó la víctima.

Dentro de la misma lección de "saber moverse", se contempla cómo hacer relaciones públicas con autoridades civiles y policiacas, que por acción u omisión se vuelvan cómplices de esa actividad. Las relaciones se extienden hacia los dueños de bares y prostíbulos, lo que permite husmear y conocer los lugares en los que aceptan menores de edad, que suelen estar más protegidas por la autoridad debido a las presiones de oenegés y gobiernos extranjeros, lo cual redunda en una alta dificultad para "colocarlas". Quienes se arriesgan a reclutar menores corren el riesgo de que les clausuren sus locales y consignen a los responsables, que suelen andar con mucha cautela en esos casos. Con todo y el riesgo que implica, los tratantes suelen apostar por las menores debido a su gran demanda, así que tendrán la obligación de conseguirle un acta de nacimiento falsa para presentarla como mayor de edad y tramitarle luego documentación como credencial de elector o pasaporte.

Aprendido este tipo de habilidades más bien técnicas, un segundo paso es comenzar a desarrollar las habilidades (in)humanas. Como debe ser muy complicado hacer brillar en esta profesión a un alumno de personalidad mustia e introvertida, desde un inicio se alecciona a los aspirantes en lineamientos básicos de seducción y convencimiento. En dicha asignación se avanzará en la medida en que se domine el discurso de explotador, la faceta de ser bien "verbo" para explotar las líneas argumentativas donde las mujeres son abrumadas de halagos y falsas promesas junto al fingido carisma, vestimenta elegante (al menos en las primeras citas) y todo tipo de lisonjas, como invitarlas a salir en espacios generalmente vetados para ellas. Es común que caigan en la trampa de un círculo de galanteo al que no están aclimatadas. Así que, poco a poco, el padrote se va transformando en el mitómano y manipulador de oscuras intenciones.

—¿Cómo dijo José Osvaldo llamarse cuando habló con usted? —continuó la fiscal.

—Primero se presentó como Mario —dijo Mariana—, y me dijo que era muy bonita, que deberíamos intercambiar números de teléfono. Y cuando lo hicimos comenzó a enviarme mensajes diciéndome cosas que me hacían sentir bien. Decía que yo era muy guapa. Que le gustaría salir conmigo. Que estaba soltero. Una vez me compró un ramo de rosas muy grande y eso me gustó —aclaró ella sobre la red que comenzaban a tenderse.

Cuando Mariana decidió iniciar el contacto con "Mario", éste contaba con la ventaja de saber hacia dónde dirigirse, y desplegaba los recursos aprendidos antes de que ella pudiera reaccionar. El padrote sabe que debe apurarse primero para convencerla de iniciar una relación sentimental y, poco tiempo después, llevarlas, por las buenas o no, a consumar una violación, primera escala hacia la prostitución. Las demoras, aparte de desperdiciar tiempo y dinero, que se podrían estar invirtiendo en otra conquista, suelen enfriar las cosas.

—Después de eso José Osvaldo me mandaba mensajes de texto a diario. Hizo todo lo posible para estar en contacto conmigo hasta que una vez me pidió que me encontrara con él en Puebla en la estación de autobuses, que se llama Cupi —continuó Mariana relatando su historia al jurado en esos días previos al inicio de la pandemia—. Ahí me dijo que me llevaría a conocer a su familia. En ese momento me dijo que vivía en Puebla y fuimos a su casa, pero yo no sabía dónde estábamos. Cuando llegamos allí, me dijo que debíamos pasar por su casa para que pudiera conocer a su madre y a su padre.

—¿Y lo hiciste? —preguntó la fiscal Argo.

—Sí —dijo secamente Mariana.

Esos 15 días de persecución continua, de mimos y promesas, son vitales para someter la voluntad de las mujeres. Un explotador destacado que "se mueve bien" y es carismático y embaucador consigue llevar a las mujeres por esa ruta, y, aunque se dan casos en que no todos desarrollan lo suficiente ese talante, cuando la situación apremia o se complica, acude al auxilio un familiar o amigo para interpretar el papel de actor secundario en una trama cuyo desenlace siempre será doblegar a la joven.

Se ha documentado, por ejemplo, cómo las madres de algunos padrotes reciben en su casa a esa "nueva relación" de su hijo y amablemente les ofrecen refugio como parte del plan para hacerlas entrar en confianza. Pero muy pronto los mismos familiares comienzan a moldearlas en esa labor de terapia, cuyo argumento central es que la oferta que les hace su "marido-explotador" es lo mejor que les puede suceder en la vida.

—¿Cómo te fue en la reunión con sus padres? —siguió interrogando la fiscal.

Y Mariana retomó la historia:

"Llegamos a su casa y primero me presentó a su papá, llamado Francisco Meléndez, que estaba en la cocina comiendo. Su padre me dijo que José Osvaldo, a quien también llamaban *el Checha*, era soltero y que era un placer para él conocerme. Estaba comiendo y me preguntó si quería un taco. Le dije que no y luego José Osvaldo dijo que debíamos ir a que me presentara a su madre, Isabel Rojas, que estaba en la sala de estar. Ella también me dijo que su hijo era soltero, que era una buena persona y que yo le gustaba mucho como su novia".

Aunque llevarla a su casa y presentarle a su familia está contemplado en el proyecto, cuando una muchacha "se pone difícil", aparecen igualmente hermanas o primeras esposas de los padrotes que les aseguran que "eso" (prostituirse) es algo normal y que ganarán mucho dinero que servirá para ayudar a las familias tanto de los padrotes como de ellas. Una vez dentro de "la familia", el sometimiento asume formas imprevistas:

"La siguiente tarde los padres de José Osvaldo nos mandaron a cortar el césped de un terreno que tenían. Nos dieron guadaña, y después de un rato de trabajar yo comencé a sangrar por la nariz, así que se burlaban de mí diciendo que había salido 'defectuosa'", se lamentaba Mariana, que no alcanzó a ver en ese momento el maltrato que se perfilaba.

Un ejemplo clásico de cuando salta a escena otro actor de reparto es la secuencia donde un padrote actúa como un exitoso empresario que igualmente prostituye a su mujer con la que aparenta llevar una vida feliz y próspera. Hay veces que el proxeneta en labor de convencimiento finge tener deudas con "el actor" y suelta a la perpleja dama cosas como "Nos estamos quedando sin recursos y además le debo dinero a aquél…", para enseguida presionarla con que la "única solución" es el ingreso de ella al negocio, "pues así me ayudas y cuando salgamos de la deuda entonces dejas de trabajar".

Sin embargo, hay ocasiones en que ni todas las artimañas funcionan, y las mujeres, al intuir que esa propuesta que las aterroriza se mira como el abuso que es, se resisten a aceptar. Eso obliga al proxeneta a jugar la carta de la estulticia, donde aparecen las primeras palizas o amenazas de que las dañarán a ellas o que matarán a sus padres, hijos, hermanos o cualquier otro miembro de su familia.

"Había ahorrado dinero para irme a Cancún con mi hermano y al siguiente sábado viajaría. Se lo dije a José Osvaldo y él me respondió que me seguiría hasta el fin de la tierra porque me amaba y quería estar conmigo. Entonces me dijo que había un baile en su pueblo y fui con él. Pero cuando llegamos no había nada de baile y sólo quería que me quedara a dormir ahí. Cuando le dije que deseaba que me llevara a mi casa me respondió: 'Vete tú sola', y entonces me quedé porque no sabía cómo regresarme y además por miedo a regresar a mi casa. Al otro día fuimos a comprar ropa, lancería y tacones, aún no sabía para qué. Se gastó mi dinero con el que viajaría a Cancún".

Todavía no llegaba lo peor para ella.

—Cuando estuve en casa de sus papás, cociné, limpié y lavé la ropa de toda la familia.

La fiscal la interrumpió:

—¿Quién te dijo que hicieras eso?

—Su familia, pues prácticamente tenía que ganarme la comida —aclaró.

—¿Y te pagaron por ese trabajo?

—No.

Los abogados de los proxenetas en Estados Unidos, en su intento de aminorar las condenas, alegan que sus defendidos han tenido una existencia muy complicada, con sus primeros años colmados de carencias y falta de oportunidades que los han llevado a trabajos arduos con sueldos miserables en los que han malgastado su vida. Irónicamente, es ahí donde su historia converge con las de sus víctimas, que, como se ha señalado, provienen de las clases más marginadas del campo o la ciudad, de hogares desintegrados, con baja o nula escolaridad y de entornos con altos índice de violencia.

Para la licenciada Dafne García, el victimizar a los acusados es una estrategia que se usa mucho en casos donde existen dictámenes por homicidio. Ahí, los litigantes "buscan que se clasifique a su defendido como no imputable por alguna cuestión psiquiátrica o mental, como que el tipo tiene esquizofrenia". Pero ella aclara que, en el caso de los proxenetas, más que por la pobreza o ignorancia, la normalización de la violencia es lo que impulsa su labor, pues "la pobreza, aunque puede ser un factor, no suele ser determinante".

Cuando se ha completado el acceso a la vida de las mujeres y se controla su destino, el padrote adquiere mandos de poder también inéditos para él. Comienza a vivir una existencia soñada en hoteles de dos o tres estrellas, donde bebe licor mientras espera a que ella "salga de trabajar", para luego despojarla de las ganancias y administrarlas. Ya de día, invertirá en casas o terrenos, usará el dinero para mantener a su familia o simplemente lo malgastará, y si acaso reinvertirá una parte en un nuevo círculo de seducción.

Hemos visto cómo los aspirantes a proxeneta suelen hacer uso de todas las artimañas para evitar que las muchachas escapen, sea por su propia voluntad o bajo las también falsas promesas de otros proxenetas que les dibujan una mejor vida a su lado. Y también existe el "riesgo" de que las chicas se vayan con alguno de los consumidores flechados por sus encantos, bajo el ofrecimiento de "sacarlas de trabajar" para ir a formar una familia juntos. Así que, mientras van fortaleciendo esa personalidad dura, sin alma y dispuesta a los abusos, ellos, para evitar enamorarse, desactivan sensaciones como la compasión, la sensiblería, incluso la razón. "Alguien con corazón de pollo no sirve para este negocio", señalan, enfáticos, quienes les enseñan las claves del oficio.[3]

"Matar el sentimiento" es como llaman a esta faceta que los obliga muchas veces a separarse de su familia, en caso de que existan esposa e hijos, o hasta desdeñar la relación con sus padres y hermanos cuando éstos no forman parte del entorno explotador. Porque, en ese espacio libre de remordimientos donde se practica el oficio, un proxeneta debe pasar largas temporadas fuera de casa transgrediendo las leyes, las morales, pero sobre todo las jurídicas, por lo que una forma de proteger a los cercanos es alejándolos de la actividad. "Matar el sentimiento" es también adquirir de manera definitiva la careta criminal, pues casi ningún ser humano puede devenir en violador de derechos humanos sin sentir remordimiento. Pero al desactivar el arrepentimiento uno se halla más cerca de alcanzar el éxito en esta actividad.

Aclara Dafne García las teorías sociológicas que indican los factores exógenos o estructuras sociales en las que se generan contextos "donde este tipo de actos es bien visto, así que se vuelve una vía de acceso a objetivos". En ese punto los proxenetas "se entrenan" para eliminar cualquier rastro de empatía, y, sumando una personalidad con un bajo control de los impulsos y cero tolerancia a la frustración, debido a la impaciencia con que se mueven, presionados por ese "contexto social citado, pues tenemos ahí un coctel para que se multipliquen estos casos violentos", remata la criminóloga.

---

[3] Montiel Torres, *op. cit.*

Una de las últimas lecciones del padrote es cuando se convierte en maestro de esa a la que explotará. "Enseñarla a trabajar" supone ilustrarlas en maniobras de cómo tratar a los clientes, cuánto cobrar por cada servicio, instruirla sobre a quién sí y a quién no atender y, en el caso de las mujeres que son trasladadas a los Estados Unidos, abrumarlas con detalles como qué decir, cómo comportarse o qué hacer en caso de que arribe la policía. El chulo les muestra cómo vestirse para esas arduas jornadas y les ayuda a explotar o incluso mejorar su físico, les susurra qué discurso aplicar con quienes las contratan, cómo poner un condón, incluso cómo comportarse en la cama para lograr clímax prematuros. Labor en la que, por cierto, también pueden interceder las hermanas, madres o segundas esposas de cada proxeneta.

En el caso particular del adiestramiento al que Meléndez sometió a Mariana, inició desde que él consideró que ella tenía unos kilos de más:

"José Osvaldo me mandaba a correr todos los días cerca de un cementerio que estaba en Tenancingo. Me dijo que tenía que quedar físicamente bien para él, pues tenía rollos de grasa. Con la ropa que me había comprado, me llevó a trabajar a la Ciudad de México a una calle donde muchas chicas caminaban dando vueltas, pero la señora que controlaba ese lugar me rechazó cuando vio que era de Tenancingo. Le pregunté a José Osvaldo lo que estaba pasando y por qué quería que trabajara allí, pero comenzó a maldecirme. Me dijo que estaba gorda, que era fea. 'Por eso nadie te quiere, ni siquiera tu familia'. Y él tenía razón, ya mi familia no me apoyaría y no tenía a nadie con quien acudir.

"Luego de que me rechazaron, al regresar a casa me golpeó en las costillas, me pateó y golpeó en la cara. Además de prohibirme comer, me maldecía todo el tiempo o se dirigía a mí con apodos. Días después me dijo que iríamos a Estados Unidos a trabajar en un mercado, pero cuando intenté cruzar lo hice con sus familiares, pues él se quedó en México. En una ocasión, otro de los muchachos que intentaban cruzar, me ayudó a cargar uno de los galones de agua que llevábamos, pero esa vez nos agarró la migra y nos regresó. Al regresar a

Tenancingo, sus familiares con los que viajé me acusaron con que tuve contacto con alguien más, así que, luego de los golpes, me tuve que arrodillar frente a su familia y pedirles disculpas por eso. Su papá me dijo que no debería volverlo a hacer, que era como un insulto", detalló Mariana sobre otros recuerdos al inicio de su pesadilla.

Finalmente, ella y su captor lograron cruzar la frontera y llegar a Queens, Nueva York, en diciembre de 2010. Después de que el proxeneta la encerró en un departamento con otras chicas y la hermana de él, Guadalupe comenzó a entrenarla sobre lo que iba a hacer, amenazándola con que no podía ir a la policía porque la detendrían, ya que era ilegal. Finalmente el Checha le recetó una frase que era como el remate a su labor de semanas: "Bienvenida a tu realidad".

"Guadalupe sacó una caja de condones y un cepillo de dientes. Me los dio y dijo que iba a trabajar de prostituta. Me dieron un teléfono para que llamara a los choferes que me llevarían a los encuentros, y me enseñaron cómo poner un condón, cómo practicar sexo oral y eligieron el mote de Nancy para identificarme. La orden era cobrar 35 dólares por 15 minutos, pero si alguien quería que me quitara la blusa, la cifra aumentaba 10 dólares más, y si alguien quería sexo anal, la tarifa era de 200 dólares. Me dijeron que debía actuar como alguien que sabía lo que estaba haciendo, pues es más fácil engañar a alguien sin experiencia", articuló Mariana.[4]

Ya sea que aleguen opresión y abandono históricos, o que asuman el tráfico de personas con fines de explotación sexual como una ineludible herencia familiar y lo defiendan como si fuera su única opción para abandonar la pobreza y el subdesarrollo, los ciudadanos tlaxcaltecas que se dedican a esa profesión no parecen entender o querer aceptar la conversión criminal que sufren mientras se entrenan para ser padrotes. La sorpresa y hasta molestia con que asumen los regaños de un juez, anteponiendo su ignorancia y vendiéndose además como víc-

---

[4] Testimonio de Mariana en audiencia pública durante el juicio en contra de miembros de la organización Meléndez Rojas, Corte Federal del Distrito Este de Nueva York, miércoles 4 de marzo de 2020.

timas, le agrega un toque de cinismo a su inexplicable e inicial superioridad moral.

Regresando al caso de la organización Granados, vimos cómo Samuel se sorprendió al saber las significativas penas que enfrentaría por el caso. Su defensor Len Hong Kamdang dijo que, pese a intuir que el tráfico de personas era ilegal, "inicialmente no comprendía la seriedad de su conducta".

Aunque asumir la actitud de no saber lo que estaba sucediendo puede sonar inverosímil, el hecho es que muchos criminales desarrollan rasgos egocéntricos y psicópatas que los llevan a desafiar las normas, a encerrarse en su narcisista burbuja de amoralidad y falta de empatía, pero también a defender su retorcida verdad como si fuera un faro que debe iluminar a todos, algo que es muy propio de los mitómanos. Subidos en ese engaño, son incapaces de juzgar sus fallas y recurren a cualquier pretexto para victimizarse y culpar a los demás, al entorno o a las injusticias de la vida que los llevaron a cometer los más abyectos crímenes. O al menos ésa es la forma en que se comportan en las cortes neoyorquinas.

Dafne García, quien ha seguido muy de cerca los casos de explotación que han tenido lugar en el estado de Puebla, México, de donde ella es originaria, relaciona muchos de estos crímenes con dos teorías criminológicas. La primera es la de las actividades rutinarias de Ferson y Clarck, la cual indica que el delito es una elección racional de las personas, en la cual se pueden conjuntar tres factores: el delincuente o agresor se halla motivado para cometer un acto delictivo, existe una víctima cercana y no hay un guardián capaz de impedir que algo suceda. "En Tlaxcala se cumple a la perfección el presagio de gente motivada a obtener ganancias, y el prestigio del que ya gozan otros padrotes que tienen casotas, dinero y mujeres, y la ausencia del guardián que muchas veces está ahí, pero no hace nada y en ocasiones hasta está coludido con las redes de tratantes".

La teoría de las subculturas criminales de Cohen es otra en la cual "el contexto social influye en los sujetos que recurren a conductas delictivas cuando desean alcanzar ciertos objetivos de una manera fácil. Si veo que hay sujetos que obtienen lo que yo deseo, pues sigo ese camino, donde sé, además, que no pasará nada", ilustra la criminóloga.

Pero tampoco es que los padrotes o sus familias se hayan olvidado por completo de los rasgos de humanidad que tenían antes de entrenarse para la encomienda, aunque sea hasta que se enfrentan a un juez cuando reaccionan y reactivan en su mente los conceptos ligados al perdón y la generosidad.

"Por favor, tenga piedad, tenga compasión. Es mi vida. Sea misericordioso", clamó en abril de 2005 Gerardo Flores Carreto al juez Frederick Block, quien minutos después lo condenó a 50 años. "Entre las muchas cosas que tengo que decir es que hay víctimas y lo siento. Lo siento mucho. Les pido perdón", dijo Daniel Pérez Alonso al mismo juez Block, quien le propinó 35 años. Y así, en todos los casos, sin excepción, los acusados piden la clemencia y justicia que ellos no otorgaron a sus víctimas durante la consumación del delito.

Porque la escuela de padrotes enseña a callar, ignorar y subestimar el dolor que puedan estar sintiendo las mujeres que son obligadas a prostituirse.

Al terminar su historia Mariana repasó su primera jornada laboral a las órdenes del Checha. "Cuando José Osvaldo me dijo que llamara a esta persona, lo hice y le dije que quería trabajar. Me preguntó quién me había recomendado y respondí que Linda. Me recogió a las cuatro de la tarde y me llevó a Riverside. Ahí me señaló una casa, y cuando entré había muchos hombres. Era como un granero. Me dijeron que pidieron mi servicio, pues la persona que me llevó les dijo que era nueva. Todos esos tipos empezaron a tocarme, eso… me disgustó y quería huir, pues no les importaba. Sólo querían sexo. Esa noche se me acabaron los condones que me había dado José Osvaldo y el cliente compró más. Estuve con aproximadamente 30 clientes.

"Cuando todo acabó me puse a llorar y uno de los clientes me preguntó qué me pasaba. No dije nada. No supe qué decir. No pude decir nada. Tenía miedo. Al regresar a la casa, José Osvaldo me pidió el dinero y dijo: 'Fue una buena primera vez para ti'. Le reclamé que me había dicho que supuestamente vendríamos a trabajar a un mercado, pero él me respondió que la gente mexicana en Estados Unidos no tiene derechos, y que si iba a la policía me iban a meter en la cárcel. No tenía familia aquí, por lo tanto, no tenía a nadie a quien acudir. Mi familia no me quería. Ésa era mi vida ahora". [5]

---

5 Testimonio de Mariana en audiencia pública durante el juicio en contra de miembros de la organización Meléndez Rojas, Corte Federal del Distrito Este de Nueva York, miércoles 4 de marzo de 2020.

9. Los Rendón Reyes
y el crimen organizado

"AL FINAL TODOS ACABARÁN EN LA CÁRCEL POR DEDICARSE A PROSTITUIR mujeres", pontificó una de las primeras tardes del siglo el padre de Saúl, José Nolasco Rendón.

Quince años después la amenaza se convirtió en profecía luego de que, entre el miércoles 18 y el jueves 19 de noviembre de 2015, en un operativo celebrado en México y Estados Unidos, fueron detenidas nueve personas acusadas en Nueva York de crimen organizado, asociación delictuosa de tráfico sexual, contrabando de extranjeros y asociación delictuosa de lavado de dinero, entre un total de 29 cargos.

Los detenidos en México, que en los siguientes meses serían extraditados a Estados Unidos, son los hermanos Jovan y Guillermina Rendón Reyes; su primo, José Rendón García; además de Félix Rojas y Severiano Martínez Rojas. En Queens, Nueva York, por su parte, agentes del Servicio de Inmigración y Control de Aduanas (ICE) aprehendieron a Saúl y Francisco Rendón Reyes, emparentados con los primeros, y a Odilón Martínez Rojas, hermano de Severiano, ambos tíos de los Rendón Reyes.[1]

---

[1] Ignacio Alzaga, "Detienen a nueve por red de trata de Tlaxcala a NY", *Milenio*, 21 de noviembre de 2015. Disponible en https://www.milenio.com/politica/detienen-a-nueve-por-red-de-trata-de-tlaxcala-a-ny.

En México, el anuncio de las detenciones lo hizo quien en ese entonces era director de la Agencia de Investigación Criminal (AIC) de la Procuraduría General de la República (PGR, hoy fiscalía), Tomás Zerón, que al momento de escribir estas líneas permanece refugiado en Israel en calidad de prófugo de la justicia mexicana, que lo acusa de tortura y manipulación de evidencia en el caso de la desaparición de los 43 estudiantes de la Normal Rural de Ayotzinapa, hecho sucedido en septiembre de 2014 en Iguala, Guerrero.

La novena detención de las anunciadas se ejecutó también en México, aunque, al no ser requerida esa persona por la justicia norteamericana, lo que —en apariencia— procedió fue abrirle un proceso en su país. Me refiero a María Ana Reyes Parada, madre de los cuatro hermanos Rendón Reyes, quien en algún momento de su vida apoyó y se benefició de las actividades delictivas de sus hijos proxenetas.

Siendo una joven madre soltera de un niño llamado Alejandro, María Ana conoció y se juntó con el señor Nolasco Rendón, que era pepenador y luego albañil, y con él procreó a otros cinco niños: los cuatro detenidos, más Zuleica, la menor, que se mantuvo alejada siempre de cualquier actividad delictiva.

Como se comprueba en las historias relatadas, siempre existen dos versiones en tensión buscando mostrar u ocultar trazos de la trama. Para conocer el desarrollo de los miembros de la organización Rendón Reyes, fue de mucha ayuda el testimonio que Saúl dio a la psicoterapeuta Simone Gordon,[2] contratada por el abogado litigante Lloyd Epstein, a quien le costaba mucho trabajo obtener de este acusado información que ayudara a su causa.

En las sesiones con la doctora, Saúl reveló haber nacido el 20 de diciembre de 1977 en San Miguel Tenancingo, Tlaxcala. Para entonces, su hermana Guillermina tenía siete años y aún faltaban por nacer Jovan, Francisco y Zuleica. Saúl dijo que vivía junto a otras 10 personas apiñonadas en una choza de madera con techos de aluminio que per-

---

[2] Simone Gordon, Investigación de la historia social de Saúl Rendón Reyes, culminada el 3 de julio de 2018 y entregada a la corte el 9 de septiembre de 2018.

tenecía a sus abuelos paternos y estaba ubicada en un barrio sin agua, electricidad ni pavimento en las calles, que se convertían en lodosas arterias en épocas de lluvias.

En los recuerdos más viejos de Saúl se aparecen su abuelo y padre, borrachos ambos, y el segundo arremetiendo a golpes contra María Ana por temas tan triviales como "no traer la comida a tiempo". Cuando creció Saúl, don José lo miró como alguien más sobre quien podía descargar su frustración. "Era la oveja negra de mi familia y recibí muchas palizas, por lo que tengo marcas del cinturón en mi cuerpo", se quejó ante Gordon. También dijo que su padre le retorcía la oreja y lo "pendejeaba todo el tiempo".

Cerca de cumplir los 15 años, Guillermina partió de la casa, y a sus nueve años, Saúl se convirtió en niñero de los tres más pequeños en las horas en que sus padres salían a trabajar. Señaló que siempre se sintió distinto, no sólo a sus hermanos, sino también a sus compañeros de escuela en los 10 meses que logró asistir y en los cuales no aprendió a leer ni escribir, ya no digamos a sumar o restar.

Tenía ocho años Saúl cuando asistió a la primaria sin lograr acabar el primer año. Sus compañeros se burlaban de él por su olor y porque por un tiempo no llevaba zapatos, situación por la que le ponían apodos y lo atormentaban (aún no existía el concepto *bullying*). Un día que jugaba en la escuela con otro, tiraron una canasta de quesadillas que alguien había traído a vender, y Saúl fue suspendido, pero su compañero no, lo cual le pareció injusto y humillante. Dice su defensa que alguien con su perfil, analfabeta y con limitaciones cognitivas, en Estados Unidos hubiera recibido trato y educación especial, pero no en México, donde, en lugar de eso, lo hicieron sentir "como estúpido".

"Yo olía mal pues seguido iba con mi familia a buscar comida al basurero", reveló Saúl a su entrevistadora. En ese tiempo, don José y María Ana ya se habían movido de la choza de los abuelos a una "casa de cartón" donde a diario enfrentaban al dilema de vender lo hallado en el basurero o comérselo. Partían a las cinco de la mañana, a ratos a pie, de pronto en burro, y en un par de horas arribaban al lugar "donde había mucha gente esperando hallar comida y chácharas que se pudieran vender".

En algún punto, el señor José halló trabajo de albañil y entonces la familia de Saúl dejó de ir el basurero. Por su parte, María Ana se inventaba labores para sobrevivir, y Guillermina, siendo una adolescente, empezó a trabajar en el servicio doméstico en el Distrito Federal, hoy Ciudad de México, a donde tenía que viajar.

Cuando Saúl cumplió los 15, se fue a Puebla a trabajar en un puesto de refrescos afuera de la estación de autobuses, y se hospedó en un pequeño espacio que le daba su empleador. Luego se fue a un pueblo que el escrito de la doctora Gordon registra como "Papaloca", pero que probablemente se trate de Papaloapan, donde una recién casada Guillermina vivía con su esposo Roberto, mecánico de profesión. Guillermina siempre cuidó a Saúl como un hijo, y lo mismo hizo su marido, quien lo integró como aprendiz en la compostura de autos. Justo en la casa de enfrente, donde realizaban sus labores, vivía Aurea Rojas, que casi de inmediato se convirtió en amor y tormento de Saúl. En los siguientes meses construyeron una relación que los llevó a vivir en Querétaro, donde un hermano de ella tenía un salón de belleza en el que ambos buscaron aprender el oficio. Saúl recuerda ese inestable intento de vida matrimonial con retornos a Tenancingo obligados por crisis económicas, o los intentos de ella por enseñarle a leer y escribir. Siguió el nacimiento de sus hijos, Ismael Alejandro en junio de 1996 y Saúl Jonatan en abril de 1998, y finalmente los primeros intentos de él en el 98 por cruzar de manera ilegal a los Estados Unidos.

Por esa época Saúl ya era consciente de que "familiares y amigos" que se dedicaban al negocio de la prostitución "tenían grandes casas y vestían bien"; "se andaban moviendo", como lo definen ellos. En Tlaxcala, el apellido Rendón ya era famoso entre traficantes (ver el capítulo 7 de este volumen), pero hasta ese punto, Saúl, pasmado por el miedo a su padre, le había huido a la actividad. Sin embargo, ese dique se quebró en 2005 al morir don José por problemas ocasionados por la diabetes.

El informe de la doctora Gordon —base de las súplicas del abogado Epstein para que condenaran con sólo 15 años a su defendido— coloca a Saúl como víctima de su analfabetismo, de las severas "limitaciones cognitivas" y de la "maldad de otros familiares", una copia fiel de lo que intentaron a su vez hacer los defensores de Raúl Granados Rendón.

En esta confesión al equipo de su defensa, Saúl detalló cómo Guillermina y Roberto lo recibieron de nueva cuenta en su casa (ahora vivían en Queens, Nueva York). El acusado dijo que entre 2000 y 2012, cada que regresaba de México, conseguía emplearse en pescaderías de Brooklyn y Chinatown, en Manhattan. Saúl concede que por el 2004 comenzó a beber mucho y a fumar marihuana, sustancias a las que culpa por el aumento de su ira, y jura que fue hasta 2012 que su tío Severiano, que manejaba un burdel en Atlanta, Georgia, lo invitó al negocio, prometiéndole que ganaría en una semana lo que le pagaban en un mes limpiando pescado, y que con ese dinero podría ahorrar para abrir su soñada peluquería en Tenancingo. Saúl se dice engañado, pues, en lugar de dejarlo a cargo o involucrarlo más en el negocio, Severiano lo empleó como uno más de los choferes que trasladan a las muchachas con los clientes. Fue en ese momento cuando llegó el primo Odilón a Atlanta y lo despidió, hecho que significó el empujón que Saúl necesitaba para buscar sus propias conquistas a las que explotar, según la versión de Gordon y Epstein y que inicia con un "Querido juez Korman: Saúl Rendón Reyes nunca quiso ser un traficante sexual".[3]

Sin embargo, la historia que cuentan los documentos, las víctimas y la evidencia presentada por los fiscales refieren a una primera detención de Saúl en 2009 luego de trasladar en auto a una mujer explotada sexualmente, lo cual confirma que desde ese año ya trabajaba para los tíos como chofer. Lo encerraron seis meses y al salir lo deportaron a México, pero retornó a Georgia en 2010. Fue arrestado de nue-

---

[3] Memorándum de sentencia de la defensa de Saúl Rendón Reyes, ingresado a la corte el 9 de agosto de 2018.

va cuenta por promover la prostitución, además de robo y otro ingreso ilegal a los Estados Unidos. Al iniciar 2011 fue deportado otra vez; no obstante, retornó a las pocas semanas para volver a ser arrestado en septiembre y luego en noviembre de 2011 por manejar sin licencia en Alabama. Una nueva expulsión en 2014 no lo intimidó para volver a cruzar como ilegal y atracar en Nueva York con Guillermina y en su viejo oficio en Chinatown. En noviembre de 2015 fue finalmente detenido en ese barrio y declarado culpable en abril de 2017.[4] "Él parece psíquicamente entumecido, cruel, insensible e incapaz de manifestar cualquier clase de emoción", señaló la defensa, que insistía en que toda su actividad era una máscara para cubrir el trauma que había sido su vida: "Ha sido víctima de su entorno desde temprana edad".

Giovanna dijo no recordar dichas "limitaciones" cuando Saúl Rendón Reyes se acercó a conocerla a principios de 2006, semanas después de la muerte de don José, y también narró cómo enseguida la llevó a casa de su madre en Tenancingo, donde le dijo muchas veces que "la amaba", pese a que él estaba casado y tenía hijos con Aurea, dato que la nueva conquista ignoraba. Tres meses después, Saúl la convenció de que viajaran a Estados Unidos de manera ilegal, y ya en Queens, Nueva York, llegaron a vivir con la hermana Guillermina. Al llegar, Saúl sometió a Giovanna al mismo chantaje de que debía prostituirse para pagarle al pollero, entre otros cuentos fraudulentos. Ella se negó inicialmente, entonces la encerraron sin darle de comer y le negaron productos de higiene femenina; esto provocó que sus únicas prendas se mancharan y las tuviera que lavar en el fregadero para volvérselas a poner húmedas y frías. Al juego de someter a Giovanna entraron Francisco y Guillermina, sabiendo que contra el hambre y las carencias hay muy poca resistencia.

En su papel de mentora, Guillermina adoctrinó a Giovanna en el oficio y la dotó de los conocimientos mínimos para enviarla a la abru-

---

[4] Memorándum de sentencia de Jovan, Saul, Guillermina y Francisco Rendón Reyes, José Rendón García, Félix Rojas, Odilón y Severiano Martínez Rojas. Prueba de la fiscalía ingresada a la corte el 5 de diciembre de 2018.

madora aventura de la primera noche, en la que, después de atender a ocho sujetos, no pudo más. Empero, a las pocas semanas entendió la ecuación: a mayor número de clientes por día atendidos, menos agresiones de Saúl y más comida, entre otros "beneficios".

O eso calculó, pues, luego de quedar embarazada de algún cliente, o quizás de Saúl, quien solía abusar sexualmente de ella, Giovanna siguió sin recibir las atenciones que merecía su preñez, como la dosis de alimento que ahora necesitaba el ser que se formaba en su interior. Tras dar a luz, y al superar la cuarentena posparto, Saúl le dijo que debía regresar a trabajar. Para este momento, el abuso de sustancias lo convertían en una versión desdibujada de su padre.

Las tandas de golpes sin sentido sobre Giovanna culminaron la noche que ella llegó tarde y aquél explotó. Luego de golpearla y azotar su cabeza contra la pared —misma receta que presuntamente a él le aplicó don José y por la cual la doctora Gordon pensaba que tenía daño cognitivo—, Saúl la tumbó y siguió golpeándola. Él recuerda que cuando el episodio de ira se dispersó, se miró los puños sin entender el motivo de su reacción. Dijo a su abogado que ella "había aceptado trabajar a pesar de que acababa de dar a luz y llegaba a casa con dinero todas las noches". Su tardanza significaba que estaba trabajando más. "¿Por qué lo hice?", se lamentaba. La golpiza, por cierto, fue el detonante que ella esperaba para decidirse a huir y apuntarse después en la lista de testigos.[5]

Saúl reconoció —en una carta enviada al juez— que no tenía excusas para explicar sus crímenes y "su conducta brutal, explotadora y cruel" sobre Giovanna, por lo que aceptó ser "severamente castigado". Y parece increíble que a pesar de lo narrado hayan sido él y Francisco los que tuvieron una participación menor en los crímenes de la organización.

A este último, por ejemplo, lo acusan de haber cruzado ilegalmente la frontera con Maritza, quien fue reclutada por José, y también se le señala por "coordinar" las labores de Giovanna. Pero quizás el de-

[5] *Idem.*

lito mayor de Francisco es haber puesto a trabajar en la prostitución a Sheila, su esposa y madre de sus hijos. Dicen sus abogados que la conducta de ambos, donde ella estaba completamente de acuerdo, es ilustrativa de lo normalizada que se encuentra la prostitución en Tenancingo. Incluso la misma Sheila ayudó en el entrenamiento de otras muchachas mientras compartía una vida con Francisco, alejada de golpizas y maltratos, ya que veían el negocio de la prostitución como algo viable para mantener a su familia.[6]

Ellos se conocieron en 2007, mismo año en que cruzaron la frontera, y tres años después decidieron formar una familia. A Francisco le ilusionaba que sus hijos nacieran en los Estados Unidos, donde tendrían más oportunidades que las que ellos tuvieron en México. Hubo situaciones que los unieron más como pareja, como el hecho de que su primer hijo saliera "sano", debido a que los médicos les habían planteado la posibilidad de que el bebé naciera con síndrome de Down, incluso los alertaron de que el parto implicaría cierto riesgo, ya que los intestinos del bebé no se habían desarrollado adecuadamente.

Buscando jubilarse del proxenetismo, Francisco halló empleo lavando platos y como ayudante general en un restaurante, mientras su hijo crecía y su esposa se prostituía. A las semanas de nacer su segundo hijo, Francisco fue detenido en el operativo de noviembre de 2015. Su abogado Lem Kamdang lo catalogó como "el participante menos culpable" en la organización, ya que no cometió violencia y no reclutó a nadie; sólo es responsable de "la empresa de prostitución que emprendió con su propia esposa". Pero la misma fiscalía aclaró que Francisco, "aunque menos violento y prolífico" que otros en la pandilla, no dejaba de ser "un miembro importante del negocio de tráfico sexual", y resaltó que él fue de los que le negaron comida y productos de primera necesidad a Giovanna hasta obligarla a prostituirse, ade-

---

[6] Memorándum de sentencia de la defensa de Francisco Rendón Reyes, ingresado a la corte el 4 de septiembre de 2018.

más de que a otras víctimas las adiestraba en el uso de los condones o les daba los teléfonos de los choferes.[7]

Caso contrario al de Jovan Rendón Reyes, nacido en abril de 1986 en Tenancingo, y cuyo abogado Richard Lind pretendió ponerlo en el nivel de víctima con que vendieron a su hermano Saúl, es decir, de haber llevado una vida miserable donde la pobreza, el maltrato paterno, la falta de oportunidades y haber crecido en la "capital de los padrotes" marcaron su porvenir como explotador, única posibilidad, según ellos, de abandonar ese círculo de pobreza y opresión.

En el lapso de dos sexenios Jovan vivió al extremo y en el descontrol. Tuvo una relación con Sandra Estrada entre 1999 y 2005 de la cual nació un niño. De 2009 a 2013 repitió la fórmula y procreó dos infantes con Elma, la cual terminó la relación cuando él, además de pretenderla explotar sexualmente, ya había iniciado en 2011 un noviazgo con Araceli Hernández, empleada de un hotel en la Ciudad de México y quien presuntamente espera que él salga de prisión para reiniciar el romance. Al arrancar el siglo, Jovan se hizo adicto al crack, y en 2008 lo llevaron a un hospital para que le practicaran un lavado de estómago luego de una sobredosis.[8]

En la repartición de culpas, Jovan aceptó que, junto a sus tíos Odilón y Severiano, explotó a Samantha a partir de 2005, en México, y en las primeras semanas de 2008 la envió a Estados Unidos y la forzó a trabajar para él. A otra dama llamada Marusa, Jovan la tuvo como rehén para obligarla a prostituirse, inicialmente en Guanajuato, donde Félix Rojas la supervisaba. Ya luego entre ambos la contrabandearon a Estados Unidos. Una tercera a la que llamaremos Brittany dijo que tenía 16 años cuando conoció a Jovan, quien caminaba con Félix Rojas en un mercado, donde se le acercaron y ofrecieron comprarle un elote. A partir de que ella aceptó charlar, Jovan "mostró prisa" por ena-

---

[7] Memorándum de sentencia de Jovan, Saul, Guillermina y Francisco Rendón Reyes, José Rendón García, Félix Rojas, Odilón y Severiano Martínez Rojas. Prueba de la fiscalía ingresada a la corte el 5 de diciembre de 2018.

[8] Memorándum de sentencia de la defensa de Jovan Rendón Reyes, ingresada a la corte el 5 de diciembre de 2018.

morarla y consiguió que ella aceptara ir otro día a una piscina con él. Llegado el momento no fueron a nadar, sino a Tenancingo, donde él la violó, y cuando ella pretendió llamar a su familia la apaleó. Luego le dijo que, como no tenía dinero, ya le había encontrado un oficio: la prostitución. Cuando Brittany se negó, Jovan la amenazó y le dijo que la única forma de volver a ver a su familia era aceptando su propuesta. Así que, durante seis meses, Jovan y Félix prostituyeron a Brittany en México y luego la cruzaron con Marusa a Estados Unidos.

Con 17 años cumplidos, Brittany fue explotada en Atlanta en el burdel del tío Odilón, pero luego Guillermina fue por ella para llevarla a Nueva York. Ahí en Queens, donde vivían Saúl, Francisco y Sheila, Guillermina le dio a Brittany 100 dólares para que se comprara ropa adecuada para la encomienda y le ordenó a Sheila que les avisara a los choferes de la llegada de una nueva muchacha.

Tras una primera y productiva jornada de 25 clientes, Guillermina le ordenó que le enviara el dinero a Jovan, quien aún permanecía en México. Le dijeron que debía enviar al menos 6 mil dólares por mes para pagar la tarifa del pollero que la contrabandeó. "Debes ganar mucho, pues ya conoces a Jovan, cómo se pone de violento si no lo haces", amenazó Guillermina.[9]

Superada la sobredosis de crack, Jovan partió a Atlanta en marzo de 2008 y desde ahí le ordenó a Brittany que lo alcanzara. En Georgia la hizo trabajar los siete días de la semana, salvo los días que la golpeaba y ella quedaba incapacitada. En ese estado estuvieron poco tiempo antes de su retorno a Nueva York, donde, a finales de abril de ese año, la policía la arrestó. Aunque en ese momento ella no lo delató, pues Jovan ya le había advertido que nadie le iba a creer nada dado que era ilegal y carecía de pruebas. Cuando la soltaron regresaron a Atlanta para enrolarse en el burdel que regenteaba José Rendón García. El primer día "sólo" enfrentó a 10 clientes y Jovan, muy molesto, amenazó

---

[9] Memorándum de sentencia de Jovan, Saul, Guillermina y Francisco Rendón Reyes, José Rendón García, Félix Rojas, Odilón y Severiano Martínez Rojas. Prueba de la fiscalía ingresada a la corte el 5 de diciembre de 2018.

con ir a castigarla, pero tuvo tan mala suerte que llegó al burdel justo en el momento en que la policía realizaba un operativo. Aunque fueron detenidos y deportados a México, Brittany continuó trabajando para Jovan hasta que en 2014 finalmente escapó.

Los integrantes más activos y, por lo tanto, los más castigados de esta mafia son los hermanos Severiano y Odilón Martínez Rojas, además del primo Félix Rojas. Primero el tío Odilón se quejó en su testimonio de muchas cosas: de las condiciones de pobreza en las que fue criado, de que su padre los abandonó cuando él aún estaba en el vientre materno y de las dificultades que tuvo su madre para criarlo a él y a sus cinco hermanos, incluso con la ayuda de su padrastro. Se lamentó porque, por falta de recursos, no pudo ir a la escuela más allá del sexto grado, y enlistó sus trabajos como jornalero, como obrero en una fábrica de textiles y como recolector de boletos en el transporte público. Dijo que, ante tanta infelicidad, su familia y amigos lo animaron a volverse proxeneta. Su abogado, Richard H. Rosenberg recuerda la vez que Odilón relató en Georgia cómo no fue "cualquier miembro de su familia el que le aconsejó ser proxeneta, sino su propia madre". Este acusado le dijo a la jueza Amy Totenberg en Georgia, el día de su sentencia, que no tenía los medios para seguir estudiando: "En mi pueblo mucha gente no tiene otra opción más que hacer esta clase de trabajo". Así que procedió.

Samantha tenía 19 años y trabajaba en una tienda cuando Odilón la abordó en 2003. Ella tenía tres hijos de entre uno y tres años, enfermizos todos y motivo por el que ella se esforzaba en conseguir dinero para pagar sus tratamientos médicos. Cuando Odilón le ofreció conseguirle trabajo en el restaurante familiar que tenían en Tenancingo, ella vio la posibilidad de obtener más ganancias, ignorando que todo el ofrecimiento era ficticio.

Pero, ya embarcada en una relación con él, confió en una nueva promesa de alcanzar el sueño americano, y entonces cedió pensando en que beneficiaría a sus críos. El hermano de Odilón, Severiano, organizó el itinerario de Samantha y la llevó al aeropuerto para que volara a Sonora con otras personas con las que cruzaría a pie. Ya en territorio norteamericano, se siguieron hasta Atlanta, donde Odilón la esperaba.

De ahí fueron a un mercado de pulgas a comprar ropa sexy. El plan que le habían expuesto era trabajar como mesera en un bar. Pero el primer día de trabajo, él la mandó con uno de los choferes, quien descubrió que Samantha ignoraba a lo que realmente se iba a dedicar, así que hablaron con Odilón. Por teléfono, el padrote le explicó que debía prostituirse y cobrar 30 dólares por una relación de no más de 15 minutos. Ella se negó y el chofer la regresó a su casa, donde Odilón la recibió con un puñetazo en la cara. Cuando ella se recuperó, el explotador le dijo que les haría daño a su familia e hijos si seguía con esa actitud. La siguiente fase del castigo fue con una cuerda hasta que ella le rogó que se detuviera y aceptó sus condiciones.

Así que Samantha atendía un mínimo de 20 y hasta 45 clientes por día, con Odilón supervisando a los conductores, dándole condones y recibiendo las ganancias. Así operó durante dos años, durante los cuales ella conoció —aunque no como turista— Georgia, Carolina del Sur, Carolina del Norte, Maryland, el Distrito de Columbia, Delaware, Pensilvania, Nueva Jersey, Alabama y Nueva York.[10] Samantha recibió un batazo de beisbol en la espalda, exceso que suele aparecer en los boletines de prensa que emiten los fiscales que investigan a los proxenetas tlaxcaltecas. ¿El autor? Odilón, quien ignoraba que después de cometer tal atrocidad la mandaría lejos, a donde ya nunca la vería, pues ella huyó días después.

Dos años más tarde, Samantha se encontró con su agresor en un restaurante, y él aprovechó para reiniciar con las amenazas bajo el señalamiento de que le debía 50 mil dólares de ganancias perdidas. El miedo a más batazos la hizo retroceder, así que, en una segunda etapa, Odilón la envió al burdel de Alabama que regenteaba su hermano Severiano, quien, por supuesto, la violó. Samantha narró que pasó por la misma historia en otro burdel en Alabama que manejaba el sobrino Saúl, a quien además le encantaba esconderle la comida. Hasta

---

[10] *Idem.*

2011 ella huyó definitivamente, luego de calcular que había saldado su deuda.

Odilón también planeó con su sobrino Arturo Rojas Coyotl un viaje a Guatemala para reclutar mujeres, y de ese modo fue como en 2007 conocieron en ese país a Natasha y a Débora, que eran menores de edad. Ellas habían dejado la escuela para trabajar y ayudar a sus familias, así que las declaraciones amorosas de Odilón a Natasha y de Arturo a Débora desataron su ilusión con la oferta de viajar a Estados Unidos a buscar empleo. No iba a ser tan fácil, pues al querer ingresar a México las autoridades migratorias las regresaron, y fue hasta el segundo intento que lo consiguieron. Ya en el mítico Tenancingo, el primo José Rendón García les consiguió actas de nacimiento mexicanas para ser contrabandeadas a Estados Unidos como naturales de ese país. En el camino, un malestar originado por cálculos biliares le provocó incomodidad y miedo a Débora, que, sin embargo, se sintió reconfortada con las palabras amorosas de Arturo.

Ya en Georgia, Odilón le trajo la mala noticia de que el trabajo de limpiar casas, que los había llevado hasta ahí, ya no estaba disponible, que como no había dinero no iban a comer y que, además, debían 14 mil dólares entre las dos por haberlas traído a Estados Unidos. Bajo ese planteamiento, Natasha fue la primera que accedió a prostituirse, bajo la condición de que dejaran a Débora en paz, pues era virgen y estaba enferma. Con el tiempo, ella le daría a Odilón hasta 3 mil dólares a la semana de utilidades.

Sin embargo, el intento de Natasha de proteger a su amiga no funcionó porque la inactividad de la otra era un mal negocio para Arturo. Primero despojó a la niña de su virginidad, y luego la obligó a trabajar para él. Aunque en la primera semana sólo atendiera entre ocho y 10 clientes diarios, pronto la cuota escaló. Por su cuerpo menudo de niña y la constante actividad, Débora desarrolló una lesión vaginal que le causaba dolores permanentes, sin que eso impidiera que continuara el plan: temporadas en el burdel-tráiler en Alabama del tío Severiano que, desesperado por su baja productividad, llamó a Arturo a los pocos días para que se la llevara.

En 2008, Natasha se dio cuenta de que su amiga era obligada a prostituirse, pues una noche, además de vomitar, le mostró una sangrante erupción en sus partes privadas. Enojada, Natasha enfrentó a los padrotes, y ante la amenaza de que huirían, Odilón la agarró del pelo y la tiró sobre la cama. Ella trató de defenderse, pero él le dio un puñetazo en el estómago, lo que la hizo acurrucarse en posición fetal. Le advirtió que no pensara en huir.

Decididas a terminar el martirio, Débora aprovechó un momento en que la dejaron sola para hablar con un familiar que vivía en Estados Unidos, y esa persona consiguió que alguien la fuera a recoger. Temiendo que la guatemalteca los fuera a denunciar con la policía, ellos regresaron a México, y Natasha aprovechó para escapar también.

Luna es otra víctima de Odilón, a quien conoció en 2010. Él la envió a la conocida ruta hacia los Estados Unidos con escala en Tlaxcala, y al llegar a Texas, un familiar de Odilón la recogió para llevarla a Atlanta. En la casa donde la instalaron vivía Adriana, quien la llevó a Walmart para comprar ropa y condones. Adriana instruyó a Luna sobre sus nuevas tareas en la prostitución, lo que le confirmó Odilón vía telefónica desde Tenancingo. Sin hablar inglés ni conocer a nadie, ella sintió la obligación de obedecer. Con un día de descanso a la semana, Luna enviaba a México entre 800 y mil dólares cada siete días. Pese a generarle ganancias a distancia, Odilón abusaba verbalmente de ella si juzgaba que lo enviado era poco. Cuando él viajó de vuelta a Estados Unidos en enero de 2011, la obligó a trabajar sin días de descanso. Una tarde que ella llegó más temprano a la casa, encontró a Odilón y a Adriana en la cama, lo que empujó la confesión de que ella era "su mujer". Luna lloró toda la noche, y para evitar que huyera o hablara con alguien más, Odilón le cambio el teléfono y siguió castigándola.

En febrero la envió a Carolina del Sur, y en ese tiempo a él lo detuvieron por conducir ebrio. Pero incluso desde la cárcel le mandaba mensajes para que no se le ocurriera huir o dejar de trabajar. A él lo deportaron, pero en julio del mismo año ya estaba de regreso, y fue cuando ella le dijo que era suficiente. Obvio, él la golpeó hasta que Adriana intervino.

A las semanas Luna se embarazó, pero Odilón le dio pastillas para que abortara. El sangrado le duró 40 días, por lo que tuvo que mostrarle cada día que seguía lesionada. Cuando él detectó que el flujo ya era menor, la obligó a continuar prostituyéndose.

Antes de huir, Luna tuvo que aguantar otros ataques, como la vez que Odilón la arrastró del cabello por el departamento. En otra la tiró al suelo, le pisó la cara y le rompió la nariz; él no se detuvo pese a la sangre que manaba generosa. Antes de que en 2013 la detuvieran junto a Adriana, Luna aún fue explotada sexualmente en Misisipi, Luisiana, Alabama, Carolina del Sur, Florida y Tennessee.[11]

Tras su detención, fueron llevadas a un refugio. El tío Severiano fue a visitar a la madre de Luna manifestando urgencia por hablar con ella. Como Adriana seguía jugando en el equipo de los padrotes, cuando hablaron con Severiano desde el refugio, ella acusó a Luna de estar colaborando con la policía. Severiano intensificó las amenazas y habló con ella al menos tres veces más, así que, cuando abandonaron el refugio, Luna regresó a su martirio. Continuó enviándole dinero de lo que ganaba prostituyéndose a Odilón, y, pese a que ella había cedido, él siguió amenazando con hacerle daño. Finalmente, llegó el día en que cortó los envíos, y entonces Severiano le dijo a su hermano que se olvidaran de ella.

El caso de Severiano es tan parecido al de Odilón que podrían confundirse. Su abogado John Wallenstein trató de victimizarlo con la excusa de que creció en un pueblo donde está muy arraigada "la cultura del tráfico sexual", aunque, para no repetir todo, simplemente dijo que "adoptaba los argumentos" de los abogados que ya lo habían mencionado, instando a la corte a considerarlos junto a las "características personales" del acusado, quien creció "muy pobre, a menudo sin comida suficiente en una infancia triste". Severiano no tuvo educación formal ni medios para ganarse la vida y a los 13 se fue de casa a la Ciudad de México en busca de formas de subsistencia.

---

[11] *Idem.*

El defensor aceptó que Severiano cometió delitos muy graves y admitió su culpabilidad. Aclaró que, como extranjero indocumentado, no era elegible ni para una liberación anticipada ni para participar en muchos de los programas que la Oficina de Prisiones brinda como rehabilitación. "Simplemente será recluido hasta que sea liberado, en algún momento del año 2036", al cumplir los 70. "Entonces, su salud se habrá deteriorado y será un delincuente convicto sin educación ni calificación, ¿qué pasa aquí?", se preguntó el defensor al reclamar una sentencia mínima que por supuesto le fue negada.[12]

Severiano, por cierto, conoció en redes sociales a Priscila y luego la reclutó por teléfono, una modalidad poco explorada por estos explotadores que ahora está cada vez más en boga. Aprovechando la debilidad de una ilusionada mujer, él le pidió que fuera su novia y que viajara a alcanzarlo a Estados Unidos, donde él se hallaba. Le dijo que era mecánico y que podía vivir con él para formar una familia. Sin sospechar la trampa, ella aceptó, él organizó el itinerario y Félix Rojas la cruzó por la frontera.

Al llegar a su destino, Odilón la recogió y llevó hacia Atlanta, donde al fin conoció personalmente a Severiano, quien de entrada le dijo que había perdido su trabajo de mecánico y que andaba necesitado de efectivo para pagar al pollero y parte de la renta vencida. La primera opción para salir de deudas era que ella se prostituyera. Las agresiones iniciaron cuando Priscila le dijo que no lo haría, pero no se detuvieron cuando ella cedió. El tráiler-burdel en Alabama, propiedad de Severiano, fue el escenario del sometimiento, pero también de la alianza que ella formó con Natasha, quien le dio el aliento que necesitaba para huir.

Igualmente, Joseline les dijo a los fiscales que Arturo Rojas la obligó a prostituirse con la ayuda de los tíos Odilón y Severiano, maestros en las malas artes del proxenetismo. Por ejemplo, en abril de 2006, Arturo intentó introducir a Joseline a Estados Unidos, y luego ella trabajó

---

[12] Memorándum de sentencia de la defensa de Severiano Martínez Rojas, ingresada a la corte el 5 de diciembre de 2018.

en los burdeles de los hermanos, según para pagar deudas contraídas. Una noche en que ella reclamaba, los tíos le ordenaron a Arturo que la golpeara y le cortara la cara si se negaba a trabajar. Entonces dejó de quejarse.

Finalmente, a la hermana Guillermina la señalaron de usar amenazas e intimidación para obligar a Brittany a prostituirse en beneficio de Jovan; de instruir a Maritza, entonces de 14 años y explotada por José Rendón García; y de entrenar a Giovanna en el oficio para que su hermano Saúl tuviera recursos suficientes.

La mañana del 21 de abril de 2017, en la audiencia donde aceptó su culpa, Guillermina respondió algunas preguntas de la jueza.

—¿Cuántos años tienes?

—Cuarenta y seis.

—¿Cuál es el nivel más alto de educación que has completado?

—Tercer año de primaria.

—Desde que terminaste esa escuela a los nueve años, ¿has tenido alguna otra educación?

—No.

—Está bien. Te voy a hacer un conjunto diferente de preguntas. ¿Actualmente has estado bajo el cuidado de un médico?

—Sí, soy diabética. También tomo un medicamento para el colesterol alto.

—¿Qué dice su acuerdo de culpabilidad?

—De manera falsa convencí a mujeres de trabajar como prostitutas, aunque en ocasiones no quisieran hacerlo. Eso es todo.

—Lo que acabas de describir, ¿cuándo sucedió?

—En 2006, 2008. Ya no me acuerdo.

—Está bien. Cuando dijiste que eras parte de la organización de tu familia, ¿ésa es la familia Rendón Reyes? ¿Ésa es la organización?

—Mis primos y mis tíos y hermanos.

—¿El nombre de la organización era la familia Rendón Reyes?

—Y también la familia García y la familia Rojas.

La investigación contra los Rendón Reyes inició desde 2012 en Nueva York, aunque el dictamen se ingresó en la corte hasta el 16 de diciembre de 2015. En muchas ocasiones, al revisar los textos para esta investigación, pareciera que los fiscales de los dictámenes que iniciaron en 2004, como ya lo señalé, se limitaban a copiar y pegar desde los anteriores procedimientos que sentaron precedente, y bajo ese marco normativo juzgaban a una nueva organización, lo cual se tradujo en procesos desaseados que arrojaron sentencias confusas, ya sea por muy severas o demasiado laxas.

No tuvieron tanta suerte los miembros de la organización Rendón Reyes, que enfrentaron la acusación mejor elaborada de las revisadas. Un texto novedoso y bien elaborado, en el que las asistentes de la fiscalía Taryn A. Merkl y Margaret Lee, además del abogado del Departamento de Justicia Benjamin H. Hawk, en 51 páginas dejaron constancia de la importancia que brindaron a este caso que incluyó 29 cargos, y por vez primera en cualquier acusación contra traficantes mexicanos apareció el de crimen organizado encabezando la lista.

La Ley de Organizaciones Corruptas y Crimen Organizado (RICO, por sus siglas en inglés) fue redactada por el jurista Robert Blakey de la prestigiosa Cornell Law School y estuvo disponible en 1970 para beneplácito de las agencias de seguridad estadounidenses. La RICO exige que los cargos impliquen un patrón de varias conductas delictivas celebradas en diferentes momentos, pero el poder de su acusación radica en que expone una asociación delictuosa basada en una lógica empresarial que permite vincular delitos aparentemente no relacionados con un objetivo común en un esquema de crimen organizado, y se castiga con sentencias mejoradas.

En el caso de los Rendón Reyes, los delitos básicos añadidos son asociación delictuosa para contrabandear extranjeras, asociación delictuosa para transportar menores, tráfico sexual y prostitución interestatal, tráfico sexual, transporte y prostitución interestatal de un menor, asociación delictuosa para cometer lavado de dinero y distribución de ganancias del negocio de la prostitución. Muchos de los cargos se repiten en el dictamen hasta sumar 29 y simplemente van cambiando las víctimas o los acusados.

Los procesados terminaron pagando sus delitos de la siguiente manera: Jovan Rendón Reyes, *Jovani,* fue a parar a la prisión federal de Big Spring, Texas, con 20 años de una condena que terminará en 2033. A Saúl Rendón Reyes, *el Satánico,* finalmente sí le dieron 15 años, que purga en la prisión de North Lake, en el frío Míchigan, de donde saldrá hasta 2028. La hermana mayor, Guillermina Reyes Rendón, recibió ocho años que culminaron en septiembre de 2022 cuando salió del Centro de Detención Federal en Filadelfia, muy cerca del Centro Correccional Moshannon Valley en Philipsburg, Pensilvania, donde Francisco Rendón Reyes cumplirá en julio de 2023 sus nueve años de castigo. El primo José Rendón García saldrá en mayo de 2024 tras cumplir una década en distintos penales de Nueva York, Pensilvania y por último la prisión federal de Hazelton en Virginia Occidental. Y a los hermanos Odilón y Severiano Martínez Rojas los sentenciaron a ambos a 24 años. El primero fue uno de los pocos en quedarse en el Centro de Detención Metropolitana de Brooklyn, de donde saldrá en agosto de 2037. Severiano cumplirá su castigo en la correccional Oakdale II en Luisiana en septiembre de 2036. Por último, Félix Rojas recibió 25 años de parte del juez Edward R. Korman: abandonará la prisión federal de Fort Dix en Nueva Jersey el 8 de marzo de 2037. Se duda que las apelaciones que introdujeron tanto él como los hermanos Martínez Rojas, además de Jovan, culminen con éxito.

Jovan, Odilón, Severiano y Félix buscaron que un juez y una corte distinta revisaran su caso al considerar que sus condenas eran injustas. También reclamaron los montos de restitución que deben pagar a las víctimas y que van de los de 367 mil a los 658 mil dólares. Félix incluso envió a la corte una carta donde se dice "engañado por su abogado", pues, soslayando lo pactado entre ellos, al final la pauta de la sentencia contra Rojas aumentó por el "abuso sexual criminal" y la "lesión corporal grave" que aceptó haber cometido sobre Karina, quien terminó muy lastimada luego de que él la golpeara con tanto ímpetu al grado de provocarle un aborto, sin contar la vez que la quemó en varias partes del cuerpo con un cigarrillo. Félix prácticamente "secuestró" —según la palabra usada por los fiscales— a Karina, quien el día que se conocieron cargaba a su bebé cuando él les prometió llevarlos a una feria. Después la raptó y la obligó a prostituirse, y llevó a su hijo con María Ana Reyes Parada, la madre de los hermanos Rendón Reyes, para que lo "cuidara". Félix también abusó sexualmente de la guatemalteca Débora, que fue reclutada por Arturo Rojas, pero fueron las golpizas sobre Karina las que justificaron su largo castigo.

Existe otra mujer, Lluvia, a la que Félix "enamoró", embarazó y convenció de viajar a Estados Unidos, donde la sorprendió al anunciarle que la traficaría sexualmente a cambio de darle comida y "beneficios" para su bebé. A Félix hay que sumarle el auxilio brindado para que socios suyos sometieran a Priscila y Brittany. Por eso sorprende que, en su carta escrita en inglés, demuestre una ortografía y sintaxis perfectas, además de una letra tan estilizada que envidiaría cualquier doctor. Pero sobre todo llama la atención que, dadas las evidencias, busque victimizarse. Enviada aún desde el Centro de Detención Metropolitano de Brooklyn el 11 de septiembre de 2019, le confía al juzgado que la "relación abogado-cliente quedó comprometida" desde que no le dieron "los 15 años prometidos". Se dice "estafado" por la ineficaz asistencia de su defensor, esperando que en pleno uso de sus derechos la decisión del juez sea anulada.[13]

Félix Rojas anunció su intención de apelar apenas una semana después del 4 de enero de 2019 cuando fue sentenciado. Alegó que su "declaración de culpabilidad no fue voluntaria, sino inducida con mentiras de su abogado, quien nunca objetó el ajuste al alza hecho con hechos inflamatorios y anónimos".

La secretaria de la Corte de Apelaciones del Segundo Distrito, Catherine O'Hagan Wolfe, les explicó cómo es que obtenían los montos de las restituciones. Primero, el gobierno se basa en la información dada por las víctimas y multiplica el número de actos sexuales que las víctimas fueron obligadas a realizar cada semana (70 en promedio) por el precio promedio por transacción (15 dólares) para llegar a un estimado mensual de 4 mil 200 dólares. Esta cifra, que los fiscales siempre juz-

---

[13] Carta de Félix Rojas al juez, ingresada a la corte el 13 de septiembre de 2019.

gan como conservadora, es multiplicada por el número total de meses que cada víctima trabajó según el testimonio de cada una de ellas.

En su acuerdo de culpabilidad Odilón y Severiano aceptaron renunciar a su derecho a apelar si su sentencia era inferior a los 327 meses, cosa que finalmente sucedió. Aun así, se les permitió ejercer ese derecho. Considerando todos los argumentos de los demandados, O'Hagan Wolfe remató lacónicamente: "Concluimos que no tienen mérito así que la sentencia del tribunal de distrito es AFIRMADA".[14]

La respuesta de la corte de apelaciones dada a Jovan no mereció más que tres líneas en las cuales catalogan como "frívolos" los reclamos del demandante, cuyo padre, don José, en algún momento le soltó la misma cita lapidaria dicha a sus otros tres hermanos: "Algún día todos ustedes acabarán en la cárcel por traficar mujeres".

---

[14] Respuesta a apelación de Félix Rojas, Severiano Martínez Rojas, Odilón Martínez Rojas y Jovan Rendón Reyes, publicada en la Corte del Segundo Distrito de Apelaciones el 26 de mayo de 2021.

10. De Tlaxcala para el mundo

SIENDO LAS PRIMICIAS LO QUE IMPULSA LA MAQUINARIA DE LAS REDAC-
ciones, no debe sorprender que a editores de todo el mundo les haya
resultado atractivo el hecho de que familias enteras en municipios tlaxcaltecas, uno de ellos San Miguel Tenancingo, se decantaran por el oficio de traficar mujeres con fines de explotación sexual.

El relato acontecido en "un pueblito a un par de horas de la Ciudad de México", donde ciudadanos comunes se convierten delincuentes en la modalidad de trata, ha dado la vuelta al planeta mereciendo
al menos dos docenas de coberturas periodísticas de medios impresos
o audiovisuales de Francia, Gran Bretaña, España y Estados Unidos,
donde cada uno a su manera reconstruye o repite el viacrucis padeci-
do por las víctimas.

Una de las primeras menciones de Tenancingo como un pueblo de origen del tráfico sexual apareció en 2004 en un espléndido reportaje[1] firmado por Peter Landesman, director de cine, periodista y
guionista que ha investigado sobre las redes internacionales de tráfico
humano, amén del comercio ilegal de armas, de la crisis de refugiados

---

[1] Peter Landesman, "The Girls Next Door", *The New York Times Magazine*, 25 de
enero de 2004. Disponible en https://www.nytimes.com/2004/01/25/magazine/the-
girls-next-door.html.

en varias zonas del mundo, así como del contrabando de obras de arte o antigüedades falsificadas y robadas. Landesman ha filmado proyectos desde sitios como Ruanda, Kosovo, Afganistán y Pakistán, retratando los conflictos bélicos y humanitarios de esas regiones.

Para el extenso "The Girls Next Door", presumiendo recursos tanto económicos como estilísticos, Landesman viajó al menos a seis ciudades en México y Estados Unidos y se entrevistó con un estimado de 40 personajes, entre víctimas, activistas y funcionarios migratorios o policiacos, para ofrecer a sus lectores un extenso panorama de lo que en ese momento era el tráfico hacia Norteamérica de personas que terminaban siendo víctimas de explotación sexual. Sin limitarse al drama de las chicas traficadas por proxenetas mexicanos, el texto abarca el calvario de mujeres y niñas traídas de Europa del Este que, vía las fronteras mexicanas, son vendidas o prostituidas en Estados Unidos.

El reportero concentró parte de sus esfuerzos en describir la dinámica que se da gracias a "la porosidad de la frontera" por donde a diario cruzan miles de jóvenes vulnerables "tentadas con promesas de trabajos legítimos y una vida mejor", lo que lleva a ciertos pueblos al norte de México a convertirse en "escenarios de una industria ilícita y bárbara, cuyos productos son mujeres y niñas".

En las primeras líneas, Landesman menciona un operativo realizado en una casa de clase media de Plainfiled, Nueva Jersey, habilitada como burdel y donde, tras una denuncia ciudadana en febrero de 2002, la policía halló "un sórdido equivalente en tierra a un barco de esclavos del siglo XIX, con baños rancios y sin puertas; colchones desnudos y putrefactos; un alijo de penicilina, píldoras del día después y misoprostol, un medicamento contra las úlceras que puede inducir el aborto". Los uniformados esperaban hallar inmigrantes ilegales trabajando en un burdel clandestino, pero en lugar de eso se toparon con cuatro mexicanas indocumentadas de entre 14 y 17 años "pálidas, exhaustas y desnutridas". Aunque Landesman no lo consigna, podemos asegurar que eran víctimas de las hermanas Librada y Antonia Jiménez Calderón, explotadoras de niñas, que sus hermanos, Delfino y Luis Jiménez Calderón, reclutaban en Puebla, Hidalgo y Oaxaca, caso descrito brevemente en el capítulo 4 de este volumen.

"No eran prostitutas, sino esclavas sexuales. La distinción es importante", instruye Landesman, pues "estas chicas no trabajaban con fines lucrativos ni por un cheque de pago, sino que eran cautivas de los traficantes y guardianes que controlaban todos sus movimientos".

Aunque siempre ha sido un mercado muy atractivo para los lenones, sean locales o foráneos, la nota indica que a los Estados Unidos habían llegado tan sólo en 2003 entre 18 y 20 mil personas en esa condición de "esclavos", según cálculos que algún funcionario de la CIA dio al reportero. Sin embargo, el entonces director de la Oficina para Monitorear y Combatir el Tráfico de Personas del Departamento de Estado, John Miller, se apresuró a corregir, aduciendo que "la cifra podría ser mucho mayor" y que "posiblemente haya entre 30 mil y 50 mil esclavas sexuales en cautiverio en Estados Unidos en un momento dado".

Tras describir el periplo realizado por las mujeres traídas de Europa del Este, muchas de ellas destinadas a un mercado más "exclusivo", el reportaje de Landesman en *The New York Times Magazine* asume que México es, sobre todo, "una gran fuente de niñas aún más jóvenes y más baratas para la servidumbre sexual en los Estados Unidos, muchas de ellas reclutadas por Los Lenones, una asociación de proxenetas estrechamente organizada", según le dijo el oficial mexicano de la (hoy desaparecida) Policía Federal Preventiva, Roberto Caballero, a Landesman. El mismo entrevistado relató que al menos 15 organizaciones de traficantes y 120 facciones asociadas operan como mayoristas y recolectan víctimas en México y Centroamérica para "casas de seguridad y burdeles" en Nueva York, Los Ángeles, Atlanta y Chicago.

La forma de operar de Los Lenones, siguió Caballero, es igual que la de la mafia siciliana: se basa en jerarquías familiares "con padres administradores e hijos y primos cazadores y secuestradores de víctimas". Describió el oficial de la policía mexicana cómo esos reclutadores visitan estaciones de autobuses, fábricas, bailes o cualquier lugar donde "las menores de edad se reúnan, trabajen y socialicen", desmenuzando un método que, como hemos dado cuenta en este volumen, inicia con un feroz acoso, ya sea "comprándoles comidas, prometiéndoles afecto y luego matrimonio", mientras les dibujan una vida soñada con empleo y escuelas en Estados Unidos. Espejismo que se diluye cuando el reclutador se halla a solas con la niña, a la que "golpea, droga o simplemente obliga a subir a un auto que espera".

Caballero aceptó que 80% de Los Lenones de México "tienen su sede en Tenancingo", hasta donde se dirigió el periodista y director de cine, pese a que funcionarios mexicanos y estadounidenses le advirtieron que los traficantes estaban protegidos por la policía local, sumado al hecho de que "el pueblo está diseñado para disuadir a los forasteros, con calles laberínticas y sólo dos entradas muy vigiladas". Aun así, Landesman viajó en una camioneta Suburban a prueba de balas con federales bien armados y un agente de Inmigración y Control de Aduanas, beneficios, por cierto, de los que carece cualquier reportero local promedio. Ahí afuera del pueblo, el escritor pudo reunirse con los papás de una niña secuestrada y palpar su angustia. "Ella está en Queens, Nueva York", le dijo la madre como suplicando ayuda. Esta pieza, hay que decirlo, puso la vara muy alta para todo aquel que deseara investigar sobre el tema.

Ocho años después, en mayo de 2012, el reportero español Ignacio de los Reyes decidió explorar los inhóspitos terrenos tlaxcaltecas durante su corresponsalía en México para *BBC News*. Su pieza[2] arranca con la descripción de un pueblo cualquiera, con su tradicional iglesia y calles polvorientas, donde un Ferrari rojo estacionado afuera de un motel contrasta con lo anodino de una ciudad donde 10% de sus 10 mil habitantes "se dedica al reclutamiento, explotación sexual y venta de mujeres".

Para su reportaje, De los Reyes cita una declaración del entonces alcalde José Carmen Rojas, quien por un lado aceptaba "no poder tapar el sol con un dedo", pero por el otro defendía que en Tenancingo

---

[2] Ignacio de los Reyes, "Tenancingo, viaje a la capital de la esclavitud sexual en México", *BBC News*, 22 de mayo de 2012. Disponible en https://www.bbc.com/mundo/noticias/2012/05/120522_trata_mujeres_mexico_eeuu_sexual_pea.

"hay mucha gente buena" y que el problema de trata "no existe en la dimensión que se maneja". Irene Herrerías, quien era fiscal federal de la Procuraduría de Atención a Víctimas del Delito (Províctima, creada en México meses antes de que ese reportaje apareciera), se justificaba ante *BBC News*: "[Hemos] recibido denuncias anónimas de ese lugar, pero cuando intentamos hacer el operativo para rescatar a las mujeres nos encontramos con una red de halcones que advierten de la llegada de cualquier auto ajeno a Tenancingo", así que cuando los uniformados llegan "ya no hay ni víctimas ni tratantes".

Ignacio de los Reyes fue de los primeros que entrevistó a un funcionario del (heroico) Centro Fray Julián Garcés, sitio que se convirtió en factor clave para la investigación y difusión del flagelo, además de auxiliar en la configuración de políticas públicas y judiciales destinadas a chocar con los lastres locales. Emilio Muñoz, ese año director del Fray Julián, detalló a la publicación cómo la trata tlaxcalteca era un asunto que se remontaba a los años sesenta del siglo pasado y que con el paso del tiempo les permitió a "los tratantes ganar dinero para apoyar económicamente a la comunidad, pagando fiestas e infraestructuras". Arraigado en Tenancingo el modelo es visto como "un negocio familiar", aceptó Muñoz al describir cómo los padres heredan las técnicas de seducción y las madres preparan las bodas entre los padrotes y las víctimas a las que luego convencen de que la prostitución "es el único camino".

Apalanca el relato de *BBC News* María, joven centroamericana que salió de su país con la promesa de trabajar como mesera en un restaurante, pero que terminó siendo explotada en prostíbulos diversos. Refugiada en una casa para víctimas en México, donde recordaba cómo algunos clientes la trataban bien y otros no, ella agradecía a Dios que no le hubiera sucedido nada aún más grave, pues "algunas compañeras acabaron muertas". Fue rescatada en un operativo de las autoridades migratorias y le dijo a su entrevistador que soñaba con "ser futbolista".

Apenas 10 días después del anterior reportaje, el *Daily News* de Nueva York abordó el asunto con la reportera Erica Pearson, quien se centró en el lado de la migración. Su artículo[3] liga desde sus primeras líneas al pueblo proxeneta y sus "llamativas casas de dos aguas que se elevan por encima de los muros cerrados" con algo que ella vio de primera mano: las ganancias obtenidas por esa actividad que inicia con "los repartidores de tarjetas de la Roosevelt Avenue en Queens". Al referir a la leyenda de que en febrero los proxenetas en Estados Unidos vuelven a la fiesta patronal y "vistiendo vistosas capas hacen desfilar a sus prostitutas mientras se latiguean unos a otros", elabora una de las frases que mejor definen el regreso de los hijos pródigos a la fiesta del pueblo: "Un desfile anual de proxenetas con sombreros emplumados que blanden látigos para resolver disputas comerciales es evidencia de que el dinero y el miedo han vencido a la vergüenza aquí".

Pearson imagina a Tenancingo como el extremo de un oleoducto que conduce directamente a las calles de su ciudad, Nueva York, y agrega que la oficina del ICE (Inmigración y Control de Aduanas) de la Gran Manzana "arrestó a 32 traficantes sexuales el año pasado (2011), de los cuales 26 de eran de Tenancingo".

Hace un análisis muy atinado del pueblo al que clasifica, en un primer vistazo, como "inocente", adjetivo del cual recula líneas abajo al topar con la prosperidad de sus emprendedores criminales, y rectifica: "Éste no es el pueblo mexicano promedio, pues cuenta con casas en expansión pintadas de rosa, naranja brillante o verde kelly con tres y hasta cuatro pisos en el aire, repletas de torretas en forma de pagoda y remates macizos con forma de águilas o ángeles". En otras construcciones, revisa puntual, hay "cisnes de yeso decorando balcones, y las ventanas están cubiertas con vidrio espejado grabado con lobos o flores, lo que imposibilita ver hacia el interior".

Presumiblemente la reportera habló con el antropólogo Óscar Montiel; con Emilio Muñoz, del Centro Fray Julián Garcés; y con Rosario Adriana Mendieta Herrera, dirigente del Colectivo Mujer y

[3] Erica Pearson, "Small Mexican Town of Tenancingo is Major Source of Sex Trafficking Pipeline to New York", *New York Daily News*, 3 de junio de 2012. Disponible en https://www.nydailynews.com/new-york/small-town-tenancingo-mexico-city-source-new-york-sex-slaves-article-1.1088866.

Utopía A. C., quien le confió: "No toda la comunidad está de acuerdo, sin embargo, decir algo en contra de los traficantes se considera peligroso".

Muñoz describió al *Daily News* el método usado por los proxenetas: inicia con el rapto de mujeres celebrado en ésta u otras regiones; sigue su secuestro en casas de seguridad sembradas en el mismo pueblo y el sometimiento basado en ultrajes y amenazas. De ahí, las mujeres son transferidas a distintos centros de prostitución en el Distrito Federal o algún otro estado. El destino final de algunas son ciudades de Estados Unidos.

Por primera vez aparece en cualquier historia la abogada Lori Cohen, de la organización Sanctuary for Families, que ha defendido a decenas de víctimas mexicanas de trata y quien le confesó a la reportera que "todos los proxenetas vienen de Tenancingo" bajo la influencia de una enseñanza "multigeneracional con familias donde el abuelo, el padre y el hijo se dedican al tráfico". La pieza refiere que, según datos ofrecidos por las autoridades de Nueva York, "cada prostituta que traen al norte atiende hasta 35 clientes por día, lo que les deja a los traficantes ganancias que rondan los 100 mil dólares al año". El dinero, dicen, termina en Tenancingo, "donde las fortalezas color pastel se reproducen cada vez más".

Interesante es el testimonio de Cristina Romero, una mujer que trabaja en una tienda del pueblo y quien le dijo a Pearson que las mujeres explotadas vienen de pueblos humildes, pero "son socias dispuestas a trabajar para tener un mejor nivel de vida". Según esta testigo, "ellas se ven felices en el carnaval", e indulta a traficantes y clientes alegando: "Los hombres llegarán hasta donde los dejemos".

El reportaje del *Daily News* culmina refiriéndose a algunos de los detenidos y juzgados en Nueva York mencionados en este volumen, como Ángel Cortez Granados, quien se declaró culpable, en la Corte Federal de Brooklyn, "de atraer a una mujer llamada Esperanza a los Estados Unidos y obligarla a ejercer la prostitución". También retoma el caso de "una de las familias más notorias de Tenancingo", los Carreto, algunos de cuyos miembros recibieron medio siglo de prisión en

2004 tras de admitir "que forzaron a prostituirse en Queens al menos a ocho mujeres a las que cortejaban con chocolates y osos de peluche".

Al año siguiente de lo publicado por *BBC News* y *Daily News*, el diario español *El País* publicó su propia historia[4] basada en el perfil del traficante Noé Quetzal Méndez, quien acumulaba dos sentencias en México, una por 60 y otra por 22 años de prisión, y cuyo rostro, dice el redactor, parece acartonado de tantas "cirugías estéticas" con las que quiso burlar a la justicia. Dice el escrito que al momento de su detención Quetzal Méndez se parecía muy poco "a aquel adolescente regordete que, casi siendo un niño, comenzó a prostituir mujeres en Tenancingo", y luego sigue la pista del personaje hasta la expansión de su negocio por Estados Unidos, para lo cual "cruzó en la frontera a más de cien menores de edad". Eso señala el reportero, pero, según la información que al momento de su detención proporcionó la Procuraduría General de Justicia del Distrito Federal, el tlaxcalteca era buscado por el Buró Federal de Investigaciones (FBI) por haber explotado "a [sólo] una menor en Los Ángeles, California".

También *El País* describe cómo en el municipio, de 11 mil 700 habitantes, destacan "las mansiones ostentosas y horteras (vulgares) junto a casitas humildes acabadas con retales (sobrantes)". Se sabe que las viviendas de lujo son de los mismos proxenetas que "llenan de dólares cada año el manto del arcángel San Miguel cuando sale en procesión".

Juan Diego Quesada, el reportero, se aseguró un lugar (o al menos eso deja entrever) en una de las charlas que imparte la asociación Cauce Ciudadano, que organiza talleres que buscan inculcar valores y prevenir a los jóvenes mexicanos de la violenta actividad. Desde su pupitre el reportero miró a un niño de 13 años decir frente a sus compañeros que antes de los cursos "deseaba ser padrote". Las estadísticas indican que en Tenancingo cuatro de cada cinco estudiantes quieren abrazar el oficio.

---

[4] Juan Diego Quesada, "El pueblo de los niños proxenetas", *El País*, 30 de junio de 2013. Disponible en https://elpais.com/internacional/2013/06/30/actualidad/1372556638_992102.html.

"Los hombres de este municipio del estado de Tlaxcala suelen casarse por primera vez a los 14 o 15 años, y a lo largo de su vida van acumulando noviazgos y matrimonios con mujeres a las que poco a poco introducen en la prostitución", expone Quesada. Y ahí, en la escuela Jaime Torres Bodet, los de la organización Cauce Ciudadano y el reportero enfrentaron a niños para quienes el proxenetismo y que las mujeres sean moneda de cambio es cosa natural, aunque al final pintaron mensajes que mostraron un cambio de percepción: "Mi sueño es que se acabe la trata de personas, que haya más respeto y cines", "Que no haya padrotes ni policías corruptos", "Problemáticas: la trata de blancas, vandalismo, grafiti, falta de agua, los vagos, borrachos drogadictos…".

La misma pieza consigna que sujetos de Tenancingo y otros municipios cercanos controlan La Merced, "el mayor centro de prostitución de la Ciudad de México con miles de mujeres en las calles y hoteles de la zona". La que entonces era la fiscal de delitos sexuales del entonces Distrito Federal, Juana Camila Bautista, corrobora para este reportaje que "90% de los detenidos por trata son originarios del estado de Tlaxcala". La fiscal confesó que una de las mayores dificultades de su encomienda era "convencer a las chicas de que estaban siendo explotadas sexualmente, pues muchas siguen enamoradas y no es fácil hacerles ver que eso no está bien".

Quesada narra la ruta que tuvo que recorrer una víctima a la que llamó Marcela. No queda claro si la entrevistó o si sólo revisó el expediente, así como tampoco se sabe si se reunió con la activista Rosi Orozco, presidenta de la organización Comisión Unidos vs. Trata y exdiputada por el PAN, de quien aclaró "se ha ganado enemistades por su lucha contra la explotación de mujeres y por comandar campañas contra los anuncios clasificados de prostitución en prensa".

Parece que con quien sí intentó platicar el reportero es con el párroco de Tenancingo, José Alfredo, aunque éste le manifestó no querer "hablar de eso [de la trata]". El sacerdote reconoció que el santo patrón "pasea por las calles bañado en billetes verdes", pero aclaró que no es su institución la que se queda con el dinero, "sino que va a parar a los mayorales que custodian las tallas durante el año".

El reportaje cierra con Quetzal, "un modelo a seguir para los jóvenes de Tenancingo y quien llegó a tener una docena de mujeres, entre ellas una de 13 años". Las "esposas" dijeron en los interrogatorios con los fiscales que él las "vestía a todas de sirvientas y las invitaba a besarle los pies". Asegura el texto que cuando lo detuvieron en Puebla el criminal ofreció 5 millones de pesos a los policías para que lo dejaran escapar, y también les dijo que le aplicaran la "ley de fugas", que es cuando alguien finge que huye y lo llenan de balazos por la espalda, aunque ninguna de las dos ofertas fue aceptada por los uniformados.

En 2015 se sucedieron cuatro piezas periodísticas sobre Tenancingo en la prensa fuera de México. La primera de ellas, "Este pueblo mexicano es la capital mundial del tráfico sexual", fue publicada el 10 de febrero en el portal *Business Insider* y escrito por Natasha Bertrand, quien armó su historia con trozos y testimonios realizados por otros medios como el *Daily News*.

En abril Nina Lakhani, de *The Guardian*, publicó su investigación, para la cual se trasladó con un equipo a México, donde realizó de pasada un pequeño documental que aún se puede ver en YouTube.

El eje de la historia de Lakhani es María Méndez, quien conoció a su traficante, Ricardo López, en el supermercado cuando ella tenía 15 años y llevaba siete de limpiar casas ajenas, faena que la ayudaba a torear la pobreza. A los pocos meses de relación, ya se prostituía en Tijuana, Guadalajara y Torreón, según, para "comprar un terreno y construir una casa, pero todo era falso". Resulta que López era un padrote de Tlaxcala, donde nacieron "cinco de los 10 traficantes sexuales más buscados por el FBI y donde las redes de tráfico son la fuente más grande de esclavas sexuales en los Estados Unidos", según datos del Departamento de Estado referidos por la periodista.[5]

---

[5] Nina Lakhani, "Tenancingo: the Small Town at the Dark Heart of Mexico's Sex-Slave Trade", *The Guardian*, 4 de abril de 2015. Disponible en https://www.theguardian.com/world/2015/apr/05/tenancingo-mexico-sex-slave-trade-america.

Nina soltó el rumor —sin confirmar— de que algunas de las familias tlaxcaltecas más poderosas colaboran con los cárteles más temidos de México. Pero lo que sí es cierto es que en 2008 se tenía detectada la trata de personas "en 23 de los 60 municipios de Tlaxcala", aunque para 2014 "el número había crecido a 35", según información ofrecida por el Centro Fray Julián Garcés a *The Guardian.*

Habla la reportera de las "enormes casas de mal gusto" y de la inexistencia de un registro público de tierras "para mejorar la transparencia", tal y como les exigen las ONG a las autoridades. Dice, además, que las grandiosas y extravagantes mansiones "no son muy diferentes a las que se ven en los pueblos del estado norteño de Sinaloa, de donde provienen muchos de los líderes de los cárteles de la droga".

En lo que parece un lacónico retrato, la redactora dibuja una escena en la plaza principal de Tenancingo, con la iglesia colonial, los puestos de tacos, los boleros colocados caprichosamente alrededor, además de un Mustang nuevo y un lujoso Chevrolet blanco estacionados afuera de un bar, donde un grupo de hombres de entre 30 y 40 años lucen jeans y camisetas de diseñador y beben cervezas frías bajo el penetrante sol de la tarde, mientras dos policías estacionados a menos de 150 metros de distancia sólo vigilan. "Ellos son los padrotes arquetípicos", dijo a la publicación Emilio Muñoz del Centro Fray Julián Garcés.

La reportera tuvo el tino de salir un poco de Tenancingo para dirigirse al municipio de Acxotla del Monte, 16 kilómetros al norte, donde "la concentración de mansiones y autos deportivos llamativos es aún más conspicua". Relata cómo el ejército tuvo que acudir a esta zona de proxenetas en diciembre de 2012, "luego de que policías que intentaban detener a una presunta familia traficante casi fueran linchados".

Ilustra cómo la carretera que conecta Acxotla con Tenancingo "está llena de hoteles económicos y otros más en construcción", y en esa ruta, ya desde el mediodía, rondan mujeres vestidas de pantalones pegados y tacones altos en busca de clientes. "Es una escena miserable", lamenta Lakhani, quien señala que "las características de las jóvenes sugieren que provienen de los estados pobres del sur de Chiapas, Oaxaca y Guerrero", de donde surge un buen porcentaje de las víctimas de la trata, según la Oficina de las Naciones Unidas contra la Droga y el Delito (UNODC). La carretera y los moteles de paso suelen ser el sitio de fogueo de las chicas que luego serán llevadas a otros estados o incluso fuera del país.

A María Méndez, como a muchas otras, la persuadieron para prostituirse "por amor y para ayudar a resolver una crisis financiera fingida de la familia de su traficante". El contexto familiar hace que dichos casos "sean muy difíciles de investigar y enjuiciar", aceptó Felipe de la Torre, asesor de UNODC en México, entrevistado para la ocasión.

La reportera obtuvo del gobierno de Tlaxcala datos sueltos, como que habían encarcelado a 14 personas por delitos relacionados con la trata desde 2011, un 10% del total nacional, y que habían rescatado a 127 víctimas, cerrado más de 200 bares, clubes nocturnos u hoteles, y organizado decenas de eventos para concientizar a la población.

En el remate María Méndez le dice a Lakhani que, luego de 10 años, por fin halló la fuerza para enfrentarse a López, quien aceptó que dejara de prostituirse. "Me golpeó, amenazó con llevarse a nuestros hijos, pero me quedé con él por la vergüenza. No podía soportar decirle a mi familia las cosas horribles que había hecho o quién era realmente mi esposo", dijo la víctima aún sometida.

En julio de 2015 el reportero Nathaniel Janowitz buscó igualmente explorar el eje Tenancingo-Nueva York. Karla Jacinto aparece por vez primera contando cómo a partir de los 12 y hasta los 16 años un chulo tlaxcalteca la obligó a prostituirse en tres ciudades distintas. Ofreció asimismo detalles de su escape (que ella nos amplía más adelante en una entrevista) y trazos de cómo su historia se convirtió en un poderoso instrumento que la ha llevado a recorrer el mundo como fiera activista contra la trata.[6]

Le contó Karla a Nathaniel del día que conoció a su tratante afuera de la estación de metro Pino Suárez en el Centro Histórico de la

---

[6] Nathaniel Janowitz, "How Pimps in Mexico's Smallest State Trick Young Girls into the World of Sex Trafficking", *Vice News*, 9 de julio de 2015. Disponible en https://www.vice.com/en/article/kz987n/how-pimps-in-mexicos-smallest-state-trick-young-girls-into-the-world-of-sex-trafficking.

Ciudad de México: en lugar de ir a andar en patineta con sus amigos con los que se había citado, accedió a tomarse un helado con ese chico entonces mayor que ella.

Dice el reportero de *Vice News* —con mucha razón— que, a pesar de las muchas mujeres rescatadas y de las decenas de arrestos de alto perfil en Nueva York, Houston o Atlanta, "se ha logrado poco progreso en general, especialmente contra los traficantes que aún viven y operan" en la zona. Citando a los activistas que acusan que el gobierno de México no está haciendo lo suficiente para abordar el asunto, el reportaje menciona el *Informe de la trata de personas* de junio de 2014 del Departamento de Estado de Estados Unidos, donde las críticas a la procuración de justicia en México son severas: "No cumple a cabalidad con los estándares mínimos para la eliminación de la trata", "Son mínimos los esfuerzos para identificar y ayudar a las víctimas" y "Tienen un grave problema de complicidad oficial", entre otras.

En esta pieza sí aparece con más claridad la postura de Rosi Orozco, quien denuncia a los "miles de proxenetas de Tlaxcala que operan en Estados Unidos, Canadá y Europa" y la increíble "impunidad en los pueblos donde viven". Orozco, en ese momento presidenta de la Comisión Unidos vs. Trata y definida por el reportero como "la cara principal de los esfuerzos organizados contra el problema en México", le dijo que había 5 mil personas en Tenancingo involucradas en el tráfico de personas, 4 mil en Zacatelco, 2 mil en Teolocholco y otras 3 mil en otros pueblos cercanos.

Para cuando el reportaje salió a mitad de 2015, la Agencia de Investigación Criminal de México reportaba algunos arrestos y apenas una sentencia de 11 años sobre un traficante. Una de las detenciones fue la de Paulo Ramírez Granados, el 30 de marzo de ese mismo año, en Tenancingo, para la cual se unieron la Policía Federal y el ICE, organización que pudo tachar de su lista "a uno de sus 10 traficantes sexuales más buscados".

En diciembre de 2015 Bradley Myles, director ejecutivo de Polaris, organización contra la trata de personas con sede en Washington, publicó su propia versión de los hechos. En ésta cuenta el periplo de Rosa, quien a sus 17 años conoció en su pueblo a un hombre que le dijo ser vendedor de ropa y que casi de inmediato la comenzó a cortejar. Necesitada de afecto, ella se enamoró, y al poco tiempo ya se había ido con él a Tenancingo, donde conoció a la familia. "Mostrándole las impresionantes casas de la ciudad, le prometió que algún día podría tener la suya propia si viajaba a los Estados Unidos con él para trabajar", suelta Myles al aclarar que a los 18 años ella estaba arribando a Nueva York.[7]

Ya en Estados Unidos el cuento rosa de Rosa se convirtió en una gris pesadilla cuando "su novio" la obligó a prostituirse. Con sólo 18 años, ella "vendía sexo en contra de su voluntad en burdeles de Nueva York y Nueva Jersey, sin poder salir de la habitación en la que se enclaustraba durante semanas seguidas".

Dice Myles que historias como la de Rosa son una constante en la organización que dirige, la cual, desde 2007, ha operado una línea directa nacional de trata de personas, y desde entonces se han enterado de más de 21 mil casos de tráfico sexual o laboral. Asegura el ejecutivo y activista: "Los casos de tráfico sexual que hemos manejado que involucran a sobrevivientes explotados a través de Tenancingo son de los más desgarradores e impactantes".

Habla en términos generales de San Miguel Tenancingo, de su historia y métodos, donde las redes criminales "han perfeccionado durante décadas y vuelto una ciencia sofisticada el tráfico y la explotación de personas". Gran conocedor del tema y partiendo de una visión sociológica, escribe Myles en *CNN* que "la profundidad y amplitud de la esclavitud moderna, intrincadamente entretejida en nuestra sociedad global, es a la vez impactante y desalentadora". Alerta de que la Organización Internacional del Trabajo calcula que 4.5 millones de personas son víctimas de tráfico sexual en todo el mundo debido a que es "una industria que genera decenas de miles de millones de dólares en ganancias delictivas al año".

---

[7] Bradley Myles, "The Town Where Boys Are 'Groomed to Become Pimps'", *CNN*, 2 de diciembre de 2015. Disponible en https://www.cnn.com/2015/12/01/opinions/sex-trafficking-tenancingo-polaris/index.html.

Se dice esperanzado debido a que la cantidad de casos en la línea directa nacional va en aumento, lo cual significa más sobrevivientes tejiendo redes con quienes lo requieren. Dice que el público "presta más atención que nunca a la trata de personas y este nivel de impulso de los ciudadanos preocupados puede tener un verdadero impacto en el desmantelamiento" de los grupos criminales.

En esa ruta del optimismo, Bradley Myles presume de la alianza entre Polaris y el Consejo Ciudadano en México en la búsqueda por reforzar varios puntos, entre los que está la "seguridad transfronteriza para los sobrevivientes de la trata de personas" y la asesoría para "instalar la Línea Binacional contra la Trata de Personas para México", lo cual hará que la ayuda telefónica se expanda "a dos tercios del continente norteamericano". Al llamar desde Estados Unidos al 1 888 373 7888 y desde México al 01800 5533 000, "las víctimas pueden conocer sus opciones, recibir ayuda y comenzar el proceso de recuperación".

Polaris ha buscado igualmente prevenir la victimización de las mujeres y niñas promoviendo la equidad de género, creando conciencia en la población respecto al fenómeno y exigiendo más acciones de políticos, policías y sociedad civil. Quizás la meta más complicada de las que Polaris se ha propuesto para acabar con la trata es la de "abordar la principal fuente de ingresos al convencer a los hombres de que dejen de comprar sexo de las víctimas".

El furor en la prensa para informar sobre los padrotes tlaxcaltecas se detuvo durante los dos siguientes años, pero reapareció en 2018 con el reportaje escrito por Jennifer González Covarrubias para la agencia AFP, el cual fue retomado para los portales *France 24* y *Yahoo News*. La nota inicia así: "Tenancingo significa 'la ciudad amurallada' en lengua náhuatl, y hace honor a su nombre: la capital de la esclavitud sexual en México no es un lugar que acoja el escrutinio de los forasteros".

Antes de hablar del fenómeno la periodista refiere a las dificultades que implica ir a reportear la historia directamente a Tenancingo, a donde la acompañaron policías vestidos de civil que les recomendaron a ella y a su equipo permanecer en los autos y conducir sin detenerse, para evitar que los vigilantes avisaran de su presencia y se tocaran las campanas de la iglesia, señal de guerra para que los padrotes y su base social salgan a agredir a los intrusos. González Covarrubias afirma haber detectado un bloqueador de frecuencias de radio de la ciudad, usado para evitar "que policías o periodistas puedan volar drones sobre ciertos vecindarios", y recuerda que en 2018 la Interpol desplegó a 50 agentes respaldados por 250 soldados mexicanos para arrestar a tres proxenetas en la ciudad que contaban con orden de detención por una solicitud de extradición.

La enviada de AFP desmenuza luego la forma de operar de los traficantes, para lo cual entrevistó a Juana Camila Bautista, a Karla Jacinto y a Mario Hidalgo, un expadrote que dejó el oficio para iniciar una nueva vida en el cristianismo. "Tenía cuidado de nunca golpearlas en la cara o las piernas, sino que las golpeaba muy fuerte, pero en la espalda, en el trasero", le confesó Hidalgo a la reportera. Relató también cómo él y su hermano Jesús dirigían una red de hasta 20 prostitutas, cada una de las cuales podía generarles hasta 400 dólares al día.

En México el fenómeno de los padrotes tlaxcaltecas igualmente ha sacudido el interés y empujado a que decenas de reporteros correteen la historia, comenzando por los de medios locales de grandes franquicias nacionales como *El Sol de México*, *Milenio*, *El Heraldo* y *El Universal*, entre otros. Asimismo, organizaciones como CIMAC, cuya leyenda es "Periodismo con perspectiva de género", se dieron a la tarea de darles seguimiento a muchos de los casos donde aparecía un tratante de Tenancingo y su víctima.

Uno de los reportajes de más reciente factura aparece firmado por Melissa Amezcua y Humberto Padget, que, además de hacer recorridos por la zona, revisaron averiguaciones previas emprendidas en México contra familias de Tenancingo, presumiendo que "los Rojas Romero son una de las organizaciones con más redes de conexión para prostituir mujeres en México y Estados Unidos".

Por lo pronto, entre los procesados en Nueva York en la acusación de 2011 en contra de los Granados Rendón aparece José Granados Rojas (a quien nunca agarraron), y en el dictamen de 2015 en contra de los Rendón Reyes, además de Félix Rojas, se hallan los hermanos Odilón y Severiano Martínez Rojas, quienes cuentan con otra acusación en una corte de Georgia, la cual comparten con su primo Arturo Rojas Coyotl. Por último y de vuelta al Distrito Este de Nueva York, la acusación contra los Meléndez Rojas, de 2017, incluye a los hermanos José Miguel, José Osvaldo y Rosalio Meléndez Rojas en otro de los procesos de los que hablan los reporteros. Éstos detallan además una averiguación previa abierta en la Procuraduría (hoy Fiscalía) General de la República en contra de Fredy y Noé Rojas Romero desde 2012 por el delito de explotar sexualmente a sus novias y, al menos, a una mujer más cada uno.

Dicen estos investigadores que los proxenetas citados obligaban "a sus propias víctimas a reclutar a más mujeres" de las casas de seguridad donde son retenidas antes de ser enviadas a "Irapuato, Guanajuato, donde las autoridades federales identificaron conexiones con tres hoteles locales". Las víctimas pueden ser enviadas también a "tres casas en Papalotla, Tlaxcala; a un hotel en Acapulco, Guerrero; otro en Martínez de la Torre, Veracruz; y un bar y una casa en Monterrey, Nuevo León".

En su recorrido, los periodistas hallaron que "los moteles de paso para la explotación de mujeres abundan en la carretera que rodea esta ciudad". Específicamente en el caso de los Rojas Romero se hallaron conexiones entre hoteles, bares y casas aliados de otras "redes de trata en Izúcar de Matamoros, Puebla; en Tlaxcala, en San Bartolomé, San Pablo del Monte, Santa Isabel Xiloxoxtla y San Francisco Tetlanohcan; y en Morelos, en Axochiapan, según datos oficiales".

Melissa y Humberto citan datos de la Procuraduría General de Justicia de Tlaxcala, que les confió que eran 16 los municipios tlaxcaltecas donde "hay trata para explotación sexual y trabajos forzados" con padrotes moviéndose en "autos de lujo, como Mustangs, Audis, Mercedes Benz y BMW". Más adelante entrevistan a Alejandra Méndez Serrano, ya para entonces directora del Centro Fray Julián Garcés, quien les aclaró que el fenómeno "se ha extendido en los últimos años debido a la inacción de las autoridades de todos los niveles".

Citan el informe *Panorámica de la trata de personas*, 2018, elaborado por Lantia Consultores para el gobierno de Tlaxcala, donde hallaron que "los tratantes de mujeres, a diferencia de otro tipo de crimen organizado, operan en grupos pequeños". El mismo reporte asegura que "del monitoreo de eventos entre 2007 y 2017 se observó que en 53% de los casos estuvieron implicados entre uno y dos presuntos tratantes, mientras que en 28%, de tres a cinco, y en 19%, seis o más".

Luego vuelven a datos ofrecidos por el Centro Fray Julián Garcés, que clasifica los registros de la procuraduría local donde han ingresado 210 denuncias por trata de personas de 2011 a 2017, de las cuales, apenas nueve "son sentencias condenatorias". En el Fray Julián miraban con preocupación que del número total de mujeres rescatadas "apenas 26 fueron canalizadas a refugios para víctimas; es decir, 83% quedó en indefensión y riesgo de volver a ser explotadas sexualmente".

"En calles aledañas al centro de Tenancingo se encuentran colgadas mantas a la vista de todos con fotografías explícitas que advierten de posibles linchamientos", dice la nota de Amezcua y Padget.

Los reporteros, siempre detrás de los defensores de derechos humanos, han compartido la encomienda de poner los reflectores sobre esta actividad criminal, hecho que ha obligado a las autoridades a actuar… en los contados casos que se han decidido a hacerlo.

11. Ya llegó el Estado ausente

UNA PELEA COMO LA QUE SE DEBE DAR CONTRA LA TRATA DE PERSONAS DEBE incluir varios batallones organizados y dispuestos a enfrentar a un rival que durante décadas ha ido adquiriendo formas sofisticadas e infranqueables. No ha sido fácil mermar la operación de la trata inflada por años de injusticia, impunidad, usos y costumbres, machismo, misoginia, mala educación, entre otros agravios.

Como muchos otros problemas no atendidos que aquejaron en algún momento a cualquier comunidad, fue la sociedad civil organizada la primera instancia que investigó, detectó y buscó contener el avance de la trata, o al menos así sucedió en algunos pueblos al sur de Tlaxcala. Pero, al margen de los esfuerzos que también deberían emprender otros actores (medios de comunicación, el ciudadano común), es el Estado y sus entidades encargadas de legislar, administrar la justicia y proteger a los ciudadanos o a las víctimas los primeros que tendrían que levantar la mano y tomar acciones.

Hemos escuchado cómo los proxenetas, en voz de sus abogados, han culpado a la pobreza, el analfabetismo y la falta de oportunidades como las causas de su conversión criminal. Lo cierto es que su motivación mayor sigue siendo la ausencia de castigos, desliz que se debe cargar totalmente a los tres niveles de gobierno: federal, estatal y municipal. Ya sea que los políticos y mandos policiacos pacten con los tratantes o que los soslayen y les permitan operar, el gobierno es el primer responsable de la impunidad de los padrotes, y, al menos durante los últimos cinco lustros, salvo excepciones, no ha querido, no ha podido o no ha aprendido cómo enfrentarlos.

"En el gobierno federal (mexicano) se identificó una alta prevalencia de trata en los estados de Veracruz, Tlaxcala y Guerrero", pero las autoridades "por segundo año consecutivo (2020-2021) no condenaron a ningún traficante", acusa el más reciente reporte anual sobre trata que con datos enviados por gobiernos de todo el mundo elabora el Departamento de Justicia de Estados Unidos.[1]

"No somos un pueblo de padrotes", aseguró semanas antes de abandonar el cargo quien fuera presidente municipal de Tenancingo entre enero de 2013 y diciembre de 2016, el doctor José Ignacio Guzmán Lara.[2] Empero las sospechas —de ningún modo infundadas— de que apoyaba a los tratantes se aglutinaron sobre el mandato del doctor Guzmán debido a su comportamiento y el de personas de su círculo cercano. Uno de los que cruzó la línea de la discreción fue su propio hermano Sergio Guzmán Lara, quien "a los trece días del mes de agosto del año dos mil trece" le envió a Nueva York una carta a la jueza Carol Bagley Amon, asignada al caso de la organización López Pérez (detallado en el capítulo 5 de este volumen), en la cual asienta: "José Gabino Barrientos Pérez es persona conocida del suscrito y además honesto, responsable, capaz para desempeñar toda actividad encomendada y con deseos de superación a la que considero de grandes talentos", en el mejor estilo del director de recursos humanos de cualquier empresa.

Exactamente esa misma "carta de recomendación" para apoyar al proxeneta Barrientos Pérez (quien abandonó la prisión en mayo de 2020 tras cumplir los 10 años y ocho meses a los que lo condenó Amon)

---

[1] Departamento de Justicia de Estados Unidos, *Reporte sobre tráfico de personas*, julio de 2022. Copia en poder del redactor.

[2] Leonel Tlalmis, "'No somos un pueblo de padrotes', aclara alcalde de Tenancingo", *El Sol de Tlaxcala*, 30 de noviembre de 2016. Disponible en https://www.elsoldetlaxcala.com.mx/local/municipios/no-somos-un-pueblo-de-padrotes-aclara-alcalde-de-tenancingo-594194.html.

fue enviada en agosto de 2013 a la Corte Federal de Brooklyn por la licenciada en derecho Estela García Barrientos, quien en 2021 buscó ser alcaldesa de Tenancingo, aunque el voto no la favoreció. Por cierto, fue tan fuerte el rumor de que los padrotes tlaxcaltecas ofrecían financiamiento y apoyo al doctor Guzmán Lara y demás alcaldes de Tenancingo que, como ya revisamos, Lorenzo Córdova, presidente del Instituto Nacional Electoral mexicano (INE), implementó estrategias para buscar censurar esas acciones. "El árbitro electoral y los investigadores de Santiago Nieto (entonces titular de la Unidad de Inteligencia Financiera de la Secretaría de Hacienda) han unido esfuerzos para cortar el paso de candidatos proxenetas en los comicios de 2021 en Tlaxcala; hay, al menos, seis posibles focos rojos de dinero sucio", dice una nota que indagó en el tema.[3]

Otro alcalde tenancinguense, José Carmen Rojas, aceptó ante el reportero de *BBC* News, Ignacio de los Reyes, "no poder tapar el sol con un dedo", refiriéndose a la fuerte presencia de la trata de personas en la zona, pero luego se defendió diciendo que en Tenancingo "hay mucha gente buena" y soltó que el problema de trata "no existe en la dimensión que se maneja", aun cuando durante su mandato (2010-2013) se investigó y consignó en muchos estados de la Unión Americana a proxenetas del municipio que gobernaba.

No resulta extraño comprobar que los alcaldes nieguen el fenómeno, aún más cuando la actual gobernadora asume la misma actitud. En una entrevista dada el 28 de noviembre de 2022 al noticiero matutino *Sergio y Lupita* en El Heraldo Radio, la mandataria tlaxcalteca, Lorena Cuéllar, dijo que su gobierno "había controlado la trata" sin detenerse a dar detalles. Un par de días después, durante el Foro Nacional "Construyendo Redes de Paz", al cual acudieron representantes del gobierno federal y de la ONU, Cuéllar repitió que en la entidad no hay casos de trata porque no hay averiguaciones previas que avalen ese delito.

---

[3] Redacción de *Emeequis*. "La UIF y el INE temen que los padrotes compren la elección en Tlaxcala", *LJA.MX*, 29 de diciembre de 2020. Disponible en https://www.lja.mx/2020/12/la-uif-y-el-ine-temen-que-los-padrotes-compren-la-eleccion-en-tlaxcala/.

Todas estas defensas e intentos por meter el problema de los traficantes debajo del tapete no son gratuitos, pues, como parte de su oficio, los padrotes tlaxcaltecas de San Miguel Tenancingo han aprendido a tejer relaciones con el poder político y policial, como una forma de mantener sus organizaciones sanas y activas. Y se calculan tan fuertes que sigue habiendo resistencia en todos los niveles de gobierno para enfrentarlos de manera frontal. Pero, eso sí, el asunto de los proxenetas en los municipios al sur de Tlaxcala "ya se usa como bandera política y sirve para hacer proselitismo", según denuncia la directora del Centro Fray Julián Garcés Derechos Humanos y Desarrollo Local, Alejandra Méndez.

La gobernadora Cuéllar está al frente de la entidad desde agosto de 2021 y lo estará hasta 2027. Esta funcionaria, que pasó del Partido Revolucionario Institucional (PRI) al de la Revolución Democrática (PRD) y finalmente atracó, compitió y ganó como candidata de Movimiento Regeneración Nacional (Morena), usó el tema de la trata durante toda su campaña a la gubernatura. "De hecho, cuando asumió como gobernadora, planteó como prioridad la trata con fines de explotación sexual", señala Méndez, pero, insiste la activista, la funcionaria luego pasó a "la política de simulación, donde la trata apareció en su discurso, pero al final no hay acciones reales" que generen una transformación. El de la trata, por cierto, no es un tema nuevo para Cuéllar, que, como diputada local (de 2005 a 2007 y de 2011 a 2012) fue una de las que recibió la propuesta para tipificar el delito en su legislatura, "y en su momento la avaló e impulsó al interior del Congreso", recuerda Alejandra Méndez.

Dice también la directora del Fray Julián que la maestra Teresa Ulloa, de la Coalición Contra la Trata y el Tráfico en América Latina y el Caribe (CCTTALC) "se ha cansado de denunciar la colusión de las autoridades con las redes de tráfico". Apunta que uno de los grandes problemas es que la mayoría de las denuncias, más de 90%, no son atendidas, ya no digamos resueltas: un mensaje de impunidad que desalienta, de inicio, las denuncias ciudadanas. Por ejemplo, según la misma organización de derechos humanos, de 210 denuncias hechas en Tlaxcala de 2011 a 2017, "sólo 13 alcanzaron sentencia condenatoria, porcentaje que es una invitación a seguir delinquiendo".

"La corrupción relacionada con la trata siguió siendo motivo de preocupación", dice el *Reporte sobre tráfico de personas*, 2022, donde se quejan de que funcionarios del gobierno "se confabularon con traficantes o participaron en delitos de trata". Méndez Recuerda cómo en septiembre de 2020, el gobierno de México estableció a nivel federal una línea directa y un sitio web abiertos al público para la denuncia anónima de sospechas de corrupción que involucrara a funcionarios públicos, pero, hasta el momento en que se realizó el estudio, "no se informó de haber recibido ninguna pista en relación con la trata". Y lamenta que, por segundo año consecutivo, "el gobierno (mexicano) carecía de un plan de acción nacional contra la trata", luego de la expiración del plan anterior en 2018.

"Y si no hay plan nacional, no se aplica un presupuesto y prácticamente todo está detenido", se queja de Rosi Orozco, de la Comisión Unidos vs. Trata, y detalla lo que esa parálisis significa: "No hay apoyo a las víctimas, a los albergues, a la capacitación, ni a los esfuerzos de la procuración de justicia". El compromiso en los acuerdos bilaterales contra la trata, signados entre México y Estados Unidos, mandaban el aumento de los esfuerzos para investigar y enjuiciar la trata, "incluidos los trabajos forzados y los que involucran a funcionarios cómplices, tanto a nivel federal como estatal", dice el reporte del Departamento de Justicia, que dispone, además, la responsabilidad gubernamental de entregar recursos a los fondos de asistencia a las víctimas para cubrir los pagos de restitución que los traficantes condenados no pueden pagar —cosa que, por cierto, tampoco se cumple a cabalidad en los Estados Unidos—. Al respecto, los expertos locales y activistas como los del Centro Fray Julián Garcés han mencionado que una financiación insuficiente en, por ejemplo, capacitación lleva a los fiscales en estados como Tlaxcala a acusar a los sospechosos de delitos que consideran más fáciles de probar, pero que les ofrecen a los acusados la posibilidad de defenderse mejor. También se sabe de casos "donde los funcionarios de inmigración aceptan pagos de traficantes para facilitar la entrada irregular de víctimas extranjeras de trata a México".[4]

---

[4] Departamento de Justicia de Estados Unidos, *Reporte sobre tráfico de personas*, julio de 2022. Copia en poder del redactor.

Así como los primeros proxenetas de Tlaxcala presuntamente aprendieron mañas y se inspiraron en la vida nocturna de la capital mexicana, hay indicios de que la colusión de autoridades, tanto civiles como policiales, con tratantes y padrotes, tiene una historia sólida detrás. "Los miembros de la élite política revolucionaria se convirtieron en consumidores e inversores influyentes en la prostitución", observó Katherine Elaine Bliss en un detallado ensayo que indagó en lo que sucedía con el fenómeno en la Ciudad de México a principios del siglo XX en los años previos y posteriores a que se consumara la Revolución mexicana. "Hay guardianes del orden público que, habiendo visto lo lucrativo del negocio del 'pachuco', en vez de castigar a estos individuos que trafican con esclavas blancas, son ellos también imitadores del gesto y los hay que tienen dos o tres mujeres que permiten ser explotadas".[5]

"El criminal de la nota roja y el submundo del hampa que actúan en complicidad con el poder público o privado son un tema frecuente cuando se menciona a los bajos fondos", apunta el escritor Sergio González Rodríguez, en su célebre obra sobre la vida nocturna en México. El ensayista concibe la colusión e ineficiencia de las autoridades como una "técnica de poder" nacida en el trayecto del régimen reglamentarista de la prostitución en México, técnica que adquiere un "rango simbólico: es lo moderno; de funcionamiento endeble, insuficiente o ineficaz y crecimiento de contradicciones que definen un carácter informal y evidencian o hacen más cruentos los efectos del dominó o control, de explotaciones y violencia originarias". Esa técnica de poder, continúa, "cobra una inercia que transita o se ubica entre lo legal y lo ilegal, en perjuicio de las víctimas y el conjunto de la sociedad, y acaba por ser un recurso enajenado por los intereses de funcionarios o policías sin ningún límite de tipo legislativo, judicial, administrativo: poder ejecutivo en escala simple y pragmático".[6]

---

[5] Katherine Elaine Bliss, *Compromised Positions; Prostitution, Public Health and Gender Politics in Revolutionary Mexico City*, University Park, PA, The Pennsylvania State University, 2001.

[6] Sergio González Rodríguez, *Los bajos fondos*, México, Cal y Arena, 1989.

YA LLEGÓ EL ESTADO AUSENTE

El pachuquismo, el antecedente más firme de la escuela del padrote tlaxcalteca, a decir de Bliss, "resultó un negocio muy lucrativo
para los cinturitas y policías", y anota cómo en las delegaciones de policía "se levantaron actas en donde quedaba registrada la mujer que
había sido víctima de violencia o victimaria", pero que en la mayoría de los casos no había hecho su "contribución". Y describe esta investigadora cómo la sociedad entre el pachuco y el policía "hacía que
el segundo vigilara que la cabaretera cumpliera con sus funciones, exi-
giéndoles a las mujeres una cantidad" por peticiones como salir a comer o ir a tomar un "té de hojas de naranjo con piquete".

Otro historiador, Pablo Piccato, halló ejemplos de cómo la política
se confundía con la delincuencia con personajes como el pistolero Miguel M. Miravete, un agente aduanal que intentó comprar una curul
en el Congreso y emprendió en el tráfico de drogas y la extorsión. Otro
llamado Mauro Angulo en 1948 mereció un reporte de la embajada de
Estados Unidos en México dirigido al Departamento de Estado, donde
hablaba de su asesinato: el documento titulado "Political Gangsterism
in Government" describía "una intrincada red de *shady business* que incluía a pistoleros cercanos al presidente [Miguel] Alemán, los cuales se
dedicaban a la prostitución, la extorsión y los narcóticos".[7]

Con estos quizás contados pero muy claros antecedentes, no es
de extrañar que la Procuraduría General de Justicia del Estado de
Tlaxcala (PGJET) sea señalada de implementar "un patrón sistemáti-
co institucional" para no investigar los casos de desaparición de niñas y mujeres, feminicidios y violencia sexual en las inmediaciones de
San Pablo del Monte, en la frontera de Tlaxcala con Puebla. Entre
enero de 2016 y marzo de 2017, por ejemplo, desaparecieron siete
niñas y cinco mujeres en esa zona, lo que llevó al señalamiento de
complicidad de la PGJET por parte de defensores de derechos humanos
como Miriam Pascual, de la Red Retoño, y David Peña, del Grupo
de Acción por los Derechos Humanos y Justicia Social, quienes docu-

---

[7] Susana Sosenski y Gabriela Pulido (coords.), *Hampones, pelados y pecatrices: sujetos peligrosos en la Ciudad de México (1940-1060)*, México, Fondo de Cultura Económica, 2019.

203

mentaron cómo las autoridades "han extraviado evidencias y videos trascendentes" de las cámaras de seguridad cercanas a donde ocurrieron los raptos, "y se han negado a levantar las averiguaciones previas correspondientes".[8]

Ya no es un secreto que las autoridades al más alto nivel en esa zona que comprende los estados de Puebla y Veracruz se han tomado tan a la ligera esos delitos que no se pueden despojar del estigma que los señala de solapar la prostitución y la trata. El caso más célebre quizás sea el de Mario Marín, gobernador de Puebla entre 2005 y 2011, quien fuera amigo y protector de Kamel Nacif, un empresario de la industria textil, acusado y luego exonerado por el delito de pederastia.

Otro signo de esa descomposición alcanzó niveles épicos en 2015 cuando Azucena Jazmín Márquez Rodríguez, directora de los Centros de Reinserción Social (Cereso), fue denunciada en la Procuraduría (hoy Fiscalía) General de Justicia por el delito de trata de personas con fines de explotación sexual y lenocinio, en agravio de algunas internas del Cereso de San Miguel, ubicado en el kilómetro 2.5 de la carretera Camino al Batán, en Lomas de San Miguel, Puebla. La denuncia implicó, además, a varios de sus colaboradores.

Todo empezó cuando varias internas fueron llamadas al área de control del penal, donde un supervisor apodado *el Charmín*, y Víctor Hugo García Rosales, jefe de Seguridad y Custodia, les soltaron que había internos dispuestos a pagar por sus servicios sexuales. Marco Antonio Galván Ramírez, subdirector de Seguridad y Custodia, y Óscar Martínez Ramírez, director del penal, también les dijeron que era una forma de ayudarlas, y les prometieron protección y ganancias si accedían. De ese modo fue como iniciaron los sexoservicios por los que los internos solicitantes les daban a las chicas 300 pesos, y les aseguraban que el resto ya se lo habían entregado a los custodios. Una de ellas, que no quiso conti-

---

[8] Karla Castillo, "Han desaparecido 7 niñas y 3 mujeres en la frontera de Tlaxcala con Puebla", *E-consulta*, 14 de marzo de 2017. Disponible en https://www.e-consulta.com/nota/2017-03-14/sociedad/han-desaparecidos-7-ninas-y-3-mujeres-en-la-frontera-de-tlaxcala-con-puebla.

nuar con el plan, fue amenazada con ser enviada 15 días al área de castigo, por lo que prefirió seguir con la trama. Más adelante lo denunció.[9]

Por donde se le busque, la situación es alarmante. Y no hay organización que haya denunciado más sobre el tema que el Centro Fray Julián Garcés Derechos Humanos y Desarrollo Local: tan bien estudiado tiene el asunto que viene acumulando un rosario de quejas desde hace al menos tres lustros. Lo primero que hacen notar es que antes de 2009 ninguna instancia de gobierno en Tlaxcala se había involucrado en el tema. Ese año al fin el gobierno del estado reconoció que tenía un gran problema por enfrentar y —al menos en el discurso— comenzó a referirse a la trata como un "asunto prioritario". Desde entonces ya se notaba en Tlaxcala que, mientras aumentaban la trata de personas y la violencia sexual, al mismo tiempo disminuían las denuncias presentadas y las sentencias expedidas. Incluso se le solicitó al gobierno del estado que emitiera una "alerta de género", que nunca se implementó por culpa de las irregularidades cometidas por los encargados de hacerlo.

"Las autoridades locales no destinan el presupuesto ni la infraestructura ni los recursos humanos, materiales y técnicos necesarios para la prevención atención, sanción y erradicación de la violencia sexual contra las mujeres, en especial, la violencia feminicida", dice un informe de 2020, uno más encargado por el gobierno del estado de Tlaxcala y el Instituto Estatal de la Mujer. En él se descubrió que son magros los recursos económicos destinados a la trata de mujeres, así como muy pobres los mensajes que las autoridades del gobierno del estado y municipios envían "a la opinión pública condenando la violencia de las mujeres, [además de] que todas han considerado innecesario que se declare una alerta de género en la entidad".[10]

---

[9] Alfonso Ponce de León, "Denuncian a la directora de los Ceresos por el delito de trata", Intolerancia, 23 de julio de 2015. Disponible en https://intoleranciadiario.com/blog/2015/07/22/404795-denuncian-a-la-directora-de-los-ceresos-por-el-delito-de-trata.html.

[10] Óscar Montiel Torres (coord.), *Diagnóstico sobre trata de personas con fines de explotación sexual en el estado de Tlaxcala*, Tlaxcala, Gobierno de Tlaxcala/Instituto Estatal de la

En el mismo texto las fallas del Estado ausente continúan: que si no han emitido un decreto de cero tolerancia sobre violencia sexual y trata de personas, que las autoridades estatales o municipales no condenan con suficiente claridad la violencia sexual y la trata, y que mucho menos se vislumbra algún tipo de campaña para iluminar el asunto. Comenzando por la gobernadora, hay una ausencia informativa de protocolos para que las mujeres sepan qué hacer o a quién hablar en caso de verse en peligro de desaparición, trata o violación. No hay difusión al respecto, ya no digamos que se busque ofrecerla con perspectiva de género, una falla a la que se suman, con excepciones, los medios de comunicación. En el estado de Tlaxcala parece que no puede ser de otra forma: el tratamiento del tema justifica la violencia, abona a la cultura machista y "reproduce estereotipos y prejuicios donde [se] equipara a la mujer con un objeto sexual", dice la queja del Fray Julián.[11]

Para ser un estado que se ha ganado con justicia el mote de "tierra de padrotes", no se establecen directrices o programas de contención emocional y capacitación dirigidos a los servidores públicos "encargados de la prevención, atención, sanción y erradicación de la violencia sexual contra las mujeres". No hay bancos de datos ni diagnósticos respecto a la trata; no hay seguimiento y evaluación a las políticas públicas y las acciones que se han tomado.

Cuando menos en 2018 se estableció el Programa Estatal para Prevenir, Sancionar y Erradicar los Delitos en Materia de Trata de Personas y para la Protección y Asistencia a las Víctimas de los Mismos, 2018-2021, que fue elaborado por el Consejo Estatal contra la Trata de Personas, pero arrojó nulos avances. Al momento en que se realizó esta evaluación no arrojó resultado alguno en cuanto a sus objetivos.

Los incansables y pacientes miembros de la sociedad civil no esperan mucho del programa, pero no por eso dejan de exigir su implementación, esperando que algún día se traduzca en justicia.

Mujer, 2020. Disponible en http://segob.tlaxcala.gob.mx/transparencia/Dir-evaluacion/diagnosticos%20trata/1.3%20Diagn%C3%B3stico%20Trata%20de%20Personas%20Tlaxcala.pdf.

[11] *Idem.*

12. La marcha de los santos

"LA TEOLOGÍA CRISTIANA DISTINGUIÓ SIEMPRE, EN SUS DESIGNIOS COSMO-lógicos, la oposición entre el cielo y el infierno, lo Alto y lo Bajo. Sus aplicaciones simbólicas establecían los polos de la virtud (la belleza y lo armónico), la vida perfecta, la santidad y lo místico contra el vicio, las conductas desviadas, o pervertidas, lo feo, lo prosaico y trivial", nos recuerda el escritor Sergio González Rodríguez.[1]

Explorando esa línea de los polos opuestos, un episodio más entre el bien y el mal tuvo lugar a finales del siglo pasado en Tlaxcala cuando un chispazo divino se convirtió en el llamado para alistarse en un ejér-cito que combatiría, incluso antes de que las leyes lo hicieran, el injus-to y criminal modelo de explotación sexual establecido por un grupo de familias tlaxcaltecas.

La saga arranca en 1996 cuando el padre Rubén García Muñoz fue nombrado coordinador de la pastoral social tlaxcalteca, donde sa-caron provecho de un grupo muy entusiasta de curas surgidos desde los procesos de las comunidades eclesiales celebrados en el área. Teniendo el padre García a la hermana dominica y profesora de la Universidad Autónoma de Tlaxcala, Ana Lucía Gaitán Quijano, *Tuti*, como socia

---

[1] Sergio González Rodríguez. Los Bajos fondos. México, Editorial Cal y Are-na, 1989.

con quien compartir ideas, y buscando atender los contratiempos más urgentes de las comunidades alrededor, como primer paso concluyeron sobre la urgencia de poner a funcionar un centro de derechos humanos en la región.

La sociedad civil a la que en 2002 nombraron Centro Fray Julián Garcés Derechos Humanos y Desarrollo Local A. C. (CFJGDH) era la coronación de la vitalidad de aquellos pastores y la de un corro de ciudadanos dando sus primeros pasos en el activismo. Previo a la conformación del proyecto, grupos de la pastoral social en la diócesis de Tlaxcala, a través de sondeos entre la misma población, ya habían identificado los obstáculos de mayor urgencia: migración, pobreza, daños a la salud por la contaminación de la cuenca del Alto Atoyac, contaminación industrial en general, desempleo y… prostitución.

Toda esta historia me la cuenta, vía Zoom, desde Tlaxcala, Alejandra Méndez, actual directora del heroico CFJGDH, quien nombra los pilares de aquel nacimiento: "Un esfuerzo de la academia, de actores de la sociedad civil que ya pertenecía a la red nacional Todos los Derechos para Todos Miguel Agustín Pro Juárez, y de sacerdotes practicantes de la teología de la liberación, entre otros".

Con la Comisión Nacional de Derechos Humanos, creada en junio de 1990, generando apenas experiencias y resultados, los trabajadores del Fray Julián enfrentan una página en blanco e intuitivamente creen que lo primero por hacer es fortalecer la capacidad ciudadana como sujetos de ley frente a las violaciones de sus derechos humanos. Un segundo propósito ha sido emprender alianzas con universidades, tanto la de Tlaxcala como otras en diversos puntos de la geografía nacional, con la intención de aprender a diseñar políticas públicas, redactar propuestas legislativas, entender mecanismos jurídicos y asimilar herramientas de denuncia: conferencias de prensa, foros, boletines o materiales de difusión.

Finalmente, y pese a los muchos asuntos comunitarios por atender, aclara Méndez que se tomó la decisión de concentrar su esfuerzo en sólo dos: "los daños a la salud y a la vida comunitaria debido a la contaminación de la cuenca del Alto Atoyac y la trata de mujeres y

niñas con fines de explotación sexual". Sobre la marcha los investigadores de la Universidad Autónoma de Tlaxcala intuyeron que eso que
los ciudadanos llamaban "prostitución" era en realidad algo muy parecido a la trata de personas. Descubrieron, además, que en muchos
municipios al sur del estado se había desarrollado una "escuela de padrotes", entendida como la iniciación en el oficio de padres a hijos
o de hermanos a primos, donde sus practicantes obviaban —por ignorancia, cinismo o una mezcla de ambas— el pantano legal al que
se dirigían con esa actividad que miraban como una única ruta para
abandonar su propia miseria.

Editado por la Universidad de Tlaxcala en 2004, y signado por
los investigadores Óscar Arturo Castro Soto, Luz María Rocha Pérez,
Liz Ivett Sánchez Reyna, Pedro Manuel Conde Flores y Federico Luis
Pöhls Fuentevilla, *Un grito silencioso* es el resultado de aquellas investigaciones de campo en las calles. Este primer texto lanzado por el Centro
Fray Julián Garcés tiene "la necesidad de luchar por la vigencia de los
derechos humanos y por el respeto a la dignidad de las mujeres", según
reza el prólogo. Sus páginas, donde tanto víctimas como padrotes cuentan sus historias, significaron una llamada de alerta para las instituciones tlaxcaltecas que ignoraban el calvario vivido por muchas víctimas
de un delito que en ese momento era tipificado apenas como lenocinio.

Sentada en la misma mesa con Emilio Muñoz, quien dirigió el
centro en algún momento del siglo, Alejandra Méndez Serrano menciona que el siguiente paso fue "elaborar una propuesta para tipificar el
crimen, es decir, buscar modificar el Código Penal del estado de Tlaxcala para que lo incluyeran". Las reuniones para tal efecto se realizaban en el Fray Julián, el cual albergó a investigadores y especialistas en
derechos humanos, que en pocos meses elaboraron un manifiesto para
enviar al Congreso. Sin que mediara ningún partido político, vía la Ley
de Participación Ciudadana, hicieron llegar a los diputados las modificaciones a la ley tras reunir las 3 mil 500 firmas requeridas. Pero lo que
felizmente se estaba cocinando "era un movimiento social muy fuerte
liderado por estos grupos parroquiales, y el Fray Julián acompañando
este proceso", dice con orgullo su hoy directora. Después de un año de

intensa labor a finales de 2007 consiguieron que las propuestas de modificación al Código Penal ingresaran al Congreso.

Sin dudar, Alejandra señala que la autoridad siempre buscó descarrilar el tren de propuestas: "Desde entonces no reconocen que exista el problema o alegaban que eran casos aislados". El escepticismo sobre los hallazgos del Centro Fray Julián Garcés llevó a que el Instituto Estatal de las Mujeres contratara a la doctora Patricia Olamendi, quien comanda desde 2006 la organización ProMujer, para que emprendiera una investigación que contrastara lo hallado por los activistas. Olamendi y su equipo llegaron a Tlaxcala, donde hicieron un estudio de percepción ciudadana en los 60 municipios, el cual arrojó que en 23 de ellos se practicaba alguna forma de trata. Para el estudio de 145 páginas llamado *Trata de mujeres en Tlaxcala*, el equipo que coordinó Olamendi —formado por Nadia Sierra, Laura Baptista, Bertha E. Castellanos, María Teresa Glase y Julio César Guillén— tuvo acceso a los expedientes de las denuncias en la Procuraduría General de Justicia del Estado de Tlaxcala (PGJET), donde hallaron datos sobre lugares de explotación, nombres y rutas en decenas de actas circunstanciadas (éstas no alcanzan el estatus de averiguación previa). Las pesquisas mostraban una realidad más cruda que lo hallado por los investigadores del Fray Julián.

La investigación de la doctora Olamendi desnudó las carencias que el estado de Tlaxcala mantenía en ese instante a nivel de procuración e impartición de justicia y seguridad pública, y llenó de peticiones la bandeja de las instituciones tlaxcaltecas. Entre sus recomendaciones, le pidió a la PGJET homologar y fundamentar sus criterios para iniciar averiguaciones previas o actas circunstanciadas, cuando se tratara de delitos de lenocinio o trata de personas, y también la exhortó a "capacitar al personal" para establecer protocolos de actuación. La PGJET debería colaborar con la Procuraduría General de la República (PGR) para investigar estos delitos, y establecer medidas de control dirigidas al personal para proteger la confidencialidad en la recepción, integración, investigación y consignación de las averiguaciones previas en materia de lenocinio y trata de personas. Finalmente, a la PGJET se le sugirió investigar urgentemente la situación de los municipios de Tenancingo, San Pablo del Monte, Apizaco, Papalotla, Contla, Acuamanala, Zacatelco, Panzacola y Santa Ana Chiautempan, los más "señalados por víctimas y población".

Al ministerio público le aclaró que su deber era "brindar apoyos y derechos a la víctima desde el momento de la declaración", y le recordó sobre "su carácter de representante social" y de que a las víctimas menores de edad les debe garantizar medidas de protección. Al Sistema Estatal para el Desarrollo Integral de la Familia (DIF) le mandó atender y proteger a "menores de edad víctimas del delito", y al gobierno del estado en general le recomendó "promover la investigación de las causas del delito de trata de personas y lenocinio, su difusión y prevención", además de que, junto con los gobiernos municipales, lo instó a sensibilizar a las y los servidores públicos respecto al impacto social de este delito entre la población, los daños que ocasiona y las medidas para prevenirlo.

Los avisos se extendieron a la legislatura local con una propuesta de reformas para garantizar el marco normativo acorde a los derechos humanos de las mujeres. En ese tenor, el estudio del equipo de Olamendi transmitió a los diputados la necesidad de llevar a cabo reformas en los ámbitos civil y penal para sumar el delito de violación entre cónyuges, concubinos o relaciones de hecho. Reportó sobre la urgencia de agregar la violencia familiar y reformar el artículo concerniente a los delitos de lesiones y homicidio, para calificar cuando éstos se cometan contra la cónyuge, concubina o con quien se tenga una relación de hecho, así como cuando la víctima sea persona del sexo femenino o motivados en la discriminación. Exhortó a que se penalizaran el matrimonio con menores de edad y los matrimonios forzados, así como que se contemplaran como causales de divorcio la violencia familiar y la desobediencia a las órdenes judiciales o administrativas en este rubro. Entre algunas otras modificaciones.

El estudio acusó que la legislación penal vigente en el estado de Tlaxcala sólo considera algunas de las conductas señaladas en el Protocolo de las Naciones Unidas para Prevenir, Reprimir y Sancionar la Trata de Personas, especialmente de mujeres y niños, y urgió a las autoridades a incorporar las conductas no contempladas. Consideró relevante que hubiera un estrecho trabajo de colaboración entre las organizaciones de la sociedad civil y las instancias municipales y estatales, y apuntó que algunas organizaciones (como el Fray Julián) ya trabajan de manera independiente y sin ningún tipo de apoyo institucional ni de protección a su seguridad en el rescate de mujeres víctimas de trata, por lo que requieren del apoyo del gobierno para continuar con su quehacer.

Los investigadores de Olamendi recalcaron: "[Lo anterior] deberá tener como fin la elaboración de una ley estatal para prevenir y atender la trata de personas". Calificaron de "extrema" la gravedad que se vive en el estado "con respecto a la explotación sexual de mujeres, sancionada como trata de personas o lenocinio". Y como último punto recomendaron que se declarara la alerta de género en los municipios en los que, según las víctimas, servidores públicos y ciudadanía, se llevan a cabo estos delitos.

Antes de arrancar con la investigación, Patricia Olamendi se presentó en el Fray Julián para conocer los avances del centro. Pero meses después, al terminar el trabajo, regresó y les soltó un diagnóstico aterrador: "Está más grave de lo que ustedes creen". Al tenerlo en su escritorio, el gobierno del panista Héctor Ortiz Ortiz pretendió ocultar el estudio, pero meses después Olamendi acudió a un foro organizado por el CFJGDH, donde el texto fue presentado públicamente. Después de eso, las instituciones tlaxcaltecas no tuvieron otra ruta que asumir un trabajo coordinado que en el año 2009 las condujo a la aprobación de la Ley para la Prevención de la Trata de Personas para el Estado de Tlaxcala. Ésta signaba el compromiso de que para 2016 el estado debía ya tener una sólida política relacionada con la trata de personas.

"¿Y qué ocurrió?", se pregunta Alejandra. "Pues nada", responde secamente. Es decir, el gobierno, que públicamente mostraba "preocupación", a la hora de implementar el programa simplemente decía no tener presupuesto. "Por lo tanto, las acciones concretas nunca llegaron", lamenta la directora, quien enseguida plantea sus dudas: "¿Por qué el Estado no actúa como debería hacerlo? ¿Por negligencia, por ignorancia, por contubernio?". Ella misma cree que las tres cosas son posibles, pero también agrega la ignorancia y una cultura machista patriarcal muy arraigada en el mismo coctel que aleja los cambios.

Esa misma impunidad es quizás una de las razones por las que las familias de proxenetas en Tlaxcala decidieron explorar el mercado norteamericano. Los funcionarios del heroico Centro Fray Julián Garcés Derechos Humanos han recurrido a las investigaciones del antropólogo Óscar Montiel Torres, quien ha documentado cómo las redes delincuenciales han crecido y traspasado las fronteras. "Algo que no se entiende si no hay un proceso de corrupción en todo el trayecto", sospecha Alejandra. La activista señala cómo de pronto niñas menores de edad ya cuentan con documentos como credencial de elector o pasaporte para poder viajar. Y cómo incluso este proceso se ve como un negocio, responde a la lógica de la oferta y la demanda, donde las mujeres terminan convertidas en mercancía para el demandante mercado de Estados Unidos, donde muchos hombres pagan en dólares.

En su primera intervención en la charla por Zoom, Emilio Muñoz Berruecos niega que este tipo de trata haya surgido en Tlaxcala, y expone cómo algunos individuos, que por cualquier motivo se fueron del estado, ingresaron en un proceso de aprendizaje del mismo fenómeno en otras ciudades de México. "Hablamos de obreros que tuvieron que salir de sus comunidades y observan en la Ciudad de México o en la ciudad de Puebla la forma en que otros hombres explotan a las mujeres, y entonces ellos lo adaptan a su realidad".

Al intentar explicar cómo es que ciudadanos de Tlaxcala, ya convertidos en explotadores, deciden llevar el negocio al país del norte, Muñoz retoma de nueva cuenta a Montiel Torres, el cual describe los procesos migratorios ocurridos en los ochenta y noventa, y cómo las redes de explotación buscan lugares donde coincidan dos cosas: dinero, de preferencia a raudales, y demanda de mujeres. Con esa encomienda a cuestas, los estafadores primero avanzan a la Ciudad de México, luego dan el brinco a Tijuana, y finalmente se decantan por exportar el negocio a Estados Unidos. Muñoz observa que esos grupos comenzaron a operar como empresa trasnacional, aunque no se supo nada de ellos hasta que "llegó el caso de los Carreto en 2004, que fue la primera familia enjuiciada". Aventurarse a llevar chicas a Nueva York "responde a las dinámicas globales de poblaciones que salen para hallar otras formas de vida, muchas veces ilegales o delictivas, como en este caso", explica quien también es coordinador del Programa de Derechos Humanos y Género del Centro Fray Julián Garcés.

Les recuerdo a Alejandra y Emilio las palabras del juez Frederick Block, quien en 2006, al condenar a Josué y Gerardo Flores Carreto a 50 años, alegó: "Estas duras sentencias contribuirán en gran medida a disuadir a quienes creen que pueden participar en el tráfico sexual". El juez confió en que esas cinco décadas tendrían "un efecto paralizador en otros". Alejandra apunta con certeza que las sentencias "no han tenido ningún impacto en Tlaxcala". Y, como ésta es una escuela, en todo caso lo que sí cambió fueron las estrategias. "La lógica de los padrotes es 'Si ya detuvieron a aquéllos, ¿cómo puedo hacer para que a mí no me suceda?, ¿Qué cosas debo modificar para tener mayor cuidado?'".

Así que, a 16 años de aquellas audiencias, estos funcionarios y activistas aseguran que la trata no ha disminuido en lo absoluto en la región sureña de Tlaxcala. Aunque los casos de tlaxcaltecas sentenciados en Estados Unidos han aumentado, aceptan que "no terminan siendo representativos para el número de pobladores que se dedican a lo mismo". Es decir que no solamente entre los tratantes no tuvo impacto alguno, sino que tampoco motivó la acción decidida de las autoridades, quienes se siguen beneficiando de la trata. "Los niveles de corrupción continúan siendo muy altos", ya que se les permite seguir con el negocio, en el que un alto porcentaje de las utilidades de los proxenetas va dirigido "a seguir alimentando la corrupción desde el policía del menor nivel hasta los de más arriba".

Existe la sospecha de que, a diferencia de Estados Unidos, en México se avanza lento en la procuración de justicia por muchos motivos. Sea que no se integre bien la averiguación previa, o que se siga investigando a individuos y no a redes completas. En ocasiones ni siquiera es el tratante el que cae, sino la persona que atiende el bar, o la que estaba de guardia, o el chofer, o el que cuidaba a las víctimas. Ponen Alejandra y Emilio el ejemplo del periodo en que gobernó Marco Antonio Mena (1 de enero de 2017 al 30 de agosto de 2021), cuando se integraron 49 carpetas de investigación de un número aún mayor de denuncias, de las cuales sólo una llegó a convertirse en sentencia. Así que "el mensaje que se lanza es el de la impunidad, de nulas garantías de seguridad para las mujeres y sus familias, y un aliento a los tratantes para que sigan operando", lamentan ambos funcionarios.

La falta de resultados no ha desanimado a los trabajadores del Fray Julián, que por lo pronto han puesto a Tenancingo y los demás municipios en el mapa a nivel mundial como "capital de la trata en México". Los grupos comunitarios que ahí se capacitan continúan en la faena regional, planeando acciones de prevención, enseñando sobre las distintas formas de violencia donde la de la trata es la más extrema. Por supuesto que no dudan en acusar que, si bien su trabajo "ha permitido tener ciertos avances, ninguno es igual a como sería si el Estado, que tiene las herramientas y los recursos, asumiera sus responsabilidades".

De manera similar a los sitios donde cuajó el narcotráfico, donde "son los delincuentes quienes invierten para ayudar a la población y de ese modo ganar base social", se ha visto en Tlaxcala cómo los padrotes organizan torneos deportivos o invierten en las actividades y necesidades de los templos religiosos, con lo cual se ganan la confianza y el apoyo de los mismos párrocos.

Los logros del Centro Fran Julián Garcés han quedado plasmados en las líneas anteriores, e igualmente es un triunfo que hayan puesto en una vitrina un fenómeno e historias que le dieron la vuelta al mundo. Debemos mencionar su programa piloto para escuelas secundarias: la edición de un manual que se reparte por lo menos en nueve centros educativos, donde se pueden medir los resultados con alumnos, alumnas, profesores y padres de familia. Su visión es que el programa se extienda a largo plazo y alcance todos los niveles educativos en el estado, para lo cual, obvio, necesitan un gobierno transexenal comprometido y con la voluntad de implementar la estrategia.

Su gran frustración, como lo dijeron a lo largo de la charla, continúa siendo el proceder del gobierno. Éste suele mandar a las mesas de trabajo e investigación, donde se discute la trata, a personal poco profesional, sin haber aprobado ningún examen de confianza. Los mismos agentes del ministerio público enganchan a mujeres para la trata. Los investigadores son incapaces de seguir la pista del dinero. Un Estado que firma y ratifica todos los acuerdos internacionales en la materia, pero que en los hechos no se siente obligado a resolver nada.

Antes de que la transmisión termine, Alejandra suelta un dato que ilustra a la perfección lo que ha sucedido con la trata de personas con fines de explotación sexual: a finales de 2022 el problema se puede hallar "en 40 de los 60 municipios de Tlaxcala". Mientras la gobernadora Lorena Cuéllar dice que es un problema resuelto que tiene bajo control.

Aunque por esta ocasión el mal sigue ganando, la buena es que los activistas e investigadores del Fray Julián Garcés siguen en la pelea por hacer de la zona sur de Tlaxcala un sitio menos peligroso y más digno donde vivir.

13. Rosi

SI UNO TECLEA EN GOOGLE LA FRASE "ACUSAN A ROSI OROZCO", EN UN SE-gundo aparecen decenas de resultados en los que un variopinto con-junto de medios de comunicación, que van de los tradicionales y muy conocidos a los poco consultados, se turnan el ejercicio de acusar a la reconocida activista Rosa María de la Garza Ramírez (Ciudad de México, 8 de julio de 1960).

"Lucra con las víctimas" es el más común de los señalamientos ini-ciados en 2014 cuando la entonces senadora priista, Diva Gastélum, exclamó en entrevista que Orozco se aprovechaba "de discursos en contra de la trata de personas en beneficios personales con su asocia-ción Todos contra la Trata [*sic*]". Gastélum advirtió que en el Congre-so trabajarían hasta que estén "tras las rejas los tratantes y las personas que usan el discurso de la trata para lucrar" en referencia directa a Orozco.[1]

Exactamente un año después de que esa nota apareciera, sena-dores del Partido Acción Nacional (PAN) convocaron a la prensa para arremeter de nueva cuenta contra Rosi Orozco, "presidenta de la Fun-

---

[1] Nadia Venegas, "Acusan que Rosi Orozco se aprovecha de la trata", *Milenio*, 15 de diciembre de 2014. Disponible en https://www.milenio.com/politica/acusan-que-rosi-orozco-se-aprovecha-de-la-trata.

dación Unidos contra la Trata [*sic*], por estar lucrando económica y políticamente con dicho flagelo". Reunidos para entregar una melodramática conferencia, los entonces senadores Javier Lozano Alarcón, Adriana Dávila Fernández, Mariana Gómez del Campo Gurza, Francisco Búrquez Valenzuela, Silvia Garza Galván y Francisco García Cabeza de Vaca acusaron que "diversos medios de comunicación publicaron declaraciones de la señora Orozco que la incriminan".[2]

Once meses después, la senadora Adriana Dávila Fernández retomó las acusaciones sumando elementos a su sospecha: "Rosa María de la Garza Ramírez, mejor conocida como Rosi Orozco, tiene una docena de empresas, fundaciones e instituciones educativas, supuestamente para apoyar a víctimas de trata, pero en realidad es un gran negocio que inició en el sexenio de Felipe Calderón y se ha incrementado en la actual administración de Enrique Peña Nieto con contratos y donaciones por casi 30 millones de pesos en los pasados tres años". Sin embargo, no presentó prueba alguna que demostrara que ese dinero, por alguna vía, se había desviado para beneficio de la activista y no de las víctimas. Dávila reconoció la carencia de pruebas, aunque no de ánimo para alzar la voz y delatar.

En una nota de prensa se leía: "La presidenta de la Comisión contra la Trata de Personas [del Senado], la panista Adriana Dávila, quien pidió el miércoles pasado al secretario de Gobernación, Miguel Ángel Osorio Chong, investigar esas donaciones millonarias, comentó en entrevista que los datos que dio son sólo a nivel federal y del gobierno de la Ciudad de México, ya que Rosi Orozco recibe también recursos de la mayoría de los estados de la República". Mencionó Dávila a la reportera que el dinero que presuntamente le llega a Rosi y sus fundaciones es por "certificar a los gobiernos en su lucha contra la trata de personas", y pone como ejemplo las administraciones de Javier Duarte en Veracruz, Rafael Moreno Valle en Puebla y Eruviel Ávila en el Es-

---

[2] "Senadores del PAN acusan a Rosi Orozco de lucrar con la fundación contra la trata", *Aristegui Noticias*, 16 de diciembre de 2015. Disponible en https://aristeguinoticias.com/1612/mexico/senadores-del-pan-acusan-a-rosi-orozco-de-lucrar-con-fundacion-contra-trata/.

tado de México, entidades donde "se multiplican los asesinatos de mujeres", según la denunciante. Asimismo, Dávila señaló que, buscando más recursos, Rosi Orozco "otorgó el Premio Hoja en Blanco a Alberto Kibrit, fundador de las empresas Expo Sexo, por los donativos que realizó a sus fundaciones, entre ellas Casa de la Roca", lo cual hizo que los Orozco de la Garza "dejaran atrás las críticas que antes hacían a ese tipo de personajes".[3]

Dávila Fernández volvió, en 2019, ya como diputada federal, a cargar contra Orozco, insistiendo en que el lucro en el tema de la trata es "para beneficio personal y no para abonar a un combate efectivo de ese delito", de nueva cuenta, sin entregar alguna prueba. En una entrevista más, la legisladora acusó a Orozco de haber recibido privilegios "de la administración federal y de gobiernos de los estados para avalar políticas de gobierno en la materia y premiar supuestos resultados".[4]

Fuera de estas "denuncias" que nunca trascendieron —y que parecen más celebradas al calor de alguna disputa política poco clara y agitada por legisladores como Lozano y Dávila, representantes de Puebla y Tlaxcala, respectivamente, estados donde el delito de trata sigue creciendo gracias a la abulia política—, un señalamiento que invita a detenerse es el de las presuntas agresiones sexuales acontecidas en el albergue Fundación Camino a Casa, uno de los que la organización de Rosi Orozco administra. Ha sido, sobre todo, un medio llamado *Contralínea* el que le ha dado un sospechoso seguimiento al asunto, al grado de enviar a una reportera a una de las conferencias de prensa del presidente Andrés Manual López Obrador para exigirle al gobierno una investigación.

---

[3] Andrea Becerril, "Acusan a Rosi Orozco de lucrar con el apoyo a víctimas de trata", *La Jornada*, 26 de noviembre de 2017. Disponible en https://www.jornada.com.mx/2017/11/26/politica/014n1pol.

[4] Antonio Baranda, "Acusan uso de fundación para beneficio", *Reforma*, 22 de mayo de 2019. Disponible en https://www.reforma.com/aplicacioneslibre/preacceso/articulo/default.aspx?__rval=1&urlredirect=/acusan-uso-de-fundacion-para-beneficio/ar1682696.

"Presidente, en la revista *Contralínea* vamos a insistir en el tema de los refugios para víctimas de trata de personas de Rosi Orozco porque en el expediente que nos entregó la secretaria [de Seguridad y Protección Ciudadana] Rosa Icela Rodríguez se revelan varias cosas", arrancó la reportera Nancy Flores en "la mañanera" (conferencia matutina del presidente) del 19 de mayo de 2022. Las "varias cosas" que adelantó son el presunto intento de la Procuraduría Federal de Protección de Niñas, Niños y Adolescentes (PFPNNA) por regularizar los refugios, que el refugio administrado por Orozco no se halla en el registro de este tipo de sitios que guarda la Secretaría de Gobernación (Segob) y que aún hay 21 niños en esos albergues. Sembró la duda sobre las presuntas responsabilidades de Rosi Orozco y de las personas que manejan los albergues y, refiriéndose a la quinta carpeta de investigación entregada por la Fiscalía General de Justicia del Estado de México, reconoció que "no se da ningún reporte de ellos" (de Orozco y sus trabajadores). Lamentó que "ni la Segob ni la PFPNNA saben qué hacer con los refugios" y acusó que "el personal no se encuentra capacitado y los niños eran abandonados en las noches y los fines de semana resultando que tres de ellos fueran víctimas de violaciones sexuales reiteradas".

El presidente López Obrador agradeció a la reportera por recordarle el tema y le prometió que el Estado mexicano "va a hacer justicia, porque si esos refugios no son confiables, pues no deben existir, no se deben autorizar". El mandatario, buscando la aprobación de la reportera, anunció: "Vamos a pedirle a Rosa Icela, a la directora del DIF, a quienes tienen que ver con este asunto que se reúnan y que nos presenten una propuesta si te parece".[5]

"Lo que no aclaran quienes nos atacan por eso es que nosotros mismos denunciamos el caso de los niños", me dice Rosi Orozco mientras viajamos en un Uber de Virginia, donde ella acaba de tener una reunión de mujeres activistas contra la trata, hacia Washington D. C.

---

[5] "AMLO: Estado hará justicia en el caso de los refugios de Rosi Orozco", *Contralínea*, 20 de mayo de 2022. Disponible en https://www.youtube.com/watch?v=K-NEouhnQa58.

Estamos a finales de febrero de 2022, casi siempre la semana más fría del año en el este de Estados Unidos. Hablamos de lo que sucedió algunas noches cuando un par de adolescentes recluidos, primero en un albergue en el Estado de México y luego en otro en la Ciudad de México, que ella administraba, se reunían con otros menores de edad para tocarse entre ellos, un acto completamente reprobable que los mismos niños revelaron. En cuanto los administradores, con Orozco al frente, se enteraron de lo ocurrido, no dudaron en llamar a las autoridades. Nunca abandonaron a los "culpables" y buscaron que se les juzgara sin perder de vista que ellos también eran víctimas.

Uno de esos atacantes, al cual llamaremos Diego, nos contesta el teléfono desde un centro de asistencia en el Estado de México, a donde una jueza los envió a cumplir dos sanciones, la segunda de las cuales culmina en los primeros meses de 2024. Diego, por supuesto, se dice "arrepentido por todo lo que pasó". Cuenta que en 2020, tres años después de que él llegara al refugio, luego de haber comenzado una nueva vida y haber alcanzado algunas metas como el retomar sus estudios, se reunió algunas noches con otro interno del refugio y acosaron sexualmente a otros menores con los que iniciaron relaciones íntimas.

Diego y su cómplice entendieron en algún punto la gravedad de sus acciones y decidieron detener los encuentros, aunque alguien ya les había avisado a los administradores. "Nos detuvieron el 2 de septiembre de 2020 por violación equiparada. Admito que cometí el delito y que fue un error", dice Diego, quien cuenta que después los llevaron a un centro de internación para adolescentes en el Estado de México, en donde estuvieron cerca de siete meses. "Fue muy complicado, pues no estaba acostumbrado a ese ambiente, porque es una cárcel prácticamente, y no sabía qué iba a pasar". Al menos las dudas de si la organización de Orozco los seguiría apoyando se disiparon: "Ella siempre hizo todo lo posible para ayudarnos", asegura Diego. "[Cuando Rosi se enteró de lo sucedido] no nos protegió, sino pidió que nos entregaran a la justicia, pues, imagínese, si ella hubiera dicho que no nos hicieran nada, habría sido más grave, porque ahí sí ella estaría cometiendo un delito de encubrimiento, casi cómplice".

Diego expresa: "[Rosi Orozco] nos dijo que se tenía que hacer lo correcto, pero siempre mirando cómo nos podía seguir ayudando".

"Es una completa mentira que solapábamos esas acciones, que sabíamos o que tuvimos algún grado de participación", responde Orozco, quien después hace un recuento de la cantidad de gente que ha rescatado desde que comenzó con esta labor en el primer lustro de este siglo. "Deben ser un poco más de 300 personas las que he tratado de ayudar y ahorita son 82 [no 21 como dijo la reportera de *Contralínea*] las que dependen económicamente de diferentes formas de mis organizaciones. Hay unas a quienes ayudo muy poco, pero de otras víctimas tengo la responsabilidad en cuanto a la atención psicológica, legal, tenerles personas que las cuiden, acceso a la educación, atención de trabajo social… es muy difícil", acusa.

Muy difícil.

Por eso, en otra llamada realizada con Orozco en diciembre de 2022, ella mira como un triunfo la visita que en octubre realizaron a uno de sus refugios trabajadores de la Comisión Nacional de Derechos Humanos (CNDH), del Sistema Nacional para al Desarrollo Integral de la Familia (DIF), tras la presunta orden de la Presidencia, tras las periódicas denuncias en la mañanera, de "investigar las irregularidades" en los refugios, cuya administración Orozco ha ido legando a los propios sobrevivientes de trata. "Al principio, cuando llegaron los investigadores, parecían tener una actitud hostil hacia quienes los recibieron, pero horas después de revisar los procedimientos, de mirar las instalaciones, de interrogar a las víctimas, no sólo se fueron convencidos, sino conmovidos, y su actitud hacia nosotros ya era de una total colaboración", aclara Rosi.

No entiende Orozco la actitud de las autoridades que, en éste momento, no aportan recursos a estas organizaciones y en cambio se encargan de poner trabas que dificultan su operación. Pero se consuela pensando en que al menos ya comprobaron que todo se halla en orden. Reporta que ella trabaja directamente con la UNODC (Oficina de las Naciones Unidas contra la Droga y el Delito), en donde están redactando un manual para quienes administran refugios, el cual se ha enriquecido con los intercambios de información que la ONU mantiene con refugios como el de la Fundación Camino a Casa.

Ya es algo común en la misión de Rosi Orozco tener que caminar cuesta arriba, toparse con puertas cerradas o que le impongan trabas innecesarias, lo que ha hecho de su labor de rescatar y ayudar a víctimas de tráfico sexual un reto permanente. "Antes del tema de trata ya era defensora de los derechos humanos y desde los noventa ayudaba a gente con problemas de drogadicción", rememora Orozco mientras observa por la ventana cómo los árboles secos del invierno de la costa este parecen recargarse sobre los colores ocres del atardecer. "Jóvenes con broncas, mujeres con problemas de violencia, niños en situación de calle, en todo eso me involucré, no de manera formal, sino como una simple ciudadana preocupada". Desempolva imágenes de su privilegiada infancia y juventud y la angustia que le provocaba ver las carencias del otro. "Recibí mucho. Fui una niña que vivió en el Pedregal, que estudió en Estados Unidos, y a la que su papá le pagó una escuela para aprender francés en Europa y a la que a los 21 años ya le habían comprado un coche". Recuerda a su padre como alguien no sólo muy generoso, sino, además, extremadamente culto, con el que charlar era "una delicia".

Al iniciar el siglo, la activista Rosi Orozco acudió a Washington al evento The Bridge Project, en donde escuchó el testimonio de una víctima de trata —el primero de tantos— que la conmovió. "Estábamos 22 personas de diferentes organizaciones capacitándonos en *awareness, prevention, law enforcement, prosecution, and restauration* (sensibilización, prevención, aplicación de la ley, enjuiciamiento y restauración), y cuando nos dicen que cada organización debe centrarse en un área yo elijo 'restauración de gente'". Fue la única que lo hizo. Después entendió por qué tan pocos se querían especializar en ese tema: "Es lo más peligroso, ya que te estás poniendo entre el tratante y la víctima, que para aquél es una mercancía de alto valor". Desde entonces entendió que abrir un refugio iba a resultar arriesgado, no sólo por lo que les puede pasar a las víctimas o a quienes lo administran, sino por la obligación de "atender a gente que viene muy lastimada".

Recuerda Orozco el caso de Karla Jacinto, "quien me sacó muchas canas, pues golpeaba las paredes, nos quería golpear a todos, estaba llena de odio luego de años de ser explotada por padrotes de San Miguel Tenancingo, Tlaxcala". La exdiputada explica que la curación de Jacinto fue un proceso largo que llevó meses para hacerla poder hablar siquiera, años para que deseara estudiar o ver a un psicólogo, y así dejar de manifestar sólo furia. "Porque si entre los 12 y 16 años la violaban 30 tipos diarios, hasta llegar a casi 40 mil, si en la noche la golpeaba el padrote… ¿te imaginas el resentimiento?". El caso de Jacinto, quien en el último capítulo nos cuenta sobre su propia organización de ayuda a víctimas, llena de mucho orgullo a Orozco, que al principio recuerda lo complicado que fue no poder transmitirle confianza a Karla: "Señora, ¿qué quiere? ¿Por qué hace esto?", le preguntaba la joven mientras el proceso de curación y maduración avanzaba y las relaciones se suavizaban.

"El primer caso que me sacude lo vi en un documental llamado *Lilja 4ever*, sobre una niña de 12 años de Lituania a la que un tratante captura y lleva a Suecia. Cuando logra escapar, ¿qué crees que hace? Pues se quita la vida". Aprovechando la furia que la historia le provocó, Rosi volvió a México en 2005 con otra visión y descubrió que no hay nada parecido a un refugio. Con eso en mente, busca avanzar, y así es como las cosas se comienzan a dar. El primer paso fue cuando el periodista Raúl Flores la invitó a La Merced, donde el delegado de Venustiano Carranza, en ese entonces, Julio César Moreno, había organizado un evento al que invitaron a chicas que se prostituían y con las que Rosi entabló una comunicación inmediata. Un horno de microondas que Rosi obtuvo en una rifa organizada en este evento fue cedido a una de sus nuevas amigas, que terminaron aceptando, además, la charla y el roce de esa mujer que se empeñaba en intimar. A la hora de la salida, Rosi Orozco se ofreció a llevar a un par de chicas al Hotel Veracruz, donde las tenían hospedadas sus tratantes. Pero al subirse a su camioneta, la activista les propuso otro plan:

—¿Ustedes quieren vivir aquí?

—Noooo —le respondieron a coro.

—Si les dijera que hoy mismo me hago cargo de ustedes, si deciden salirse de este ambiente, ¿aceptan?

Ambas aceptaron enseguida la oferta de esa que había sido tan generosa. En aquel instante no tenía idea de lo que haría con ellas. Así que mandó a su chofer a recoger la ropa de las víctimas y ahí arrancó la recuperación. Carmen, una amiga de Rosi, las hospedó en su casa, y durante un tiempo las adoptó, vistió, alimentó y consintió.

Buscando soluciones, Orozco recibe una pista de la organización Un Kilo de Ayuda, donde le informaron que el Servicio de Administración y Enajenación de Bienes, el SAE, les decomisaba casas a delincuentes y las rentaba. Entonces, "como cualquier hija de vecina", fue a solicitar una vivienda y halló una muy segura, con puerta blindada, jardín amplio, justo lo que buscaba para comenzar a trabajar. "Era importante que las niñas vivieran en un lugar digno", aclara. Así que esa vivienda decomisada se convirtió en el primero refugio, y las niñas rescatadas de La Merced, sus primeras beneficiarias. Una de esas niñas rescatadas es Camila y sale en la portada del primer libro que Orozco escribió contando su historia.

Contra todo pronóstico, hasta la fecha, esa casa sigue funcionando como albergue. Han querido despojar a la organización del recinto, pese a que nunca han dejado de pagar la renta, reclama la activista.

Contar con un refugio, empero, es apenas un pequeño esfuerzo frente a la industria ilegal del proxenetismo, sana y operando. "No había una ley que encerrara a los proxenetas, ya que hace 20 años sólo los acusaban de lenocinio y salían pagando fianza. Pero, así como apareció la casa del SAE o la invitación para ir a La Merced, donde rescató a dos niñas, de pronto le llegó a Rosi Orozco la invitación para contender por una diputación, debido a que un candidato se arrepintió de enfrentar a una presunta aplanadora de la delegación Gustavo A. Madero, en ese tiempo pintada de los colores del Partido de la Revolución Democrática (PRD). Enarbolando la bandera del Partido Acción Nacional (PAN), la activista se fue a vivir a la colonia Lindavista, ubicada en esa demarcación, y comenzó su campaña. Presumir las bondades del refugio que ya operaba y la promesa de evitar "que tus hijos caigan en el abuso sexual o trata de personas" la ayudaron a que los votantes de la Gustavo A. Madero la hicieran diputada federal. en la polémica elección de julio de 2006, donde Felipe Calderón ganó la silla presidencial con 0.53% de diferencia respecto al segundo contendiente.

Al llegar a San Lázaro para la LXI Legislatura, que corrió del 1 de septiembre de 2009 al 31 de agosto de 2012, Orozco entregó a cada uno de los 500 diputados una carta explicándoles las razones por las que urgía una ley contra la trata, así como un video de la miniserie *Human Trafficking*, con Mira Sorvino y Donald Sutherland, filmada en Nueva York, la cual retrata a las mafias que operan ahí y los daños que provocan, cosa que los legisladores estaban obligados a prevenir.

En abril de 2010 la diputada Rosa María de la Garza subió a la tribuna el dictamen de ley: "Es cuando me doy cuenta de que no la voy a poder sacar sola", dada las resistencias de algunas bancadas. Entonces la bajó de la lista de propuestas y comenzó a cabildear, como se conoce a ese ejercicio de ir convenciendo a los diputados escépticos para modificar los puntos polémicos y mejorar otros flancos. "Hubo quien me ayudó, aunque luego se molestaran porque yo cabildeé y modifiqué la ley para que finalmente fuera aprobada por unanimidad", recuerda sobre las complicadas jornadas.

Previo a la aprobación, Orozco le entregó el proyecto a Manlio Fabio Beltrones, entonces el senador más influyente y poderoso, ya que era más fácil que él pasara la ley, un movimiento que enfureció a los miembros del PAN. Para ella lo más importante era que la ley se aprobara y así "salvar a niños y niñas, no iniciar a una lucha partidista". "[La enmienda constitucional] ha permitido que 98% de los tratantes de las niñas que tenemos en los refugios estén en la cárcel, no perdonamos ni a uno", asegura Orozco con orgullo, y divertida de que en Estados Unidos las activistas que manejan refugios no pueden creer esos resultados, ya que ellas acaso se acercan a 40% de proxenetas presos.

A 10 años de la aprobación de la Ley General para Prevenir, Sancionar y Erradicar los Delitos en Materia de Trata de Personas y para la Protección y Asistencia a las Víctimas de Estos Delitos, Rosi Orozco sabe que el movimiento que lucha contra este delito se halla de algún modo estancado. Enseguida reacciona y recapitula: "En Quintana Roo adquirieron el compromiso y hacen operativos con gente encubierta bajo una figura legalmente aceptada donde los policías pueden ingresar encubiertos a encontrar a niñas y niños". Acepta que en Tenancingo sigue siendo difícil entrar a detener a los proxenetas y recuerda cómo ella ha ido tres veces: la última tuvo que salir de manera apresurada, pese a que trató de disfrazar su presencia. Carola, una sobreviviente, ahora con un cargo directivo en la organización, y quien viaja con nosotros a Washington, al escuchar nuestra conversación le comenta: "Tú no pasas desapercibida en ningún lado, Rosi".

En uno de los estudios encargados por el Instituto Estatal de la Mujer de Tlaxcala, investigadores de la Universidad de Tlaxcala les preguntaron a algunos habitantes de Tenancingo acerca del estigma de "tierra de padrotes" que carga la región y se quejaron de dos cosas: "La falta de ética de Discovery Channel por el documental *De Tenancingo a Nueva York*, alegando que lo realizaron con engaños y de Rosi Orozco, alegando los pobladores que 'es una persona que se ha dedicado a lucrar con la trata y que ella es una de las responsables de ese estigma'". Nadie se ha apresurado en presentar pruebas de esa acusación contra Orozco, que ya se convirtió en mito para quienes se presentan abiertamente como sus "enemigos".

Pero, mientras algunas personas le siguen esquilmando el mérito por su labor al frente de esta lucha, Rosa María de la Garza Ramírez ha recibido múltiples reconocimientos y ha sido incluida en las listas de las mujeres más poderosas, influyentes o valientes que periódicamente seleccionan publicaciones como *Quién*, *Newsweek*, *Forbes* o *Mujer Ejecutiva*. El Instituto Nacional de la Mujer le dio en 2011 la Medalla Omecíhuatl, y la Organización Proconciencia le otorgó en 2014 un reconocimiento por su lucha contra la trata.

Sin embargo, para ella no hay mejor premio que saber que una de sus niñas rescatadas "ha superado otro escalón, como terminar la prepa o ingresar a la universidad". Por eso, aquella fría noche de febrero que llegamos a Washington buscando algún restaurante donde comer, de pronto le entran a Rosi oleadas de nostalgia al saber que una reunión por Zoom no fue suficiente para celebrar que una de las víctimas que ella rescató se graduó ese día de sus estudios intermedios.

"Siempre trato de estar en esos momentos, pero esta vez me fue imposible, pues necesitaba estar en esta reunión", justifica quien, a los ojos de organizaciones de todo el mundo, es la mexicana con más autoridad para hablar o asesorar en asuntos de trata.

Muy pronto se le pasa la preocupación. Sabe que debe continuar con la coordinación de un evento que se celebrará en el verano de 2022 en Washington, donde reunirá a 50 personas, entre activistas, funcionarios y fiscales que, como ella, tienen como misión en la vida el rescate y la protección de mujeres víctimas de trata y la procuración de justicia contra los explotadores.

14. Listo el molde para enfrentar la trata

EN EL ENCUENTRO "A 10 AÑOS DE LA LEY GENERAL PARA PREVENIR, SANCIO-nar y Erradicar los Delitos en Materia de Trata de Personas: avances y reconocimientos", celebrado el 25 y 26 de julio de 2022 en The Tower Club Tysons Corner, en la capital de Estados Unidos, escuchamos a medio centenar de oradores, entre fiscales anticorrupción, jueces, congresistas, administradoras de refugios, activistas, líderes religiosos y empoderadas víctimas de países y organizaciones diversos. Aunque en México pasó desapercibida la efeméride por la década de la promulgación de la ley, en el encuentro ésta fue reconocida como una reforma de vanguardia a nivel mundial.

En la apretada agenda del evento surgieron recuerdos, testimonios y propuestas vertidas a través de seis distintos paneles en los que se pudo concluir que, gracias a los esfuerzos de un escuadrón internacional de activistas, organizaciones, fiscales y funcionarios involucrados, finalmente se puede hablar de los sólidos cimientos de un modelo para enfrentar la trata.

Uno de los personajes más reconocidos de los que acudieron al encuentro fue el abogado John Cotton Richmond, quien, de octubre de 2018 a enero de 2021, durante la administración de Donald Trump, se desempeñó como embajador general de Estados Unidos para monitorear y combatir la trata de personas. Con la autoridad y la información obtenida durante el cargo, inició su discurso lamentando que "en la batalla entre traficantes y autoridades, los primeros van ganando", y respaldó su pesimismo en muchos de los datos que aparecen en la última edición (2022) del *Reporte sobre tráfico de personas*, que cada año publica el Departamento de Estado estadounidense.

Cotton Richmond señaló que el Departamento de Estado da cuenta de 90 mil víctimas identificadas en todo el mundo, pero que la Organización de las Naciones Unidas (ONU), por su parte, calcula 90 millones de adultos, mujeres y niños que ahora mismo están siendo traficados en algún punto del planeta. Así que un bajísimo 1% de personas son las que logran ser identificadas, rescatadas y, en muy pocos casos, emancipadas, lo cual explica su frustración. Además, documentó cómo a partir de 2015 la acción judicial a nivel global disminuyó hasta 40%, por lo que "en este momento, para alguien que se involucra en el tráfico humano, el riesgo es pequeño y la recompensa grande". El fiscal afirmó que el tráfico humano obtiene mayores utilidades que Walmart, Amazon o Apple, además de que los traficantes no asumen los gastos de cualquier empresa legalmente establecida.

Aunque John Cotton Richmond sabe que es imposible arrestar a todos, resaltó la importancia de continuar persiguiendo y enjuiciando a estos delincuentes: "No será suficiente, pero sí esencial". La cruzada contra ese tipo de criminales no tendrá éxito "si no hacemos que rindan cuentas ante la justicia".

El fiscal repasó con asombro la procuración de justicia en otros países —presuntamente— de primer mundo: "[En Alemania,] si te arrestan como traficante, irás a la corte y ahí te darán una sentencia suspendida que te dejará en libertad". Según Richmond, un alemán que roba un auto pasará más tiempo en la cárcel que un traficante de personas, y en Bélgica, Bulgaria, Chile, Japón, Kosovo, Lesoto, Luxemburgo, Mali, Malta, Corea del Sur, Eslovaquia, Suiza y Ucrania manejan un modelo de justicia similar al alemán. "¿Qué pasa?", lamentó John. "¿Qué mensaje se envía a otros criminales?". Pues el de animarlos "a que se decanten por este crimen", se respondió a sí mismo.

Al hablar de la protección a las víctimas, Cotton Richmond sugirió que los retos no son menores, considerando que cada sobreviviente es distinto. Tratarlos a todos igual, para él, es una falla del sistema, ya que lo que funciona para uno no necesariamente sirve para el otro. El abogado subrayó la necesidad de crear planes de ayuda individualizados, y puso como ejemplo la Alianza de Tráfico Humano, donde tienen un programa permanente de profesionalización para empleados de refugios, a quienes les enseñan a detectar la personalidad de cada sobreviviente para tratarlos adecuadamente.

Richmond objetó el argumento de que la prostitución "es la profesión más vieja" y consideró que es sólo un mito que difunden los consumidores del "producto". "Por 4 mil años la gente pensó que la esclavitud estaba bien hasta que se probó lo contrario". Puso al auditorio a imaginar esos 4 mil años en una línea del tiempo y a comparar cuando la esclavitud era normal con los últimos 100 años en los que ya es incluso ilegal.

Pero, mientras ese mismo cambio de visión y hábito no se dé con la trata, millones de víctimas continúan sufriendo en este momento: "No entienden ni les importan, por ejemplo, las resoluciones de las ONU; ellas sólo buscan que se detenga la injusticia en su contra", se quejó el exembajador. Antes de despedirse, puso sobre la mesa el gran desafío de esta generación: convertir las leyes antitrata en una consigna popular, "creando sistemas que conviertan la tinta en acción y hagan la diferencia".

Apareció en el mismo evento, más adelante, Eric Colton, fundador y presidente de la organización Untrafficked, con sede en Dallas, Texas. Planteó que el reconocimiento, la intervención, la prevención y la restauración deben ser el eje sobre el que se base la respuesta. "Si no hay colaboración, si no hay humildad y si no rendimos cuentas, los ciclos viciosos se harán cada vez más grandes".

Untrafficked está concentrada en el tráfico sexual infantil y busca educar a los estadounidenses para que actúen al unísono en defensa de los niños que se hallan en riesgo y de los que son sobrevivientes de la explotación. Colton dijo contar con un programa de difusión para compartir sus logros y las buenas prácticas que les han funcionado.

De acuerdo con un dato aterrador de Colton, apenas 10% de los incidentes de tráfico humano son reportados, por lo que la terrible situación es mucho peor de lo que se tiene registrado. Por eso su organización se ha involucrado incluso en labores de inteligencia y ha hecho de esta causa un compromiso institucional.

El funcionario relató cómo, al empezar esta labor, había muy poca información en relación con la prevención; asimismo, eran escasas las campañas públicas o llamados de atención para reducir la demanda de niños y mujeres en el mercado sexual. Lo que sí encontraron fue una saturación de los centros donde el Estado trataba a las víctimas y que la coordinación institucional en general era escasa. Destacó el esfuerzo emprendido por Rosi Orozco, centrado en la restitución a las víctimas, y planteó que se debería extender hacia ambos lados de la frontera.

Eric Colton aseguró que el mensaje lanzado por su organización "ha logrado alcanzar a 30 millones de norteamericanos" e informó que durante el verano de 2022 comenzaron el programa Guardianes, que tiene forma de un manual ilustrado, hecho por niños, donde invitan a los adultos a participar sobre la crianza y el cuidado de los infantes en sus teléfonos, escuelas, videojuegos, como miembros de una familia, en su vecindario y otros escenarios. Esperan distribuirlo en Estados Unidos y luego a nivel internacional, con el fin de ofrecer una herramienta para que los lectores sepan cómo proteger su hogar y familia. Según Colton, mucha gente sueña con detener el tráfico en América y en el resto del mundo, pero la prioridad debería ser "parar el tráfico en nuestros hogares".

El fundador de Untrafficked invitó a todo el público a registrarse en el sitio web de la organización[1] y convertirse en un guardián haciendo uso de las herramientas que ofrece la organización, aunque de momento el programa sólo está disponible para quienes habitan en Estados Unidos.

El director de Untrafficked explicó que en la organización colaboran un exdirector militar de la CIA, un antiguo encargado de la organi-

---

[1] https://untrafficked.org/.

zación de la defensa e investigación de la misma institución y muchos otros especialistas en inteligencia y fuerzas especiales, como operación psicológica. "Hemos logrado tomar ambos rubros, tecnología e inteligencia, para capacitar y equipar a los policías antitrata".

Colton narró el caso de una niña de 15 años que había conocido en Instagram a un chico de 16. "Nunca me había enamorado, y eso que nunca lo conocí", confesó la menor, quien incluso se enojó con su mamá cuando ésta le impidió reunirse con "su novio". Un día la niña lo invitó a recogerla a su casa, y él le respondió que alguien más iría por ella porque su carro no funcionaba. Resultó que todo ese tiempo la menor se había estado comunicando con una mujer de 42 años a 362 millas de distancia de donde ella vivía. "Dos minutos antes del encuentro rescatamos a la niña y arrestamos a un traficante", reseñó Colton, algo que no hubiese sido posible sin el equipo de expertos en inteligencia que conforman la organización.

Inspirada por la historia de ese rescate, la cual provocó aplausos, Erica Greve, fundadora y directora general de la organización Unlikely Heroes, explicó que una de las claves en la lucha contra la explotación sexual consiste en "armar redes para derrotar otras redes", ya que las conexiones que presumen los grupos criminales "están 15 años más adelantadas" que las de las autoridades y asociaciones abocadas a este problema. Unlikely Heroes es una organización sin fines de lucro que desde 2011 está enfocada en rescatar y asistir a niños víctimas de la esclavitud sexual, para lo cual cuentan con hogares en países como Filipinas, Tailandia, México y los Estados Unidos. Tan sólo tres años después de su fundación, la organización fue invitada a Nigeria, donde ofrecieron asesoría para tratar a un grupo de alumnas que habían escapado de un secuestro masivo en una escuela secundaria pública para niñas al norte de ese país.

En su ponencia en Washington, en The Tower Club Tysons Corner, Erica destacó la importancia de trabajar con quienes están en la primera línea de rescate: a éstos se les debe reconocer sus esfuerzos en la labor incansable de vivir, respirar, comer y dormir esperando hallar víctimas, para lo cual requieren el apoyo permanente de un equipo detrás. Greve confirmó los avances en los modelos de lucha antitrata: hace 12 años, según su experiencia, cuando acudía a estos encuentros sobre tráfico humano, sentía que había apenas piezas de un rompecabezas incompleto. Tras una década de trabajo y nuevas ideas, la panorámica se ve cada vez más nítida. Aceptó la activista que a veces es abrumador escuchar las historias sobre trata, pero alentó a los demás a seguir preguntándose cómo pueden hacer la diferencia. Reconoció: "[Entre todos los presentes] estamos creando un modelo antitrata, que se puede implementar en el mundo entero". Erica Greve reiteró que México tiene una de las leyes más progresistas para detener el tráfico humano y exhortó a que el modelo se use en otros países.

La National Trafficking Sheltered Alliance (NTSA) es una red de proveedores de servicios que buscan mejorar el acceso a la atención para los sobrevivientes de trata y explotación sexual. Su directora, Melissa Yao, inició su participación en el evento en Washington expresando el gran amor que le tiene a México.

Durante una década, Yao ha luchado contra la trata, sobre todo dirigiendo un refugio donde se ha topado con infinidad de individuos dispuestos a sumarse a la gesta que implica rescatar y restituir a las víctimas. Sin embargo, sabe que a veces no es suficiente: "Cuando no tienes muy claro qué estás haciendo o cuando no estamos equipados para lidiar con asuntos tan complejos".

En la NTSA ya asesoran a más de 100 refugios en todo Estados Unidos. Gracias a esta labor, puede garantizar que cada sobreviviente en el país que llega a algún refugio de la alianza ("y ojalá algún día en todo el mundo") tenga acceso al más alto cuidado que alguien le pueda proveer. Yao ha trazado una ruta con tres pasos para lograrlo: *1)* a través de la capacitación y el equipamiento de los miembros de los refugios, *2)* coordinándose con el sistema nacional de recursos y *3)* asegurando la calidad de la atención a través de estándares. La activista definió esto como "las mejores prácticas", pero aceptó que la atención a sobrevivientes aún es un terreno por explorar, así que nadie puede decir que su método es mejor. Consideró un gran paso tener una línea de calidad estándar en la atención a sobrevivientes, lo que en cuatro años le ha permitido a esta organización proveer y dar refugio a más de mil 200 personas.

¿De qué manera garantiza la NTSA sus altos estándares? Yao explicó que, al ser una organización a nivel nacional, están sujetos a evaluaciones. Pero, sin duda, algo que los ha hecho mejorar mucho son las propias quejas de los usuarios. "No creo que sea exclusivo de Estados Unidos, pues alrededor del mundo los sobrevivientes reciben tratos que en ocasiones los dañan más o no los ayudan, pero ahora que la NTSA cuenta con una oficina para recibir denuncias, eso nos sirve para ajustar".

Charlie Lamento es un abogado estadounidense especializado en casos de trata que ahora despacha en Inglaterra, Gales y República Checa. En Washington compartió que, en 2018, la ONU dijo que 700 mil personas habían sido procesadas e investigadas en 10 países; esto es poco comparado con los 99 millones de personas envueltas en la esclavitud en el mundo, tanto en el tráfico sexual como en el laboral, de los cuales 6 millones son niños. "En mi mente de fiscal éstas son cifras ofensivas", sostuvo. Cuando fue fiscal en Misuri, Lamento castigó a traficantes sexuales con condenas de 24 años a cadena perpetua, por lo que ve con desilusión a aquellos países donde los traficantes reciben entre cinco y siete años de cárcel en promedio. Por eso aseguró estar enfocado y sin miedo en su tarea de enviar a más traficantes a prisión. "Necesita ser la justicia la que gane". "[Hay que ser] apasionados pero inteligentes al respecto", aseguró el abogado, quien se ha consagrado a recaudar dinero para capacitar y entrenar a policías y fiscales antitrata en otros países. No obstante, su encomienda en los años recientes lo ha enfrentado a sistemas legales complejos que lo han orillado a modificar su método. Puso como ejemplo las tareas asignadas a las policías locales sobre la evidencia que deben recolectar para armar buenos casos y detectar delitos como fraude, corrupción o lavado de dinero. A veces los recursos de los traficantes están en Suiza o en los Estados Unidos en compañías *offshore*. Por eso, una estrategia para Lamento consiste en concentrarse en cargos como la evasión de impuestos o la agresión sexual: "[Con eso] se puede enviar a alguien un buen tiempo a prisión", justificó, pues lo importante es sacar a los criminales de las calles.

* * *

Se han destacado en este trabajo las indignantes y múltiples carencias, los verificables contubernios y el injustificable desdén del Estado mexicano hacia el problema de la trata. Su responsabilidad debería ser mejorar los sistemas de impartición de justicia para enfrentar a los traficantes, así como la creación y financiamiento de los servicios de atención a las víctimas del tráfico con fines de explotación sexual.

Con todo y que en general hay grandes obstáculos para enfrentar este delito, es justo decir que existe un puñado de funcionarios mexicanos que sí se han unido a esta lucha, y que en esta segunda Cumbre Internacional sobre Tráfico Humano tuvieron la oportunidad de contar sus historias.

Relevante es el caso del actual senador (2022) y exjefe de Gobierno de la Ciudad de México, Miguel Ángel Mancera, quien llegó a Washington para hablar de la agenda impulsada por su gobierno, que desmanteló muchas redes de trata, sobre todo ligadas a sitios donde se practicaba la explotación sexual de mujeres bajo la fachada de *table dance*.

Sin embargo, durante la gestión de Miguel Ángel Mancera, la Ciudad de México se convirtió en una de las primeras entidades en crear una instancia especializada en perseguir el delito de trata: la Fiscalía Central de Investigación para la Atención de Delito de Trata de Personas. También su gobierno sometió a extinción de dominio cerca de 110 inmuebles vinculados con el delito y anunció, en 2016, la construcción de un edificio con 19 departamentos que les darían a las víctimas con un crédito a pagar por 30 años, algo a lo que, por cierto, ya nadie le dio seguimiento. Así pues, hay hechos concretos que justifican su inclusión en este escuadrón de lucha contra la trata.

Otra figura destacada que acudió a Washington a dirigir unas breves palabras fue el extitular de la Unidad de Inteligencia Financiera de la Secretaría de Hacienda, Santiago Nieto Castillo, quien, desde ese relevante cargo, investigó y ayudó a desarticular bandas criminales dedicadas a la trata, a las que les congeló cientos de cuentas bancarias. Nieto Castillo recordó que decidió combatir la trata a partir de que conoció a Rosi Orozco y ella lo retó: "Tú puedes ayudar a esta lucha". Su plan se basó primero en detectar a los traficantes, pero también en combatir la corrupción que tiene lugar entre los agentes del Instituto Nacional de Migración, beneficiados por los sobornos entregados por los proxenetas. "Hay que combatir la base social [del comercio sexual]. Estoy convencido de que ningún demócrata iría a un *table dance* si supiera que es un grupo criminal el que lo maneja", dijo Nieto Castillo, y alegó que atacar las finanzas de los traficantes es un paso obligado para mermar su capacidad. Aceptó la falta de entrenamiento de quienes manejan las instituciones que combaten los delitos desde la inteligencia financiera. Una de las quejas del también fiscal tiene que ver con el Sistema Procesal Penal Acusatorio en México: al inicio se concibió para ser menos formal, pero a través de decisiones judiciales se ha burocratizado, y ahora los fiscales manifiestan muchos problemas para poder integrar las carpetas de investigación. Explicó que desde el Servicio de Administración Tributaria se puede hacer mucho, como detectar las actividades sospechosas de quienes abren cuentas bancarias: así fue como pudieron detectar un caso de tratantes que triangulaban dinero a través de criptomonedas.

Santiago Nieto formó parte de una alianza de activistas y procuradores federales para indagar y detener a un personaje conocido como Soni, quien regenteaba el sitio web de Zona Divas, un catálogo virtual de mujeres de Argentina, Venezuela y Colombia, llevadas con engaños a México para su explotación sexual. "Había una orden de aprehensión en la Fiscalía de la Ciudad de México que no se había cumplimentado porque no se sabía dónde estaba Soni, así que, a través de un notario, se envió un aviso vía la Unidad de Inteligencia Financiera y supimos que se hallaba en Playa del Carmen". De ese modo descubrieron que este personaje generaba empresas fachada, y, una vez localizado, pudieron ejecutar su detención.

Otro funcionario mexicano presente en el evento en Washington fue el actual alcalde de Cuajimalpa, Adrián Rubalcava, que implantó en su demarcación una política de cero tolerancia hacia los giros negros. "Logramos eliminar al 100% los 37 establecimientos que tenían captivas a mujeres", afirmó. "[En los operativos] logramos liberar a más de 200 que trabajaban en spas y *table dance*". Como en ocasiones sucede, señaló Rubalcava, al desconocer su condición de víctimas, durante las detenciones surgieron trabas y enfrentamientos. Pero, luego de cumplir una década como delegado de la misma alcaldía (descontando tres años en los que fue diputado local en la capital mexicana), Rubalcava presumió que Cuajimalpa es una de las más seguras gracias a que terminaron con esta clase de establecimientos.

Apareció también Alfonso Yáñez Arreola, quien desde 2015 es el titular de la Fiscalía Especializada para la Atención de Delitos Cometidos en Agravio de Mujeres y Periodistas en Coahuila. De acuerdo con este funcionario, Coahuila fue el primer estado de la República que cerró los giros negros, logro acontecido bajo la administración de Rubén Moreira. Yáñez llamó "reforma de reformas" a la celebrada en el Congreso mexicano en julio de 2012, la cual "modificó los derechos humanos y la dignidad de las personas". Para el fiscal el primero de los problemas es "la apatía de la sociedad", aunque aceptó que la persecución del delito es responsabilidad del Estado, el cual debe impulsar el resorte de la voluntad política. En Coahuila se dieron cuenta de que los antros y otros lugares de entretenimiento para adultos que cerraban después de las dos de la mañana daban lugar a delitos relacionados con la delincuencia organizada, por lo que al cerrar los giros negros de manera automática también les cerraron la llave de recursos financieros a otros delincuentes. Yáñez recordó que antes de 2008 Coahuila era uno de los estados más violentos, pero, luego de que en 2009 y 2010 se implementaran dichas medidas, ahora están entre los cinco estados más seguros. "[Sugiero que] a través de los medios de comunicación les demos una patada a los gobiernos para que hagan las cosas bien; a través de una educación adecuada podemos formar una ciudadanía mejor".

Cora Cecilia Pinedo ahora es senadora de la República por el estado de Nayarit. Pero en la crucial legislatura de 2009 a 2012 fue una de las diputadas que trabajó con Rosi Orozco en la ley sobre trata. En su participación en este foro en Washington agradeció a toda esta gente que tiene el propósito de erradicar la trata de personas en todas sus formas: "[Hace más de una década me embarqué en el compromiso de] lograr un cambio profundo en la sociedad, en el gobierno y en mi país para luchar contra un crimen que nos avergüenza". Entre las iniciativas de Pinedo se puede mencionar la modificación de la legislación penal para suprimir el consentimiento de la víctima como excluyente del delito y facultar al Congreso para legislar en materia de trata de personas, además de homologar el delito a nivel federal, pelea a la que se sumaron muchos legisladores y luchadores sociales. Cora Cecilia aseguró que desde hace 11 años el país vive "una vorágine de cambios que han permitido incorporar a todo el aparato del Estado mexicano elementos que buscan la promoción y protección de los derechos humanos".

Pero reconoció la legisladora que, no obstante la protección jurídica, "la trata existe y continúa privando de su dignidad a millones de personas en todo el mundo". Detalló que en 2021 se registraron en México 650 víctimas en 126 municipios de 25 estados. De acuerdo con Pinedo, la austeridad impulsada desde el Poder Ejecutivo federal provoca techos presupuestales permanentes en las fiscalías, lo cual tiene como consecuencia la ausencia de personal capacitado, falta de divulgación y sensibilización en la sociedad y una deficiente coordinación interinstitucional y legislativa, fallas que conducen a que no se perciba como urgente la lucha contra el delito. Por si fuera poco, los altos niveles de impunidad en México dan como resultado un ejercicio tardío de la procuración e impartición de justicia y dificultades en el acceso a servicios de protección, justicia y restitución integral para, por ejemplo, las 5 mil 245 víctimas detectadas en el país entre 2012 a 2019. "Sólo 793 de ellas tuvieron derecho a la justicia", lamentó la legisladora. Habló de avances, así como de enormes deudas con las mujeres víctimas, al tiempo que los tratantes siguen operando y adecuándose a las nuevas circunstancias.

Siguió en la lista de oradores Fernando Flores, alcalde del municipio mexiquense de Metepec, uno de los más ricos del país. Su gobierno también aplicó la tolerancia cero a los giros negros. Poniendo en pausa una exitosa carrera como empresario y sin importar las amenazas de muerte recibidas, Flores ingresó a la función pública, donde acudió con uno de sus colaboradores a revisar una casa de citas muy lujosa, con alberca, jacuzzis, saunas y un jardín muy grande donde colombianas, venezolanas, mexicanas y chicas de otras nacionalidades eran explotadas sexualmente. Cuando el alcalde quiso denunciar en la fiscalía del Estado de México, no se lo permitieron. Flores supuso que había algo turbio ahí, y decidió recurrir al encargado de Protección Civil, a quien le dio la instrucción de hacer una inspección. Además de la falta de un permiso para vender bebidas alcohólicas, ya no digamos para operar, los inspectores hallaron que carecían de extinguidores o salidas de emergencia, que las mujeres extranjeras no podían demostrar su estancia legal y que además el DJ violaba los decibeles permitidos por el reglamento de Protección Civil. La clausura fue inevitable pese a que los administradores se defendieron alegando que se trataba de "una fiesta privada".

La licenciada María Teresa Paredes, consejera jurídica de la organización de Rosi Orozco, Comisión Unidos vs. Trata, con amplia experiencia capacitando al personal administrativo, a las policías de investigación y a los ministerios públicos en diversos estados de la República, describió la trata como un círculo delictivo en el que el activismo se está quedando corto en la protección de las víctimas. Juzgó ridículo que en algunos países les den a las sobrevivientes tratamientos de tres meses, pues "una víctima necesita mucho más para recuperarse". Puso el ejemplo de una venezolana y una colombiana que en México llevan cinco años asistiendo a terapia, pero incluso una nueva sentencia para sus tratantes no ha sido suficiente para su total recuperación.

Paredes sabe que hay pocos jueces comprometidos con el tema, y por eso destacó el trabajo del maestro Óscar Montes de Oca Rosales, "quien se ha distinguido en uno de los estados más conflictivos: Quintana Roo". Desde su muy jurídico punto de vista, el camino a seguir es "capacitar a jueces y magistrados, y saber interpretar las leyes tan avanzadas con que cuenta México". Señaló que la mayoría de las leyes internacionales, como el famoso Protocolo de Palermo, se han vuelto obsoletas frente a la sofisticación de la delincuencia organizada, así que otro de los retos es actualizar dichos estatutos. La abogada catalogó como "guerreras" a Rosi Orozco, a Lety López Landeros y a Adriana de la Fuente; también elogió el esfuerzo de organizaciones como Fundación Freedom, México SOS o la Red Nacional de Corazones, a las que invitó a trabajar conjuntamente para la capacitación y empoderamiento de las víctimas de trata.

Una de las guerreras aludidas por la licenciada Paredes, Adriana de la Fuente, sugirió en el mismo evento que uno de los propósitos de dicha reunión era compartir y afianzar la unión entre todos los involucrados. Dijo que la prostitución es una aberración que se sigue dando cuando las personas confunden lo normal con lo frecuente. Para ilustrar su punto, De la Fuente señaló que la trata es como una ventana quebrada: al no ser reparada, envía un mensaje de que no hay interés en mejorar, y sin importar la educación y el dinero "la sociedad seguirá dañando esa ventana" que nadie quiso arreglar. Agregó que la congruencia y el ejemplo son dos buenas formas de enseñar e invitó a buscar la elevación de la conciencia humana. "Si tomó casi 40 años erradicar la poliomielitis, ¿por qué no podamos erradicar la trata?".

La actual presidenta municipal de Córdoba, Veracruz, Leticia López Landeros, tomó la estafeta de Rosi Orozco cuando ésta dejó su curul en la Cámara de Diputados, y de diciembre de 2012 a mayo de 2015 estuvo asignada a la Comisión contra la Trata de Personas de la LXII Legislatura. Al tomar el compromiso notó que era una ruta llena de dolor y sufrimiento, y entonces ella se comprometió a defender una ley que otros intereses deseaban modificar. Declaró que una senadora se dirigió con amenazas hacia ella: "Tienes que hacer lo que yo digo porque soy senadora de la República y soy de tu partido". Así que la diputada veracruzana le respondió: "Tú mandarás en el Senado, pero yo soy diputada federal, y aquí mando yo". Así empezó a organizar foros informativos. "Luego me fui curul por curul, hasta completar 500 diputados con los que me sentaba a convencerlos hasta que refrendamos la ley y rechazamos las modificaciones propuestas por el Senado. A nuestra ley incluso le aumentamos las penas para incluir la trata con fines reproductivos, esa versión donde se explota a mujeres para tener hijos y venderlos", relató, orgullosa, Leticia López.

Todos estos expositores han dejado claro que la ruta para enfrentar la esclavitud moderna está más que pavimentada e iluminada con paradas que, escuetamente, podríamos definir como detección, persecución, detención, proceso y sentencia en contra de traficantes. Para emprender la marcha se requiere capacitar al personal de las instancias antitrata y adecuar las leyes. Asimismo, otras estaciones del trayecto deben incluir el refinamiento de los programas que rescatan, atienden, restauran, educan y empoderan a las víctimas.

En el evento que tuvo lugar en Washington quedó bastante claro que la maquinaria en contra de la trata de personas se moverá de manera más apresurada cuando la voluntad política se active y exista un presupuesto que la alimente.

Cabe aclarar que es posible que muchos de los asistentes usen la lucha como un trampolín político o que incluso mientan —poco o mucho— con tal de resaltar sus logros, como acostumbran casi todos los políticos en el mundo.

Por ejemplo, el fiscal de Coahuila, Alfonso Yáñez Arreola, aseguró que gracias al cierre de los giros negros los índices delictivos habían disminuido en su entidad. Sin embargo, para el escritor coahuilense Daniel Herrera, lo dicho por Yáñez es una verdad a medias: efectivamente, el crimen ha disminuido, pero eso se debe más a que en la entidad opera exclusivamente el grupo de narcotráfico comandado por los herederos de Joaquín *el Chapo* Guzmán, que regresaron por la plaza que por un tiempo fue ocupada por Los Zetas, ahora en vías de extinción. Dice Herrera que los *table dance* mutaron en una especie de establecimientos "horrorosos", que hay varias casas de citas además de "restaurantes con ficheras finas". Así que la prostitución no ha terminado, "sólo se hizo más discreta".

La reseña de Daniel Herrera sobre la realidad de la vida nocturna y la trata en Torreón, donde él vive, no tiene la intención de acusar a Yáñez, sino de mostrar lo intricado de la lucha, pues, como dijeron varios de los ponentes de la cumbre sobre tráfico, los tratantes van muy adelantados en sus estrategias y se adaptan a las nuevas leyes y circunstancias cuando se les cierran otros caminos.

Así pues, tanto en México como en Estados Unidos, específicamente en Nueva York —a donde los padrotes tlaxcaltecas llegaron a operar desde por lo menos hace tres décadas—, una abrumadora oferta de servicios sexuales que obtiene sus ganancias en dólares (una de las monedas más valiosas del mundo) alimenta la demanda de un país donde la libertad sexual se ha defendido, promovido y reinventado en sus más exóticas e impredecibles formas, lo cual ha generado una engañosa necesidad sexual, cuya primera consecuencia es la continuidad de la explotación.

Y por supuesto la persecución y arresto de un mayor número de traficantes sexuales.

15. Padrotes en cautiverio

"NO SÉ QUIÉN SEAS Y NO ME IMPORTA SABER SI ERES PERIODISTA NO SÉ POR-
que te rebajas tanto por lo menos valorate si tu quieres averiguar tanto sobre la situación preséntate en persona ¡Que! aquí sería novedad!
Ok! Atte Rojas", me responde Félix Rojas desde la prisión federal de
Fort Dix, luego de que le solicitara, también por carta, la posibilidad
de platicar.

Entiendo su frustración: su condena de 25 años culminará en
2037, cuando haya cumplido 67, y luego será deportado a México,
donde lo espera un oscuro porvenir. Félix Rojas fue detenido en noviembre de 2015 en un operativo en el que también detuvieron a sus
primos Jovan Rendón Reyes, José Rendón García y Severiano Martínez Rojas. Según las indagatorias, luego de que Jovan captara a Marusa, Félix la vigilaba y la obligaba a prostituirse en Guanajuato, antes
de contrabandearla a Estados Unidos. A la joven de 16 años Brittany
Jovan y Félix la conocieron en un mercado y días después la llevaron
a casa de los Rendón Reyes, donde Jovan la violó y apaleó. Al semestre de prostituirla en México, trazaron el plan de cruzarla a los Estados
Unidos en el mismo viaje que a Marusa.

El tono de su respuesta escrita transmite también la furia que Rojas mostró al traficar en un estilo que el tribunal definió como "abuso
sexual criminal", el cual infló las pautas de su sentencia y lo llevó a ser

el más castigado de su banda. Como revisamos en el capítulo 9 de este volumen, Rojas aceptó haberle provocado a golpes un aborto a Karina, a quien solía quemar con un cigarro en varias partes del cuerpo. Los fiscales adujeron que Rojas había secuestrado a esta mujer cuando cargaba a su bebé el día que él se les atravesó y prometió llevarlos a la feria, un periplo que se tradujo en el rapto y violación de la madre y la retención del infante. También abusó sexualmente de la guatemalteca Débora, reclutada por Arturo Rojas, y a Lluvia la "enamoró", la embarazó y la convenció de viajar a Estados Unidos, donde la sorprendió anunciándole que traficaría sexualmente a cambio de darle comida y "beneficios" a su bebé.

Sus arrebatos buscaban enviar al mayor número de víctimas a prostituirse en Nueva York.

* * *

Además de sus modernos apelativos: The Big Apple, The Empire City, Gotham City, The City That Never Sleeps, The Capital of The World, The Five Boroughs, The Melting Pot, New Amsterdam, desde mediados del siglo XIX, Nueva York era igualmente conocida como "el escaparate carnal del mundo occidental". Un título ganado con merecimientos gracias a los cientos de mujeres que entonces se prostituían en sus calles o en algunos de los 200 burdeles que —se calcula— había en 1820 y que se reprodujeron hasta alcanzar los 600 al final de la guerra civil en 1865.[1]

Dada su naturaleza multicultural e infinidad de servicios y atractivos turísticos, la ciudad de Nueva York tiene una carga sexual como muy pocas. En sus colinas formadas en la era del hielo, que cruzan los cinco barrios, de manera natural se ha delineado el estereotipo de ser una zona hipersexualizada, perversa y lujuriosa, como se caricatu-

---

[1] Stuart Marques, "A History of Prostitution in New York City from the American Revolution to the Bad Old Days of the 1970s and 1980s", NYC Department Of Records & Information Services, 13 de agosto de 2019. Disponible en https://www.archives.nyc/blog/2019/8/29/a-history-of-prostitution-in-new-york-city-from-the-american-revolution-to-the-bad-old-days-of-the-1970-and-1980s.

rizó en los 94 capítulos de las seis temporadas de *Sex and the City*, serie de televisión donde Carrie Bradshaw, una célebre columnista de temas sexuales, y sus tres amigas, Samantha, Charlotte y Miranda, exploran las posibilidades de la escena de las citas en Manhattan, poniendo al descubierto los extravagantes —en este caso, legales— hábitos carnales de los neoyorquinos. No podía ser más que en estas calles en las que Daniel Gluck fundara el Museo del Sexo, donde uno aprende sobre la infinita variedad de preferencias sexuales y sobre la historia de la homosexualidad, el sadomasoquismo, la pornografía y, por supuesto, la prostitución.

En su muy puntual ensayo para el cual recurrió a material proporcionado por el gobierno de la ciudad de Nueva York, Stuart Marques revisa cómo la maquinaria sexual neoyorquina arranca en la época colonial, se extiende durante la guerra civil (los "días felices", periodo que llega hasta 1885), seguida de la etapa de la corrupción policial y la "protección de los políticos locales de Tammany Hall a principios del siglo XX, pasando por el sensacional juicio por prostitución del mafioso Lucky Luciano en los años treinta y los años difíciles entre 1970 y 1980, "cuando las prostitutas adolescentes y los palacios pornográficos de 'sexo en vivo' obstruían Times Square".[2]

A partir de esos decadentes lustros, en recientes décadas las leyes en el estado se han endurecido con el célebre artículo 230 del Código Penal, donde aparece una serie de castigos para las propias mujeres que se prostituyen, para sus explotadores (si ése fuera el caso) y sobre todo para los compradores de sexo. Una enmienda de 2021, ingresada al Congreso local, que aún no se vota, eximiría de los castigos a quien se prostituye o es traficado, lo que ya se practica en los hechos, pues los fiscales de los cinco barrios no emiten acusaciones de este tipo; a los que no perdonan son a los traficantes, así como tampoco a los compradores de servicios sexuales.

Para desincentivar el consumo, una campaña de alto perfil lanzada en 1979 por el entonces alcalde Ed Koch ordenó que los nombres

---

[2] *Idem.*

y las fotos de quienes eran arrestados por solicitar servicios sexuales se pusieran a disposición de la prensa, televisoras locales incluidas. La medida se sigue dando en condados de todo el estado y a partir de 1990 los compradores sentenciados debían realizar servicios comunitarios, pagar multas y asistir a una "escuela de prostitutos", es decir, tres horas de charlas sobre las implicaciones de solicitar servicios sexuales. Aunque los casos han disminuido, se sigue deteniendo a compradores, según los 279 arrestos en 2018, 82 arrestos en 2019 y 28 en 2020, cifras que hablan de una gran caída si se las compara con 2013, cuando la policía de Nueva York arrestó en tan sólo dos días a 156 en una redada en la que se incautaron además 32 vehículos.

Aunque necesarias, las redadas son insuficientes para una ciudad con tanta oferta sexual como la neoyorquina y los castigos parecen menores frente al ejército de consumidores, que siguen siendo la razón principal de que Estados Unidos se afiance como el quinto país donde los hombres gastan más dinero en sexo, con un estimado de 14 mil millones al año. Esa anónima franja de hombres normaliza la prostitución y "causa un daño generalizado al ser actores clave en el mantenimiento del comercio sexual y razón de ser del tráfico sexual", según la Coalición contra la Trata de Mujeres (CATW).[3]

"Como el cuarto estado más poblado del país, Nueva York alberga la ciudad de Nueva York, una de las más grandes del mundo y centro importante para el tráfico y el comercio sexual", apunta el informe de esta organización lanzado a mediados de 2022, donde se reitera la etiqueta de "prohibido" para cualquier local donde se presten servicios sexuales en la ciudad, salvo los clubes de *striptease* autorizados por el estado.

La cultura de los servicios sexuales ha generado la apertura de foros de internet donde los compradores muestran sin censura el esplendor de su miseria humana y el grado de descomposición intelectual al

---

[3] Elly Arrow *et al.*, "From Impunity to Accountability: Deterring Sex Buyers in New York State and Beyond", Coalition Against Trafficking of Women, junio de 2022. Disponible en https://catwinternational.org/press/catw-publishes-report-on-sex-buyers-online-reviews-in-new-york-state/.

que su afición los ha llevado. Quizás de manera inconsciente, tanto en estos foros como al contratar un servicio, recurren a prácticas como la cosificación, mercantilización y pornificación de la mujer; a la explotación de mujeres embarazadas, a las prácticas sexuales nocivas, actos de violencia y misoginia; a la violación, abuso de vulnerabilidad, fetichización racista y étnica y coerción sexual. Atestiguan con indiferencia la evidente angustia física y mental de las mujeres explotadas, se percatan y no denuncian la trata de personas, desprecian los signos visibles de enfermedad o el abuso de sustancias tóxicas de las trabajadoras, entre otras dinámicas detalladas por la CATW, alejadas por completo de la empatía humana. Y en esa desviación psicológica y genérica, los compradores muestran los mismos defectos de personalidad de muchos proxenetas, capaces de "matar el sentimiento" y asumir rasgos egocéntricos y psicópatas mientras violentan a sus víctimas.

Aunque no tan agresiva, sí carente de emoción es la respuesta de otro mexicano oriundo de San Miguel Tenancingo, Tlaxcala, al cual le escribí una misiva que me respondió por el mismo medio. Severiano Martínez, que purga su pena en la prisión federal de Oakdale, ubicada en el estado de Luisiana, de donde saldrá en 2036, escribió: "Estimado señor Vásquez. Primero que nada quiero enviarle un cordial saludo y agradecer por su carta. Agradezco su interés de tener una charla telefónica conmigo aunque debo confesarle que me intriga un poco, tanto la forma en que obtuvo usted mi información como el echo de que un periodista mexicano muestre interesen una plática referente a ningún tema en específico".

En realidad, los datos de todos los presos en Estados Unidos son públicos y cualquiera les puede escribir. Y en cuanto al asunto de que no había un tema que tratar, lo que le pedí fue que no se sintiera presionado para hablarme de su actividad de proxeneta; me pareció mejor idea invitarlo a que me contara de su vida en prisión o alguna otra cosa que lo inquietara.

Condicionó una charla más profunda a que me comunicara con las autoridades de la cárcel donde se halla para pedir una plática privada, cosa que solicité y me fue negada. Al despedirse, me deseó un buen día, quizás un poco más resignado a que recobrará su libertad en 2036, luego de haber cumplido los 70 años. Severiano Martínez junto a su hermano Odilón trasladaron su modelo de explotación sexual de al menos media docena de mujeres primero a Georgia, donde cuentan con otra acusación, y luego a la Gran Manzana.

Un estudio reciente encargado por autoridades de la ciudad encontró que hay 629 "salones de masaje" ilícitos en Nueva York, de los cuales Queens lidera los cinco barrios con al menos 269 establecimientos (42%) de este tipo. Al navegar por páginas web donde se ofertan servicios sexuales, como SexAdult o Bedpage, se descubre que cientos de mujeres que trabajan en la ciudad son traídas de Europa del Este, de Sudamérica o de otros estados de la Unión Americana. Desde las rubias hasta las afroamericanas, manejan tarifas que van de los 100 dólares por media hora hasta los 500 por la misma cantidad de tiempo, y prestan sus servicios en departamentos u hoteles en toda la ciudad. Hay otras páginas como Eros.com donde las tarifas parten de mil dólares la hora de acompañamiento: el perfil de estas mujeres incrementa como si fueran sacadas de agencias de modelos. En otro sitio llamado Tryst.link los precios escalan a mil 500 dólares por hora o hasta 9 mil por toda la noche.

"El 99% de los compradores de sexo en el mundo son hombres", afirma el estudio de la CATW, donde agregan que, pese a existir solicitantes de todos los niveles socioeconómicos, el perfil de más "alta frecuencia" es el de quien gana arriba de 100 mil dólares al año. Muchos de estos hombres suelen exhibir su misoginia cuando comparten sus experiencias en los foros BestGFE RubMaps, USASexGuide o Utopia Guide, donde igual se quejan de que la mujer contratada no les dio "la experiencia de novios" que ellos esperaban. Los siguientes testimonios son tomados del estudio de la CATW, que a su vez los rastreó en las páginas citadas.

"Tiene cuarenta y tantos años, el cuerpo es un poco atractivo, pero su cara no. Menú muy limitado. Nada de besos, básicamente todo lo que quiere hacer es meter un juguete en el culo de los chicos y hacerles una paja. Entonces, si eso es lo que estás buscando, está bien, pero si quieres una experiencia de novia, busca en otro lado", aconsejó un comprador de sexo en el condado de Syracuse al norte de Nueva York en octubre de 2021.

"Esta chica estaba tan cansada… *blow job* a medias durante 45 segundos, luego se recostó en la cama y abrió las piernas. Empezó a gemir y a respirar con dificultad y seguía mirándome a los ojos. Creo que estaba drogada. Después de que exploté, me fui rápidamente, ya que ella era tan retrasada que no podía tener una buena conversación", relató otro en mayo de 2022.

"Parece una tripulación donde el equipo alquila habitaciones de hotel, los proveedores se alojan en una habitación y el equipo y otras chicas están en una distinta. El equipo generalmente toma una parte de las donaciones para la tarifa del hotel y otras cosas y luego les da la cantidad restante a las mujeres", cuenta aquel que miró en vivo, sin inmutarse, un esquema de trata.

"Las chicas rotan desde Rusia, vienen por un mes o dos. Pechos suaves, aspecto y tacto natural. Coño afeitado, pelo negro con mechas rubias. Decente, pero nada especial. *Blow job* sin corazón, mediocre en el mejor de los casos. Entrar y salir en menos de 30 minutos", reseñó un comprador al sur de Brooklyn.

"Queens en realidad tiene la cantidad más diversa de proveedores en los diversos sitios de acompañantes. Puedes encontrar a alguien para follar de cualquier raza y de todas las edades. No es como el Bronx, donde muchos grupos no existen, como las mujeres del Medio Oriente", relató al foro un comprador del Bronx en enero de 2022.

"¿Conoces la Casita de las Muñecas?", me pregunta Alfredo, un mexicano vendedor de accesorios que se ha relacionado de algún modo con más de 300 mujeres de Colombia en los últimos ocho años. Mientras nos preparan café y algo para desayunar en una cafetería en Manhattan, él me revela que, pese a que también hay venezolanas y unas pocas de República Dominicana, "80% de las mujeres que trabajan en los burdeles de Queens son colombianas". Como desconozco la existencia del sitio, lo checo por internet, y, efectivamente, compruebo que en ese momento en la Casita promueven a Mixie, Camila y Mandy de Colombia; a Soraya de República Dominicana; y a Yayi de Puerto Rico.

Alfredo acepta que ocasionalmente lleva en su auto a algunas de las colombianas a "un servicio", pero que su verdadero negocio es venderles productos como ropa, bolsas, joyas o relojes. "Me han agarrado de confidente, pues hace mucho a unas les di alojamiento en mi casa, y les aconsejaba cosas como no malgastar su dinero". A partir de ahí, relata cómo muchas que se regresaban a su país lo recomendaban con otras que, con visa de turista, venían a la aventura de prostituirse; al aterrizar lo primero que hacían era llamarle para que les consiguiera dónde vivir o las asesorara sobre los pasos a seguir para comenzar a trabajar. Mientras me cuenta cómo se inició en ese ambiente, luego de que le repartía pescado a una madrota italiana que regenteaba una mansión en Manhattan, leo con asombro la forma como el burdel mencionado promueve a las mujeres. "Casa de Muñecas, la única, colombianas, no te dejes engañar, los precios (que van de 60 a 100 dólares por media hora) son reales, las fotos también, ver para creer, 10 a. m a 2 a. m. Rusas, brasileñas, mexicanas, de Costa Rica, Ecuador, Panamá. Escoge a la niña que quieras".

Tras hacer una expresión de "te lo dije", Alfredo se pone serio y me hace una confesión. "Ninguna de ellas, o al menos de todas las que he conocido, viene traficada u obligada por nadie, sino que ellas ya son chicas que a eso se dedican desde su lugar de origen y arriban a Nueva York con la intención de ganar dólares para tener una mejor vida en Colombia". Él me asegura que al menos cada año viaja a ese país, donde se siente bien arropado por algunas de las mujeres que ha conocido y que lo miran como un amigo y consejero. "A veces voy un mes y no me da tiempo de visitar a muchas, pues sus familias me quieren mucho y luego no me dejan ir", continúa este mexicano que hace 40 años llegó a Nueva York, directo del Estado de México, a trabajar "de lo que fuera". "Aunque lo que siempre me ha gustado es el comercio", admitió.

Si bien niega haber visto casos de trata de personas, al menos entre las colombianas que llegan a trabajar al mercado sexual neoyorquino, lo que sí me puede asegurar, dice, tajante, "es que todas tuvieron un

pasado tormentoso, ya sea que las violó un familiar o alguien en la gue-
rrilla, o que tuvieron un novio golpeador o que en la zona donde vivían
no había posibilidad alguna para ellas, por lo que siempre sufrieron carencias y nula educación… no hay una sola que no tenga algún tipo de
remordimiento o alteración mental", observa. "Por eso me da mucho
gusto que después de tres o seis meses de trabajo constante cuenten su
dinero y descubran que han ahorrado 30 o 40 mil dólares, porque eso
significa que se pueden regresar a su país, comprar una casa, incluso
abrir un negocio si quieren. He visto cómo se quiebran de la emoción y
se ponen a llorar cuando llega ese momento", apunta.

Alfredo dictamina que ya es una tradición lo de las colombianas
que vienen a trabajar a Queens. Algunas se quedan a vivir definitivamente o en ocasiones buscan otro tipo de trabajo, pero les cuesta mucho
trabajo adaptarse o no ganan lo mismo que en el mercado sexual.
"Otras han optado por sólo dedicarse a bailar en los sitios de desnu-
dismo y si acaso ven esporádicamente a un par de clientes y con eso se
van ayudando". Otra opción que tienen es la decena de bares que tuve
oportunidad de recorrer, apostados casi todos sobre la Roosevelt Avenue, entre la calle 91 y el Brooklyn-Queens Expressway. De nombres
tan folclóricos como Románticos Gentlemen, Hoy Se Bebe, Gato Verde, Scorpions Bar o El Abuelo Gozón, en cada uno de ellos trabaja un
promedio de 30 jóvenes vestidas casi todas de minifalda, grandes escotes
y zapatos de tacón, que cobran por hacerles compañía a los comensales
con los que bailan salsa, bachata, reguetón, merengue o banda. Muchas
de ellas son colombianas, mexicanas, venezolanas o caribeñas, y cobran
tanto por los tragos de acompañamiento como por cada pieza bailada.
"En esos casos muy pocas aceptan invitaciones de clientes para tener relaciones sexuales, y cuando se pactan esos encuentros, son tarifas más
caras que si vas directo a un burdel, así que ellas no tienen necesidad,
pues suelen ganar bien fichando", confirma este habitante de Queens.

Adquiere un tono que mezcla preocupación y sorna cuando asegura que visitar lugares como la Casita de las Muñecas o incluso esos
bares de música latina "se vuelve un vicio en el que caen muchos" que
no pueden dejar de ir a malgastar su dinero. En Queens igualmente

destacan —le hago notar— los sitios donde mujeres orientales, cuyas ropas delatan su oficio, se paran a la entrada de un edificio invitando a los hombres a ingresar. "Esos son masajes con final feliz" (donde la mujer toca y masturba al cliente), aclara Alfredo, quien reconoce que el mercado de las orientales también ha crecido recientemente, motivado por la ya mencionada fetichización. Anuncia que en los dos años recientes "han dejado entrar", por la frontera entre México y Estados Unidos, a muchas venezolanas y colombianas, lo que ilustra que en 2022 "hay una saturación de la oferta".

* * *

Difícilmente las víctimas mexicanas que los padrotes tlaxcaltecas traen hasta Nueva York pueden competir en un mercado tan variado como el neoyorquino, y por eso la opción que eligen sus explotadores es, como se ha detallado a lo largo de este libro, ponerlas a disposición de los choferes que cuentan con una gran agenda para armarles rutas con clientes que acuerdan pagar si acaso 40 dólares por 15 minutos de servicio.

De esta situación tampoco me quiso hablar José Rendón García, uno de los que accedió a usar los 15 minutos que le dan en la prisión de Hazelton en Bruceton Mills, Virginia Occidental, para marcar a mi teléfono. De hecho, José me marcó al menos unas ocho veces en el transcurso de dos meses, tiempo en el cual pudimos hablar de su recuperación y de cómo entiende la magnitud de lo que hicieron como organización. Según la investigación de los fiscales, José reclutó a Maritza y abrió un burdel en Atlanta, a donde trasladaban, como una primera parada, a quienes luego llegarían a Nueva York. También les consiguió actas de nacimiento a las guatemaltecas Natasha y Débora, reclutadas por Odilón Martínez y Arturo Rojas. Parece sincera su reflexión de que no le gustaría que "eso" le pasara a sus dos niñas, ambas mayores de 10 años, ni a su sobrina que ya va a la universidad.

Aunque en alguna de las llamadas me dijo que las cosas de las que lo acusan no ocurrieron tal y como dijeron las víctimas y los fiscales, prefiere ya no meterse en problemas, pues, como también me confió Severiano Martínez en su misiva, "todas las cartas y llamadas de los reos son supervisadas" y lo que se plasme en ellas puede ser usado en contra de cualquiera en caso de que así lo decida la autoridad. José prefiere dejar que las cosas se enfríen y se dice "más tranquilo ahora pensando en lo que puede venir", sobre todo porque su salida está programada para mayo de 2024, cuando haya cumplido los 10 años de su condena, la cual ha cumplido en distintos penales de Nueva York, Pensilvania y ahora Virginia Occidental.

José Rendón me cuenta que está muy interesado en la superación personal y detalla algunas lecturas que ha encontrado en la cárcel. "Un libro que me ayude con mi ánimo, pues es muy fácil deprimirse", me responde cuando le pregunto si hay algo que le pueda enviar. Así que le empaco *El ángel número doce*, de Og Mandino, que me encontré por cinco dólares en una Barnes & Noble y cuyo mensaje central es "¡Nunca se den por vencidos!". Ahí se cuenta la historia de John Harding, quien perdió a su esposa e hijo en un accidente automovilístico, y explica cómo sale de la depresión gracias a la relación que entabló con un niño malo para jugar al beisbol, pero de una voluntad inquebrantable. Por desgracia para José las autoridades del penal me devolvieron el ejemplar; nunca supe si porque excedía las especificaciones de lo que se puede enviar o si porque ya lo habían vuelto a cambiar de prisión.

Estuvimos hablando de la posibilidad de ir a visitarlo a la cárcel para que en una charla más privada me detallara lo que desde su percepción era una injusticia cometida en su contra, pero las restricciones que el covid impuso a las visitas en los penales, sobre todo cuando uno no es familiar del detenido, y la burocratización de esos procesos obstaculizaron el intento de vernos las caras. Un día dejó de llamarme, pues seguro calculó que la promesa de visitarlo o de enviarle un libro habían sido sólo cuentos míos.

Eleuterio Granados Hernández, de la organización Granados Rendón, fue otro de los que se tomó la molestia de marcar a mi celular justo al inicio del verano de 2022. Cuando vio que la carta estaba escrita desde Brooklyn, pensó que era su hijo, quien también vive en Nueva York y acababa de cumplir los 15.

"Para mí es difícil estar aquí encerrado", me dice Eleuterio con cierta angustia. "No he sido perfecto y acepto que nunca me puse a meditar de la realidad de lo que hacíamos", sugiere en cuanto a la ignorancia de los traficantes sobre la magnitud de los delitos que cometen.

"No sabía lo que nos iba a afectar", reitera.

"Y ahora uno lo lamenta", dice tristemente.

"Para mí todo lo que ha pasado se reduce a que del lugar que vengo pensamos diferente y tal vez nos aferramos a una cosa…", medita y se justifica.

Pero luego se vuelve contra las instituciones: "En esta situación la tabla de castigos la tienen ellos [los fiscales] y ponen lo que ellos creen, no lo que yo he vivido", lamenta.

"No conocen lo que es uno ni lo que ha vivido".

Como lo noto inspirado, no lo detengo, y mejor tecleo tratando de captar su mensaje.

"Aquí uno no puede aportar pruebas y siempre es su palabra contra la mía. Pero a veces no hay pruebas, sino sólo el testimonio de la muchacha, y a veces el maltrato del que ellas hablan no es cierto", ataca.

"Entonces, a veces la realidad es distinta y todo lo demás está inflado", murmura.

Sabedor de que al final no tiene muchas alternativas a su sentencia de 22 años, que acabará en noviembre de 2030, confiesa: "Lo que quiero es olvidar y ya no saber nada de eso", poniendo así fin a sus lamentos.

En otra tarde soleada en que voy manejando, vuelvo a oír a través de la bocina el mensaje de "Esta llamada es de una prisión federal. Si usted la acepta, teclee el número 5; si desea rechazarla, simplemente cuelgue". Esperando escuchar de nueva cuenta la voz de José Rendón, al responder me sorprende que se trate de Josué Flores, uno de los célebres hermanos de la organización Carreto, el primer mexicano de Tenancingo sentenciado en el siglo y el último que saldrá de prisión, a los 80 años, en 2048, luego de cumplir los 50 años de su condena.

Aquella carta que le envié le provocó una nueva oleada de esperanza y entonces se dice muy interesado en conversar conmigo. Desea que le hable entonces a su abogado, quien me va a contactar con el investigador privado Willie Acosta, para que me presente las pruebas recolectadas en México, que, según la defensa, reflejaban su inocencia, tal y como se lo dijo al juez Block en la audiencia donde lo sentenciaron, relatada en el capítulo 3 de esta investigación.

Le digo a Josué que me interesa conocer todo eso, pero le recomiendo que me hable en otro momento, pues en ese instante voy al volante acompañado de mis hijos y no deseo que me multen por ir atendiendo el teléfono. Sin embargo, ya nunca lo volvió a intentar.

El último de los que marcó a mi celular fue Raúl Granados Rendón, el que quizás se muestra más arrepentido: "La verdad con este encierro aprendí la lección", dice de entrada. Viendo hacia delante, proclama: "[Quiero] salir y demostrarles a mis hijas y familia y pedirles perdón por las cosas que les fallé". Aclara que las abandonó pequeñas. "Y al recordar muchas cosas luego me pongo a llorar, pues no tengo a mi familia cerca de mí", lamenta.

Raúl recibió apenas ocho años de una sentencia que culmina en abril de 2023: si bien los fiscales descubrieron que era un "embaucador involuntario que a menudo actuaba bajo amenazas coercitivas", nunca pudieron probar que él personalmente hubiera reclutado y explotado a ninguna mujer. Por el contrario, al parecer él también era maltratado por sus hermanos y primos mayores, ellos sí, proxenetas consumados. "El señor Raúl Granados ha resistido abusos constantes y generalizados de manos de otros miembros de su familia", dijo una trabajadora social que, a petición de sus abogados, lo entrevistó para evaluar su situación psíquica y emocional. En sus conclusiones, la especialista concluyó: "Raúl pudo haber desarrollado una personalidad dependiente que lo hizo muy susceptible a quienes usaron el maltrato físico y psicológico para controlarlo", sobre todo su hermano Jaime y su primo Paulino.

"Ya no estoy pensando en eso y mi cabeza al parecer está en otro mundo", balbucea Raúl en la continuación de la charla. Pese a que sus culpas son inferiores en comparación con las de sus familiares ("Casi yo no estuve en eso", frasea), acepta: "En ese tiempo me porté mal y a lo mejor por necesidad, también, pero de aquí para adelante mi cabeza está en otro mundo, he aprendido muchas cosas, y yo no quiero caer en lo mismo".

Al final confiesa pedirle mucho a Dios, estar concentrado en el estudio de la Biblia y haber aprendido "con este escarmiento" que está viviendo.

* * *

Este libro inicia con la historia de las mexicanas que fueron reclutadas y explotadas por miembros de la organización Meléndez Rojas. La saga tuvo su desenlace la tarde del jueves 10 de febrero de 2022, cuando la jueza Allyne R. Ross de la Corte Federal del Distrito Este de Nueva York castigó a los hermanos José Miguel, José Osvaldo y Rosalio Meléndez Rojas a 39 años y cinco meses de prisión, mientras que a Francisco Meléndez Pérez y Abel Romero Meléndez les dio 25 y 20 años respectivamente.

En una audiencia algo caótica, acelerada pero no por eso menos tediosa, puesto que a cada uno se le lee un rosario de disposiciones legales, se acusó que este grupo de traficantes oriundo de Tenancingo, Tlaxcala, comenzó a operar en Nueva York en 2006 hasta julio de 2017, tiempo durante el cual contrabandearon al menos a seis mexicanas, dos de ellas menores de edad, a las que prostituyeron en la modalidad de servicio a domicilio con clientes que las solicitaban en los cinco barrios de Nueva York, pero también en los estados de Delaware, Connecticut y Nueva Jersey, y en ciudades como Filadelfia, a dos horas en auto de la Gran Manzana.

Una vez detenidos, y mientras avanzaba su proceso, los proxenetas tomaron una decisión que definió el rumbo de su severa condena, toda vez que optaron por irse a juicio en lugar de negociar una declaratoria de culpabilidad.

Durante las audiencias del juicio celebrado la primera quincena de 2020, cinco de las víctimas testificaron, y al cabo de dos semanas un jurado los halló culpables dentro de un dictamen que contenía 18 cargos, entre los que se enlistaba asociación delictuosa de contrabando de extranjeros, tráfico sexual, tráfico y transporte de un menor, lavado de dinero, reingreso ilegal, entre otros.

Durante el juicio, Delia, la primera en aparecer en este volumen, señaló que su captor Francisco Meléndez, *la Mojarra*, la trajo a los Estados Unidos prometiéndole trabajo y una vida matrimonial juntos, pero que, en lugar de eso, la obligó a prostituirse cuando ella tenía 14 años. "El trabajo era como si pidieran comida para llevar a domicilio, pero me llevaban a mí", dijo ella al jurado de 12 ciudadanos que la escuchaban muy serios en aquellas audiencias.

Delia trabajaba en Nueva York, pero también la llevaban por cortas temporadas al estado de Delaware, donde estaba horas metida en un tráiler viejo lleno de agujeros por donde se colaba el frío, esperando que llegaran los clientes a pagar 30 dólares por 15 minutos de relaciones mientras un par de sujetos vigilaban.

También testificaron Fabiola y María Rosalba, y acusaron a Rosalio y José Osvaldo de obligarlas a trabajar como prostitutas mediante amenazas, abuso físico y abortos forzados. Una más, Diana, dijo haber sido contrabandeada a Estados Unidos siendo menor de edad y obligada a trabajar para beneficio de José Miguel, quien la golpeó y ultrajó frente a sus cómplices cuando ella quiso escapar. Finalmente, Verónica también acusó a José Miguel de haberla amenazado con "cortar a su madre en pedacitos" si ella no cooperaba.

El agente interino de la Oficina de Investigaciones de Seguridad Nacional, Ricky Patel, agradeció a las mujeres por su valiente cooperación y testimonio, sin el cual "no habría sido posible la sentencia contra estos traficantes", e igualmente envió un mensaje hasta México para agradecer a la Fiscalía General de la República, a la Policía Federal y al Centro Nacional de Atención a los Cibercrímenes contra Menores (Cenadem), por rastrear y ayudar a detener a los acusados.

Los tres hermanos Meléndez Rojas tienen actualmente entre 40 y 45 años, así que, sumados los 39 años de su condena, parece difícil que vayan a salir vivos de su encierro. Un sexto acusado en este mismo caso, Fabián Reyes Rojas, en diciembre de 2019 optó por declararse culpable de asociación delictuosa de tráfico sexual y tráfico sexual, aunque aún no lo sentencian.

En el mismo tono que Patel, el fiscal general de Brooklyn, Breon Peace, dijo en febrero de 2022 que la larga sentencia contra el quinteto "refleja el daño inconmensurable infligido a estas niñas por la brutalidad de la explotación", y recordó además el compromiso de su oficina y sus socios encargados de hacer cumplir la ley para combatir la trata de personas en todas sus formas.

Luego se ajustó la corbata, regresó a su oficina y se olvidó de las efectivamente muy maltratadas jóvenes.

16. El arte de volar con alas quebradas

"SON 25 DÓLARES AL MES LOS QUE ME DEPOSITAN", CONFIESA MARIANA ANtes de que sus ojos se humedezcan de nuevo. Nuestro primer encuentro en persona fue algo intenso, pero ni siquiera los lapsos de profunda melancolía me quitan la idea de que ella y todas las demás mujeres que han logrado despertar de esta pesadilla son las grandes vencedoras de la saga.

En la región del estado de Nueva Jersey, por la que ella apostó, viven igualmente otros mexicanos atraídos por la cercanía del lugar con la ciudad de Nueva York y lo económico de los servicios en comparación con la Gran Manzana. Entre la pequeña diáspora se mezcla esta poblana bastante simpática que limpia casas y además vende tamales que ella misma prepara buscando sumar a los ingresos de su pequeña familia. "Son los mejores del rumbo", presume de su producto y suelta una carcajada que deja ver su sólida y bien alineada dentadura.

Estamos en un restaurante de cocina mexicana, y, mientras ella mira hacia el estacionamiento a través de una puerta de cristal de techo a piso, yo intento no perder detalle de sus expresiones que encuentro fascinantes. En una reunión previa por Zoom había sentido su pujanza mientras parecía pelear con la masa de esos tamales, cuyos pedidos se han vuelto más periódicos, según cuenta. Como ahora hablamos de algo que dispara su tristeza, me distraigo con un bocado de esos huevos revueltos cuyo amarillo intenso me recuerda a los taxis neoyorquinos.

Mariana mide alrededor de 1.60, tiene un cuerpo compacto y correoso que cada día que pasa le tiene menos miedo al porvenir. Tiene una voz dulce, pero la mirada y la quijada son duras, algo que es de mucha utilidad para una de las cosas que más disfruta en la vida: comer. No busco interrogarla, sino dejar que la charla fluya, así que los abusos de los que fue objeto se mezclan con anécdotas sobre el sistema de justicia o la vida en familia.

Hablando en el tono jocoso del compatriota promedio, el mesero, también mexicano, se dirige a Mariana, quien le responde en los mismos términos, o simplemente lo ignora si él, que la conoce de otras ocasiones, llega justo a mitad de otro espasmo de su callado llanto. Descubro que de eso se trata esta comunicación: tramos de angustia y furia apostados como topes y baches en el camino, seguidos de largos pasajes muy bien pavimentados, sobre todo cuando me habla de su familia, de cómo conoció a su esposo o de lo brillante y divertida que es su hija. "Es mi mayor orgullo", dice antes de acabar con el desayuno.

Luego de pagar la cuenta me anuncia: "Lo voy a llevar a un sitio que le va a gustar". Así que, de vuelta en su camioneta, ella me cuenta su frustración por no poder seguir estudiando la secundaria, pues no es capaz de entender las lecciones. De manera impulsiva y quizás algo irresponsable prometo ayudarla (aún no lo hago). Y como vamos entrando en confianza, le cuestiono:

—¿Sí tienes licencia? No nos vaya a agarra la policía y nos regrese a Tijuana.

Una carcajada a medias es la entrada a una frase que ilustra su soberanía:

—Tengo licencia, tengo visa, tengo trabajo legal… Si nos agarran, lo mandarán a Tijuana a usted, porque yo me quedo.

El nuevo sitio resulta ser otro restaurante mexicano a 15 minutos del anterior.

—Pero acabamos de desayunar… —intento débilmente reclamar, pero ya lo tiene decidido.

Sin inmutarse busca un espacio para aparcar y se justifica:

—Este sitio hace unos tacos tan buenos que sería un pecado que no los probara.

En el diminuto lugar caben si acaso cinco mesas, aunque noto que muchos de sus recursos llegan de las ventas para llevar. Como a esa hora hay poca gente comiendo, hallamos dónde sentarnos e iniciamos parloteo con Cecilia, mesera oriunda de Cocula, Jalisco, que es la perfecta representación de la sociabilidad regional.

—Vi que tienes agua de jamaica —le hago ver—. Espero que sea tan buena como la que yo hago.

Y aunque mi remate no era mentira, cada que Cecilia nos traía algo a la mesa, ésta se cobraba mi arrogante ironía dirigiéndose a mí como "el humilde" o "Señor, espero que esta salsa [tacos, sope, pozole chico] sea de su agrado" o "Tan buenos como los que usted hace".

Como un oriundo de la Ciudad de México acostumbrado a esos intercambios, respondía casi todas las provocaciones de la de Jalisco mientras Mariana era un festín de risas que no impedían, por otro lado, que le hincara el diente y me aguantara el ritmo a todo lo que iba llegando de la cocina. "Te dije que estaban buenos", me decía con restos de tacos en la barbilla, mientras yo me deleitaba con las viandas, pero sobre todo con el sobrecogedor espectáculo de verla comer.

De regreso a su camioneta modelo 2017, me dio un pequeño tour por el pueblo con indicaciones tipo "ahí es el taller a donde llevo mi auto", "por aquella esquina algún tiempo vivimos", antes de depositarme de nueva cuenta en la estación de tren cerca de la hora en que debía ir al colegio a recoger a su hija. Pese a que le recomendé que me dejara y siguiera su camino, tuvo el gesto de estacionarse y acompañarme al andén, donde nos dimos un abrazo de despedida.

Ya en su carro llevaba un recipiente con una generosa dosis del primer mole verde (pipián con pollo) que preparé en Nueva York y que le llevé como muestra de mi afecto. Semanas después de que hablamos por teléfono, le pregunté si a su familia le había gustado el guiso: "Mire, a mi hija no le gustan esas cosas, y mi esposo no lo iba a apreciar, así es que me lo comí yo solita, y sí, le quedó bastante bueno", confesó antes de soltar otra risotada.

Si alguien recién la conociera y mirara sus explosivos arranques de optimismo, no creería que Mariana es una de las víctimas de la organización Meléndez Rojas (cuya historia se detalla en el capítulo 8 de este volumen). En la primera quincena de marzo de 2020 ella testificó en el juicio contra cinco miembros de esa organización, que llevó a una docena de víctimas a los Estados Unidos para explotarlas sexualmente dentro del reconocido esquema de esclavitud impuesto por los padrotes de San Miguel Tenancingo, Tlaxcala.

Convencida por los fiscales que llevaron el caso, Mariana asistió el miércoles 4 de marzo de 2020 —día en que la vi por primera vez— a identificar a todos los miembros de la banda, pero se dirigió de manera especial a José Osvaldo Meléndez, quien, una tarde que salió a cazar víctimas, la vio parada en una estación de autobuses. La conquista, engaño, violencia y explotación de las que fue objeto no se movieron ni un ápice del libro de jugadas usado por esta banda criminal, y durante 20 meses su vida fue sólo esclavitud y violencia, encubiertos bajo la falsa careta de una relación de pareja. "Parte de mi trabajo era entrenar dentro de casa usando tacones y aprendiendo a caminar con ellos", detalló sobre una de sus obligaciones más insustanciales, aunque luego sus recuerdos degeneraron. "La peor parte fue aprender a taponearme, es decir, ponerme algodones en días de mi periodo para no dejar de trabajar". Dijo que esa práctica y las pastillas que le daban para abortar le generaron un daño vaginal permanente y por lo mismo el nacimiento de su hija "fue un milagro".

Aún lamenta haber sido tan inocente como para no haber huido al inicio del martirio y se sobresaltó al recordar cuando los choferes llegaban a pelear por ella en los días que iniciaba la explotación. En el juicio reconoció las fotos del Gato, el Barbas, el Chachalaco, Alejandro, Ariel y el Perro, y no entiende cómo a todos esos choferes no los incluyeron en el dictamen.

De sus peores recuerdos: la salida que tuvo con Gabriel, el chofer que la llevó a su noche de debut a Riverside, una colonia de clase alta a una hora de Queens, Nueva York, a minutos del océano Atlántico. Era una casa grande donde cerca de 30 hombres organizaron una fiesta en un granero, y como Mariana llevaba la etiqueta de "novata" la pidieron para la ocasión. "Los tipos empezaron a tocarme y yo sólo quería huir", narró sobre la noche en que se le acabaron los preservativos y "el cliente" tuvo que mandar a comprar más.

"Todos los que atendí en más de un año me trataron como si fuera un objeto. Un aciano en Connecticut me puso en posición de cuatro y sin acordarlo intentó hacer sexo anal, pero entonces le di una patada para que se alejara de mí. Luego me aventó cinco dólares y dijo cosas horribles. Me la pasaba llorando y pidiéndoles que me retiraran de hacer eso, pero José Osvaldo me dijo que era mi trabajo.

"Otro hombre en la zona de Jamaica me pagó para ir con él toda la noche, pero no dejó de fumar marihuana, comer chocolates y tomar otras drogas. Lo único que él quería era que estuviera con él y lo abrazara. Salí a las seis de la mañana sin poder hablar, pues mi garganta se estropeó. Hubo días en que los condones se rompieron, en que los hombres me insultaron o agredieron y mujeres que vivían con ellos me maltrataron de muchas formas. ¿Porque debía pasar por esto?".

En cuanto fue identificada como víctima, la organización My Sisters' Place acudió a su rescate y le proporcionó abogados y apoyo. Pero luego de que declaró en el juicio la ayuda disminuyó. Por eso se queja de los 25 dólares al mes que le depositan como parte de la restitución a la que tiene derecho, cantidad que si acaso le sirve para comprar tres tacos al pastor en el local donde despacha la mesera de Jalisco.

Mariana es una más de las decenas de mexicanas que viven en Estados Unidos amparadas por la visa especial T, otorgada a las víctimas de explotación sexual que cooperan con las fuerzas del orden público para la detección, investigación y enjuiciamiento de criminales que ejecutan actos de trata.

El mismo derecho alcanzó Verónica, otra de las mujeres víctimas de los Meléndez Rojas, quien igualmente declaró en el juicio, pero cuyo caso es aún más dramático, ya que ella no sabe leer ni escribir y, a diferencia de Mariana, no pudo moverse fuera del área de Queens, donde las bandas de traficantes mexicanos se renuevan y continúan operando en la clandestinidad.

Una tarde de mayo de 2022, me junté en el hermoso Bryan Park de Manhattan con Mariana y Verónica, y ahí supe que a esta última también le depositaban 25 dólares al mes como "restitución", cifra que igualmente consideraba ofensiva. Con una existencia marcada por un matrimonio tormentoso y la obligación de tener que educar a dos niños pequeños, Verónica lucha todo el tiempo por colocarse en empleos precarios, lejos de las instituciones que pueden impulsar su crecimiento vía el aprendizaje del inglés o de un oficio que la lleve a un nivel distinto y la aleje, además, de las ideas suicidas que ha llegado a albergar.

Delia, la mujer con la que arrancan estas páginas, tuvo mejor visión y suerte. Luego de huir de los Meléndez Rojas, con ayuda de muchas personas e instituciones, emprendió con el diseño de un refugio ubicado en Pleasant Grove, en el estado de Utah, del que ahora es funcionaria. Recordemos que conoció a Francisco, su explotador, cuando ella tenía 13 años, y a partir de ahí inició un calvario que duró casi 40 meses. Como vimos al inicio, tras escapar y acudir con la policía, fue llevada a un hospital y después a una casa de seguridad temporal.

El camino de Delia hacia la emancipación ha sido un desafío personal e institucional, pues tampoco hablaba inglés ni contaba con estudios. Pero, con apoyo de su abogada y el personal que la atendió, además de mucha voluntad de su parte, miró como objetivo la gran demanda de espacios donde se ofreciera rehabilitación a víctimas de trata, y un día decidió que ése sería su camino. Así construyó el sitio al que ella le habría gustado acudir cuando se lanzó a la calle sin saber qué hacer, tras huir de sus captores.

Según su portal de internet, Dahlia's Hope tiene la misión de "proporcionar a los sobrevivientes del tráfico sexual servicios de postratamiento holísticos e informados y curación del trauma". Enfocados en las mejores prácticas, además brindan ayuda en diferentes etapas de recuperación, ya que su objetivo es que cada sobreviviente tenga una vida digna, exitosa e independiente.

Es obvio que la recuperación de Delia aún está en marcha, y los episodios de resentimiento, introversión y negación aún la llevan a bloquear mensajes del exterior, o al menos ésa fue la explicación que me dieron personas cercanas a ella respecto al desdén hacia la posibilidad de tener un encuentro para que me contara más a detalle el camino de su recuperación. Yo sigo albergando la esperanza de que más adelante podamos conversar en persona. Empero, hubo otra víctima que no reparó en entablar una charla para mostrar los avances de su terapia y el retorno de su personalidad extrovertida y locuaz.

Mi nombre es Karla Jacinto, soy consejera y trabajo con las fundaciones Reintegra y Camino a Casa, además de que formo parte de Comisión Unidos vs. Trata. Me dedico a entrenar y prevenir a otros, sobre todo jóvenes, a los que les cuento mi historia con el fin de que abran los ojos y entiendan los mecanismos que hacen funcionar este sistema de explotación. He asistido a dar charlas en escuelas primarias, secundarias, preparatorias, incluso universidades para ayudar a subir el muy bajo 3% de porcentaje de niños y adolescentes que saben lo que la trata de personas significa. Como parte de mi encomienda, aparte de recorrer toda la República mexicana, he viajado a Panamá, Argentina, el Vaticano, Dubái, la India y Estados Unidos, sobre todo a la Cámara de Representantes en Washington, para apoyar en la Ley Internacional Megan, que busca disminuir la demanda del tráfico sexual de niños. Luego de haber sido explotada sexualmente durante cuatro años, ahora acudo a desayunos con rotarios, diputados, senadores y policías para alertarlos sobre la importancia de apoyar y dar seguimiento a las leyes que busquen evitar la trata o que intenten mejorar la vida de las sobrevivientes.

En este trayecto de víctima a activista, he notado que dentro de las organizaciones donde colaboro ahora contamos con la experiencia para identificar toda clase de perfiles de víctima. Hemos avanzado en la claridad de nuestras operaciones y manejamos la información que de inicio deben conocer educadores, funcionarios y padres de familia. Personalmente yo viví en la colonia Del Valle, una zona de clase media en la capital mexicana, con familiares alcohólicos y violentos que me guiaron con esos ejemplos. Por eso a los 12 años yo no quería estar en mi casa, y en esas condiciones de disfunción fue que conocí a una persona fuera del metro con la que empecé una relación. Una ocasión que regresé a mi casa y no me dejaron entrar me refugié con el que me iba a explotar los siguientes años. Actualmente está purgando una condena de varias décadas en prisión. Él se llama Gerardo Altamirano Campos, pero ante mí se presentó como Óscar, y en otros lados le llamaban *Pepillo, el Characosa* o *el Moreno*; es uno de varios hermanos de una familia de Tlaxcala que se dedicaban a la explotación de mujeres.

Mucho antes de que lo encerraran, entre 2004 y 2008, Gerardo me puso a trabajar en Guadalajara, Irapuato y Puebla. Me di cuenta de que las mujeres éramos como papitas que estamos ahí para los gustos del cliente. ¿Quieres una güera? Hay una güera. ¿Quieres una morena? Hay una morena para ti. El ser humano además es durable y tienes muy poco desgaste hasta que envejeces, pero mientras tanto un cuerpo de los 12 a los 38 años, ¿cuántas veces se puede volver a utilizar? Yo primero trabajé en una casa de citas y luego en El Corsario, un hotel convertido en casa de citas ubicado dentro de la zona de tolerancia de la ciudad de Irapuato, donde pueden trabajar los trans, los gays, las niñas pequeñas, las adultas, las señoras. En Puebla estaba en varios hotelitos a donde llegaban a buscarnos. Pero justo por ese tiempo me enteré de que pensaban traficarme a Nueva York y fue que busqué escapar.

Ya tenía varios meses de una relación amistosa con un cliente que me animaba a irme de ahí. Él no me pagaba para tener sexo, sino por compañía, y me alentaba a que buscara un mejor futuro, pues en ese momento ya tenía una hija, aunque, sinceramente, miraba la libertad muy lejana. El señor comenzó a depositarme dinero en una tarjeta, a comprarme ropa y a insistirme que me fuera. Ese hombre realmente estuvo enamorado de mí, pero era algo imposible, pues él tenía 62 y yo 16, o sea, estaba cañón.

Mi reconstrucción ha sido muy complicada, pues llegué a la fundación Camino a Casa llena de odio y no quería que nadie me ayudara. En ese momento el refugio administrado por Rosi Orozco apenas iniciaba y éramos si acaso tres niñas muy lastimadas, viviendo en una mansión, tratando de hallarle sentido a las cosas. Fuera de las comodidades, intentas dar los primeros pasos de un proceso que inicia contigo, pues venimos con muchas emociones, rechazando todo, y como creemos que la sociedad nos hizo daño, miramos el apoyo con desconfianza. ¿A cambio de qué?, me preguntaba. Mi recuperación tardó porque era muy agresiva, le pegaba a las paredes, no quería que me tocaran, no quería que me vieran, no quería nada. Yo era agresiva por todo lo que viví en mi familia, pues pensaba que siendo así nadie vería mis debilidades. Pero tras cuatro años de ser explotada mi agresión subió de tono y se alteró, y si nunca me gustó que me abrazaran, imagina que llegaba Rosi Orozco siempre muy cariñosa, buscando abrazarte, apapacharte, dándote besitos y yo en plan "¡No me toqueees!". Varias veces estuve a punto de golpearla.

Pero fui avanzando, tomando cursos de hotelería, decidiendo si quería estudiar belleza o ir a la prepa presencial o lo que yo quisiera, todo con tal de ir descubriendo mis intereses. En paralelo me llevaban a terapia psicológica, otra faceta que a mí siempre me costó trabajo, pues las terapeutas me decían: "Yo te comprendo, sé lo que has pasado", palabras que sentía ofensivas. Así que la rechacé y mejor me tomé la terapia de la vida, que en mi caso implicó fajarme los pantalones proponiéndome salir del hoyo, luego de que también me dieran un ultimátum de que me enviarían a otro refugio si insistía en continuar con mi agresividad. Entonces pedí que me dieran un iPod con música instrumental y que me dejaran estar en el jardín y entonces salía a platicar con las plantitas: "Mira, te voy a cortar este tallito" o "Qué bonita estás," y eso me fue tranquilizando.

Pese a los avances, un día me llegó una crisis y cacheteé a mi hija, y me la quitaron tres meses y entonces regresé a mi terapia de jardín a podar el pasto. Y ésa fue la parte más fuerte donde comencé a descubrirme y bajarle de verdad a mi nivel de agresión para aprender a ser más tolerante. Al mismo tiempo seguía con mis cursos de hotelería en el hotel Presidente Intercontinental, donde me capacité en áreas públicas hasta en banquete, y aprendí mucho del comportamiento humano. Sin embargo, un día me caí y me lesioné, y entonces comencé a trabajar con Rosi en las fundaciones. Los dos años y medio en el refugio se acabaron y tuve que regresar con mis hermanos a intentar reconstruir a la familia y a calcular lo que significa vivir en libertad.

Porque el refugio te da casi todo, pero cuando sales a la "vida real" tú misma tienes que proveerte de comida, vestido y demás. Es muy complicado al inicio mantenerte, ganar dinero, pero yo salí muy animada pensando voy a rentar, voy a comprarme de todo, pero resulta que en hotelería ganaba mil 500 pesos a la quincena y con eso no me alcanzaba para nada. Aunque sufría, ahora veo que no estaba tan mal, pues si repaso lo sucedido con mis amigos de la infancia, todos eran alcohólicos, unos ya habían muerto, otros vendían drogas, otros las consumían… vengo de un entorno así. Si me hubiera ido a mi casa después de ser explotada cuatro años, hubiera acabado muy mal. Ésa fue otra de las razones por las cuales busqué proyectarme en la atención a víctimas, para así poder señalar cosas como lo arraigado del machismo y lo normalizada que está la violencia contra la mujer. Por eso en mis charlas resalto la parte fea y central de mi testimonio y les aclaro cómo es que llegué ahí. Ya que muchos niños sufren violencia en su casa, abuso sexual otros; a veces caen en la drogadicción o el alcoholismo; y muchos tienen sueños de que van a ir a estudiar al extranjero, de tener un iPad o un celular, y entonces acceden a peticiones sexuales con tal de alcanzar esos fines. En los alrededores de muchas ciudades del Estado de México, los niños se llegan a prostituir por un iPhone, y me han tocado casos de que hay niños abusivos que comienzan a prostituir a niñas por 50 pesos.

También empujo a los padres a que indaguen en alternativas para no tener que educar necesariamente a sus hijos con mano dura. Y vuelvo al ejemplo de mi casa, donde siempre hubo violencia, golpes, mala educación, y eso es una invitación a salirte. Y entonces como ya no quería tener esa vida de agresividad y en mi mente me quería casar, tener perros, hijos y tener a alguien que me amara y me respetara, pues me fui con la primera oferta.

Veo que mi curación y mis charlas van dando frutos, pues ahora luego de un evento hay niñas que se me acercan a confesarme: "Es que fui abusada". O me cuentan que tienen una tía "a la que se llevaron" y cosas así. También, con ayuda de la fundación Reintegra terminé la preparatoria, y en correspondencia les ayudo a recaudar fondos en los Estados Unidos para que otras víctimas tengan la misma oportunidad. Todos

los recursos recaudados sirven para que 30 niños tengan actividades va-
cacionales y para llevarles ropa, calzado, comida y todo eso. Reintegra,
por cierto, está en Colorado, y ellos trabajan desde allá para ayudar a
gente de México, como por ejemplo una niña de Nicaragua explotada
en nuestro país.

Finalmente creo que la parte más complicada de esta renovación
ha sido recuperar a mi familia, convivir con mis hermanos varones, hacerlos entender lo que me pasó y calmarlos, porque insistían en cuidarme
de más. Mi mamá ya vivía en otra ciudad y al enterarse de lo que sufrí se
puso muy preocupada, bajó de peso, y de algún modo yo me siento culpable también. Es muy lento todo el desarrollo de ir apagando culpas y
de que mis hermanos me quitaran la presión e incomodidad que me im-
pedía finalmente vivir con más libertad.

Reintegra, la organización que ayudó a Karla Jacinto a terminar
con sus estudios, destaca pocas pero muy firmes historias de éxito de
sobrevivientes que comenzaron a recuperarse en sus instalaciones. Uno
de ellos culminó una maestría en leyes; otro más trabaja en la Suprema
Corte de México. Y hay también casos de enfermeras o doctores que
laboraron durante la pandemia del covid ayudando a la gente que más
sufrió con los estragos de la enfermedad, según contó la presidenta de
la fundación, Rachel Kay, en el encuentro "A 10 años de la Ley General sobre la Trata de Personas Avances y Reconocimientos", celebrado
el 25 y 26 de julio de 2022 en Washington. Los esfuerzos de Reintegra
se han expandido y ahora han llegado a Costa Rica, donde trabajan
con tres víctimas a las que becaron para que una pudiera estudiar inge-
niería, y las otras dos, psicología.

En aquel mismo encuentro de julio en la capital de Estados Unidos se presentó la rusa y hoy con nacionalidad estadounidense, Ekaterina
Kostioukhina. Graduada con una licenciatura en Neuropsicología por
la Florida Atlantic University, ahora es consultora en medicina espacial
y ambientes extremos, además de cofundadora de la Sociedad Médica
para la Optimización del Desempeño Humano en Ambientes Espacia-
les. Además de ser doctora, filántropa, educadora, exploradora, artista

y poeta, Kostioukhina actualmente es candidata a convertirse en astronauta, y en sus clases proporciona las herramientas para auxiliar en la convivencia en ambientes extremos. "Mi especialidad son los humanos", ha dicho ella, aclarando su fascinación por descubrir comportamientos desde "las estructuras moleculares que forman a los seres humanos individuales hasta los complejos lazos que forman las sociedades".

El día de su discurso en The Tower Club Tysons Corner de la capital de Estados Unidos, narró haber estado en la Antártica: "[Es un] sitio al que no pertenecemos y que nos hace mucho daño como humanos si queremos vivir ahí". En la continuación de su inspirador currículum, Kostioukhina aclaró que daba clases de medicina espacial y también viajaba como médico itinerante a comunidades remotas y desatendidas de Nepal, las Filipinas, las montañas andinas de Ecuador, México y Bahamas, sitios en los que debía enfrentar ambientes extremos. "Pero ningún sitio es tan hiriente como el ser víctima de trata", aterrizó Ekaterina antes de revelar haber sido ser una de los 24.9 millones de personas que son explotadas en todo el mundo. Aclaró que no hay ningún país que se salve, y señaló, con pesadumbre que no pertenece "al 1% de las víctimas cuyo perpetrador ha sido castigado".

Su historia comienza al inicio su adolescencia cuando ella y sus padres huyeron de una persecución política de su natal Rusia. Buscando refugio, llegó con su familia a vivir en las montañas andinas de Ecuador, "como hacen muchas otras cuando se cambian de país, ya sea persiguiendo un futuro mejor o por otras causas". Explicó que, en esas montañas, y siendo población vulnerable, se convirtió en objetivo de alguien "que tenía fama de abusar de muchas personas". Sus padres, sin saber, lamentablemente se vieron obligados a firmar unos documentos que legalizaron su trata al forzarla a casarse con un adulto cuando ella apenas tenía 14 años. Así se convirtió en esposa de un hombre que la sacó de la escuela y la sometió a un esquema de trabajo forzado como ama de casa luego de que se trasladaran a los Estados Unidos.

Para Kostioukhina es irónico que en la Unión Americana, donde tanto se preocupan por los derechos humanos, tengan lagunas legislativas y judiciales tan inmensas que permitan que una niña de 14 sea tratada como un adulta, y que eso la obligue a trabajar, despojándola de su derecho de ir a la escuela, que era de las cosas que más la apremiaban. Obligada a tener hijos y cuidarlos, sin importar su corta edad, Ekaterina se puso como meta escapar, pues se dio cuenta de que sus hijos "no tenían un futuro" al lado de la persona con la que se casó debido a un contrato que ella no consintió. Recuerda que al cumplir 16 años, y pese a que para ciertas actividades era tratada como adulta, las empresas no la contrataban y acaso le ofrecían un salario mínimo que le servía de muy poco.

Fue cuando descubrió que a través de la educación podía alcanzar la redención. Por eso agradece que, pese a todo, los Estados Unidos brinda toda clase de ayuda para que las personas vulnerables puedan estudiar. "El poder hallar clases gratuitas me permitió obtener mis papeles de *high school* y ya después pude escapar y pedir el divorcio". Señaló que a pesar de la contribución ilícita (al ser menor de edad) que había hecho para el enriquecimiento de la empresa de su esposo, finalmente sólo le exigió sus documentos, y ya con su diploma salió a iniciar una nueva vida que, revisada a la distancia, ha resultado ser abundante y exitosa.

Aunque está muy agradecida con la educación recibida en su nuevo país, lamenta que su abusador, luego de ser escuchado, y "pese a los muchos crímenes que había cometido, fuera dejado en libertad". Para terminar su relato, citó a Frida Kahlo y su "Échame tierra y verás como florezco". Ekaterina sabe que cuenta con una de las recuperaciones de una víctima de trata más inspiradoras, aun cuando su rapto no tuvo fines de explotación sexual.

Noticias sobre el machismo

Es buena noticia que los sistemas de justicia en el mundo entero se actualicen cuando se trata de perseguir y procesar a los tratantes de personas. Pero también en lo que concierne a la localización, rescate y reparación de daños a las víctimas. Está claro también que las detenciones se están dando en porcentajes mínimos en comparación con la cantidad de traficantes que operan en todo el planeta. Fiscales, activistas y estudiosos, sin embargo, no tienen dudas de que, conforme pasen los lustros, este problema adquirirá mayor relevancia y visibilidad, lo que dará como resultado que el número de detenciones se incremente y el de víctimas disminuya.

No obstante, en donde no hay avances, e incluso parece que fuéramos en reversa, es en la reproducción de los esquemas machistas y sexistas en la sociedad, un iceberg del cual podemos ver la punta y no siempre la profundidad. En un encuentro que tuvieron vía Zoom, la catedrática de la UNAM y doctora, Martha Torres Falcón; la activista Edith Méndez, directora del Colectivo Mujer y Utopía; y la criminóloga Dafne García detallaron los muchos orígenes de la trata, a la que definieron "no como un delito, sino como una secuencia delictiva", de la cual culpan directamente a la "trenza de poder" que forman el patriarcado —donde fenómenos como la prostitución se llegan a normalizar y no se ven como un delito—, el colonialismo y el capitalismo, siendo que este último es el que crea la necesidad sexual vía la exposición y cosificación de mujeres, adolescentes y niñas.

Esa trama es la causante, además, del muestrario básico de violencia de género que vuelve insoportable la convivencia diaria para millones de mujeres en amplias regiones del planeta. Un ejemplo son los Estados Unidos, donde la masculinidad tóxica ya es considerada una epidemia, y si un tiempo pareció moverse el pedestal donde reposa ese patriarcado, hay temporadas en que pareciera haber recibido otra capa de cemento.

Como cada fin de año, la Real Academia Española (RAE) lanzó una lista de novedades de su diccionario, que anualmente actualiza en línea y cada cierto número de años modifica en su versión impresa. En 2022 una de las palabras agregadas fue "micromachismo", entendido como "la forma de machismo que se manifiesta en pequeños actos o expresiones, habitualmente inconscientes". Que se dé cuenta de estos actos inconscientes nos habla del reconocimiento que las ciencias sociales han dado al profundo nivel en que se halla enclavado en la psique este comportamiento. ¿Cómo van a llegar los fiscales, la justicia, hasta allá?

En diciembre de 2022, un intercambio en Twitter entre la joven ecologista Greta Thunberg, enemiga declarada de los sistemas patriarcales, y Andrew Tate, un *influencer*, campeón de kickboxing que ostenta la doble nacionalidad británico-estadounidense y defensor de la masculinidad tóxica, derivó en la detención de Tate en Rumania, donde se escondía. Al inicio del intercambio, él le presumió a Greta uno de sus autos, que emitía considerables emisiones contaminantes, y le dijo que le mandaría por correo la lista de otros 33 con las mismas características dañinas para el medio ambiente. Ella le respondió sarcásticamente: "Sí, por favor, ilumíname. Envíame un correo electrónico a smalldickenergy@getalife.com". La atajada provocó un *troleo* a nivel mundial sobre este personaje, cuyo éxito ha crecido entre la extrema derecha gracias a sus comentarios machistas, homófobos, misóginos y antivacunas. Para no quedarse con el golpe de cierto modo inocente que le endilgó la joven activista, Tate le respondió con un video en el que muestra unas cajas de pizza "no reciclable", sin darse cuenta de que ahí aparecía la dirección del local de Bucarest donde la compró, lo que finalmente llevó a la policía rumana a dar con la ubicación de la villa donde Tate se escondía con su hermano y a ejecutar una orden de detención.

Ambos están acusados de establecer un esquema parecido al de los padrotes tlaxcaltecas. Una ciudadana estadounidense y una rumana los acusan de haber sido engañadas sobre una probable "intención de entablar una relación de matrimonio/cohabitación y la existencia de sentimientos genuinos de amor (el método *loverboy*)", según dice el comunicado que emitió la Dirección de Investigación de la Delincuencia Organizada y el Terrorismo rumana (DIICOT). Ahí también se aclara que las víctimas fueron transportadas y alojadas en edificios del condado de Ilfov, donde, "ejerciendo actos de violencia física y coerción mental (mediante intimidación, vigilancia constante, control e invocando supuestas deudas), fueron explotadas sexualmente por miembros de esta banda presuntamente criminal, quienes las obligaron a realizar actos pornográficos con el fin de producir y difundir [material] a través de plataformas de redes sociales y sometiéndolas a la ejecución de trabajos forzados".[1] Para mala fortuna de los hermanos Tate, el gobierno rumano modificó apenas en 2021 su Código Penal y ahora otorga penas más severas a los delitos de trata de personas con fines de explotación sexual y violación.

La economista y doctora en Filosofía, Luciana Etcheverry, junto a la maestra en Políticas Públicas, Natália Tosi, hallaron que la violencia en contra de las mujeres aumenta significativamente cuando se juegan partidos de futbol. Tomando datos de varias fuentes, entre ellas el Banco Interamericano de Desarrollo, las investigadoras hallaron que al menos en Latinoamérica la violencia intrafamiliar suele crecer durante o después de un partido, fenómeno que, por ejemplo, en Brasil, llevó a que entre 2015 y 2018 "las denuncias por amenazas en los hogares crecieron un 23.7% los días en los que se jugaba la Liga, y las quejas por lesiones aumentaron un 25.9% los días en que los equipos jugaban en sus propias ciudades, y un 30% cuando lo hacía el equipo nacional", según la reportera de *El País* Almudena Barragán. Retomando el estudio de las investigadoras, Barragán lo ilustró con ejemplos de la compleja y violenta cotidianidad mexicana, y lo publicó horas antes de que arrancara la final del mundial de la FIFA 2022, que jugaron Argentina y Francia en diciembre de ese año.[2]

David Richards, un pastor de Tennessee de 41 años que durante 40 meses violó repetidamente a su hija adoptiva a partir de que ella cumplió 13, fue sentenciado, en mayo de 2017, a pasar 12 años en prisión, pese a que los fiscales que lo investigaron sugirieron que la pena fuera de 72 años. El juez que fue tan generoso con él dijo que tomó en cuenta "factores atenuantes", como el hecho de que más de 30 personas se presentaran al tribunal a apoyarlo, sumado a que lo consideraba "un buen cristiano".

---

[1] DIICOT, Comunicado de prensa 29/12/2022, 29 de diciembre de 2022. Disponible en https://www.diicot.ro/mass-media/3829-comunicat-de-presa-29-12-2022.

[2] Almudena Barragán. "En el mundial, gane quien gane, las que pierden son las mujeres", *El País*, 18 de diciembre de 2022. Disponible en https://elpais.com/mexico/2022-12-18/en-el-mundial-gane-quien-gane-las-que-pierden-son-las-mujeres.html.

Richards dijo en las audiencias: "Me presento ante ustedes condenado por crímenes que no cometí y simplemente creo que el sistema cometió un error en este caso". David Thompson, quien trabajó junto a Richards en la Iglesia de Dios My Father's House, en Lenoir City, dijo que le resultaba "imposible creer" que él fuera culpable, y agregó: "Su negocio lo necesita, su familia lo necesita, nuestra Iglesia lo necesita", soslayando que el jurado lo halló culpable de nueve delitos graves como violación, incesto y agresión sexual.[3]

En Estados Unidos los Centros para el Control y la Prevención de Enfermedades (CDC) catalogan la violencia de pareja íntima (IPV, por sus siglas en inglés) como abuso o agresión ocurrida en una relación romántica que puede ser entre los cónyuges actuales o anteriores, así como compañeros de citas. La variación también se da con la frecuencia y la gravedad del acto y toma forma a través de la violencia física, golpes de cualquier tipo, violencia sexual, donde se obliga a la pareja a participar en un acto, contacto o evento sexual. El acoso es el contacto repetido e indeseado por parte de alguien, que puede causar temor o preocupación al otro. Y la agresión psicológica aplica cuando se usa comunicación verbal o no, con la intención de dañar mental o emocionalmente a la pareja. Los informes sobre delitos en Estados Unidos recogidos por los CDC sugieren que aproximadamente una de cada cinco víctimas de homicidio es asesinada por una pareja íntima, sean hombres o mujeres, y que más de la mitad de las mujeres víctimas de homicidio en Estados Unidos son asesinadas por una pareja íntima masculina actual o anterior.

"Parecía un buen tipo", dijo la madre de Gabby Petito, una adolescente y famosa *youtuber*, quien murió asesinada por su prometido. "Mi hija parecía que iba a estar bien con él", se lamentaba la madre en un caso que atrajo la atención mediática durante varios meses en los

---

[3] Lauren Fruen, "Tennessee Pastor Who Was Facing 72 Years in Prison for Repeatedly Raping His Adopted Daughter, 14, Is Jailed for Just 12 after Dozens of Parishioners Show Up to Court to Support Him", *The Daily Mail*, 13 de mayo de 2019. Disponible en https://www.dailymail.co.uk/news/article-7022631/Ex-pastor-raped-adopted-daughter-receives-12-years.html.

Estados Unidos, desde el 11 de septiembre de 2021, cuando fue reportada como desaparecida, hasta el 21 de octubre, día en que el cuerpo del novio, que se suicidó, apareció luego de que su búsqueda se intensificara por ser el principal sospechoso de la muerte de la joven.

"¿Por qué [tras un tiroteo masivo] la conversación siempre es sobre ARMAS y nunca sobre HOMBRES? Las mujeres pueden conseguir armas tan fácilmente como los hombres, pero no están cometiendo asesinatos en masa. ¿Por qué no hablamos de la incapacidad de los hombres para controlar sus emociones?", se cuestiona en su cuenta de Twitter Mohamad Safa, diplomático y representante principal ante la Organización de las Naciones Unidas de Patriotic Vision, organización no gubernamental que busca promover el respeto de los derechos humanos. "Y es que, según datos de la ONU, 90% de los homicidios en todo el mundo son cometidos por hombres" que son demasiado frágiles para ser examinados por su responsabilidad en ser la mayor parte del problema", agrega al intercambio en Twitter con el diplomático Safa, Stevia Plath, una sobreviviente del culto The Church of Synanon.

Estas escandalosas cifras de violencia armada se quedan cortas ante las que hemos visto respecto de la trata de personas, ejecutada casi en su mayoría por hombres, que también conforman 99% de los que solicitan un servicio sexual. Y aún hay quienes minimizan las ofensas: "No dejen que la miseria de estas mujeres [las víctimas de los Meléndez Rojas] se convierta en su venganza", dijo el abogado de Francisco Meléndez, *la Mojarra*, a un jurado el último día del juicio y antes de que lo encontraran culpable. La argumentación de los litigantes, entendiendo que ése es su trabajo, buscaba mostrar como mentirosas a las mujeres, o cuando menos sugerir que lo que decían no era totalmente cierto. "Sus historias son convincentes y trágicas, pero convincente no es igual a creíble, y trágico no es transparente", continuó Michael Gold, el defensor.[4]

---

[4] Argumento de cierre de abogado defensor Michael Gold en el juicio en contra de cinco miembros de la organización Meléndez Rojas, Corte Federal del Distrito Este de Nueva York, marzo de 2020.

"Todos hemos visto películas, programas de televisión con la etiqueta de 'basada en una historia real', en la que luego proceden a componer 90%, para sensacionalizarlo y hacerlo despreciable para ustedes, la audiencia. En gran medida, eso es lo que sucedió aquí", señalaba el mismo litigante en su búsqueda de sembrar la duda entre los ciudadanos que calificarían los testimonios y las pruebas. Curioso es que un abogado se queje de algo así cuando en otras audiencias destacadas en estas páginas fueron los mismos litigantes quienes inflaron las condiciones de extrema pobreza y falta de oportunidades en que crecieron sus defendidos para hacerlos pasar como víctimas y aminorar así las sentencias.

Y mientras un abogado en Nueva York acudía a cobrar su bono por intentar restarle méritos a la acusación de un proxeneta mexicano y cuestionar a las víctimas, en ese instante otra familia de padrotes tlaxcaltecas ya ejecutaba un nuevo rapto: Esmeralda era la protagonista de esta nueva historia.

En el verano de 2020, ella tomó unas vacaciones con sus primas en una región de Puebla, donde conoció a Francisco Berruecos Lara, quien en dos semanas la conquistó y llevó a vivir a casa de sus padres en San Miguel Tenancingo, Tlaxcala. La madre de ella, a la que vamos a llamar Marta, respetó la decisión de su hija, que a los pocos meses dio a luz a unos gemelos. Hasta ese momento todo era "felicidad", pero, una vez terminada la cuarentena posembarazo, Francisco llevó a Esmeralda a la Ciudad de México para prostituirla en La Merced. Aunque ella al inicio se opuso, su explotador la amenazó con despojarla de sus hijos y dañar a su familia. Tras un año de ser traficada generando ganancias de entre 30 mil y 50 mil pesos mensuales, Esmeralda escapó y denunció a Francisco, quien ahora purga una condena de 22 años en el Reclusorio Oriente de la capital mexicana.

Berruecos Lara pertenece a una familia de padrotes tlaxcaltecas comandada por su señora madre, Reyna Lara González, quien es maestra de primaria en Tlaxcala, pero en sus ratos libres alienta a sus cinco hijos a que practiquen el proxenetismo (suponemos que en un intento de que no se pierda la tan arraigada costumbre en la región). De todo el entramado criminal se pudo dar cuenta Esmeralda durante los casi dos años que permaneció en cautiverio en el seno de esa familia, a la que denunció primero en la Procuraduría General de Justicia del Estado de Tlaxcala, donde hicieron todo lo posible para que Reyna y sus hijos quedaran impunes.

"Fueron 12 meses completos los transcurridos entre que nos atendió la ministerio público Francisca Mena Zárate, quien nos remitió con otro licenciado, del cual no recibimos apoyo, o nos daba largas, o perdían parte del expediente o nos cancelaban citas o nos las negaban", gruñe al teléfono Marta cuando narra el tormento vivido con las autoridades tlaxcaltecas.

"La señora Reyna, a la que también acusamos, pues retuvo y secuestró a mis nietos, amenazó a mi hija, y dijo que tenían mucho dinero y que, aunque denunciara, nunca iba a pasar nada", añade Marta sobre el muestrario de injusticias. Ella sospecha que son las mismas autoridades locales las que protegen a la familia de proxenetas, pues de otra forma no se explica tanta exención.

Finalmente, Esmeralda pudo denunciar en la Ciudad de México y se libró de que la traficaran a los Estados Unidos, tal y como le había advertido Francisco cuando se enteró de que le había confesado todo a su madre y pensaba escapar. Ángel, otro de los hijos de la señora Reyna, aprovechando sus contactos en Atlanta y Los Ángeles, sí ha logrado llevar a mujeres y traficarlas allá, según se enteró Esmeralda.

Con Francisco en prisión, lo que les preocupa a Marta y a Esmeralda es que toda la familia siga en libertad haciendo funcionar su ilegal negocio de explotación sexual, que se suma al de narcomenudeo que ejecuta sobre todo el padre de la familia, según constató la víctima. Esmeralda confirmó: "Vendían marihuana, la mentada piedra y otras drogas que además ellos mismos consumían".

Este caso es tan turbio que la licenciada Yeny Charrez, quien llegó a presidir el Centro de Justicia para las Mujeres de Tlaxcala, lo tomó en sus manos, decidida a resolverlo. Pero, por exigir presupuesto y otros recursos para que se atendieran los casos de víctimas de toda clase de violencias en Tlaxcala, el de Esmeralda incluido, en agosto de 2022 fue retirada de su cargo. En su lugar llegó otra mujer llamada Gabriela, que finalmente fue a "negociar" con Reyna para que le devolvieran los gemelos a Esmeralda.

"La señora Reyna es la jefa porque ella en su juventud se dedicó a la prostitución y por eso cree saber mucho y asesora a sus hijos [sobre] quién sí y quién no puede funcionar en el negocio, y seleccionan mujeres, algunas de Tenancingo otras de Oaxaca o Chiapas, porque Reyna decía que de esos sitios las mujeres eran más fáciles de manejar". La empresa ha llegado al grado de que otro de los hermanos presuntamente explota en este instante a seis mujeres bajo el mismo esquema.

Ahora Esmeralda trata de rehacer su vida, pero, al igual que su madre, está asustada. "Una persona se asomó de un auto en movimiento y empujó a mi hijo de 20 años que regresaba en bicicleta de la universidad", narró Marta, sospechando que el ataque es parte de las represalias de los Berruecos Lara. A ellas y a otras víctimas de esta nueva banda que opera a plenitud hoy, 31 de diciembre de 2022, día en que culmino de redactar estas líneas, les urge que las autoridades, tanto las locales como las federales, hagan valer la ley en el caso de esta familia de explotadores y narcomenudistas, una más que opera en San Miguel Tenancingo al amparo de la protección o indiferencia de los encargados de detenerlos y procesarlos.

Ya muy tarde Esmeralda descubrió que Francisco, su captor, explotaba a otra mujer con la cual también tuvo hijos. Lo hizo con la misma perversa estrategia de enamorar, formar una familia y después explotar sexualmente a la madre, con la dificultad implícita de que muchas de ellas no denuncian a sus propias parejas, ni se atreven a fracturar esos que en ocasiones son sus únicos vínculos, paradoja que los abogados parecen no entender.

No es extraño, por lo mismo, que una encuesta realizada por una línea nacional de violencia doméstica en Estados Unidos encontrara que 40% de los sobrevivientes de violencia de pareja íntima (de ambos sexos) no se comunicaron con la policía, pues ignoraban que lo que les había sucedido fuera un delito. Los abusadores, desde un proxeneta hasta una esposa o marido golpeador, suelen ser grandes manipuladores que esconden su violento potencial bajo la fachada de una persona amable y dispuesta, un engaño que tarde o temprano se derrumba, casi siempre después de haber provocado algún daño.

En el caso de los padrotes tlaxcaltecas, que tuvieron su auge y caída en Nueva York, queda claro que nunca pagarán las restituciones ordenadas por los jueces, las cuales se estiman a partir de los años o meses que llegaron a explotar sexualmente a una o varias mujeres vulnerables. La mayoría vive en las prisiones de Estados Unidos en condiciones de pobreza, y los pocos o muchos recursos que hicieron llegar a sus familias en México se hallan fuera de la jurisdicción de los fiscales que los persiguieron.

Se debe reconocer el trabajo cada vez más afinado de los sistemas de procuración de justicia, tanto en México como en Estados Unidos, al menos los que han atendido los casos retratados en este libro. No obstante, resulta inexplicable que dejen en la impunidad a los choferes que, al menos en Nueva York, y por ser los dueños de las agendas de los potenciales clientes, se han beneficiado con la mitad de las ganancias del negocio ilícito.

El abandono al que someten a las víctimas que declaran en los juicios es otro pendiente del Departamento de Justicia, el cual debería aumentar los recursos, el cuidado y la atención para todas las que han sufrido el terrible flagelo.

Aunque ya hay un grupo sólido de varones antipatriarcales que buscan la deconstrucción de la masculinidad tóxica y tratan de forjar narrativas con perspectiva de género, es un esfuerzo muy chico frente a la magnitud de una avalancha en la que se mezclan machismo, sexismo, cosificación y explotación de la mujer. Para este tema recomiendo lo que están haciendo en Casa Tonalá.[5]

No estoy autorizado a decir que las víctimas que se han recuperado son las grandes vencedoras de esta batalla. Ninguna me lo dijo así. Es una simple interpretación derivada del contacto que tuve con ellas.

---

[5] https://casatonala.com/perspectiva-genero.

Que el actual gobierno de Tlaxcala, presidido por Lorena Cuéllar, haya dejado de perseguir la trata de personas con fines de explotación sexual se puede deber a un asunto de corrupción o amenazas de violencia en contra de ella lanzadas por las organizaciones criminales. Cualquiera que sea el motivo de la inacción, es urgente que lo aclare, pues finalmente su promesa de atacar el fenómeno se ha ido quedando en el olvido y las mujeres reclutadas por los tlaxcaltecas continúan sufriendo las consecuencias del vacío y abandono institucional.

Reconozco también que, además de la gente citada en este libro, en México ya existe un pequeño ejército ciudadano que, de una u otra forma, está metido en esta lucha para acabar con el indignante crimen de la trata. Comienzo por la exdiputada, antropóloga e investigadora mexicana, Marcela Lagarde, quien ha portado como nadie la bandera del feminismo y a la cual le debemos la categoría antropológica y jurídica del feminicidio. La antropóloga Elena Azaola, cuyo trabajo se ha centrado en estudiar a grupos vulnerables como niños de la calle y niñas y mujeres que han sido objeto de tráfico y explotación sexual. El doctor Óscar Arturo Castro Soto, investigador y promotor de la iniciativa popular sobre trata de personas, catedrático de la maestría en Desarrollo Regional de la Universidad Autónoma de Tlaxcala, y quien escribió los trabajos "Acceso a la justicia para mujeres y niños víctimas de trata de personas" (2010) y "Trata de personas y gobernanza global" (2013). Y la abogada Teresa Ulloa, quien durante décadas ha defendido los derechos reproductivos y sexuales de las mujeres en los tribunales mexicanos y diseñado programas comunitarios para aumentar el respeto por los derechos de las mujeres, tanto de Tlaxcala como de todo el país y de América Latina.

Ulloa tuvo que ver con la conformación del Colectivo Mujer y Utopía, donde han tratado de impulsar una agenda feminista para el estado de Tlaxcala, y la Coalición Regional contra el Tráfico de Mujeres y Niñas en América Latina y el Caribe (CATWLAC, por sus siglas en inglés), cuyos objetivos son diseñar campañas de prevención y modelos de intervención comunitaria, rescatar, asistir y proteger a víctimas y ayudar a la persecución del delito. La Asociación Nacional contra la

Trata Humana en la Sociedad (ANTHUS), con sede en la ciudad de Puebla, es otro grupo de personas de la sociedad civil que lucha incansablemente por la prevención, sensibilización y erradicación de la trata en México. Y la Fundación Cauce Ciudadano, por su parte, a través de sus cursos y programas, ha buscado inculcar valores entre jóvenes estudiantes de San Miguel Tenancingo, Tlaxcala.

Entiendo si muchas de ellas consideran que, de haber aparecido en este volumen, éste se habría enriquecido con sus argumentos y conocimientos del tema.

Les confieso que, desde mi trinchera, ya estoy afiliado a la misma causa.

Los padrotes de Tlaxcala de Juan Alberto Vázquez
se terminó de imprimir en el mes de mayo de 2023
en los talleres de Diversidad Gráfica S.A. de C.V.
Privada de Av. 11 #1 Col. El Vergel, Iztapalapa,
C.P. 09880, Ciudad de México.